Merci à Vanessa, mon épouse, sans qui aucun point, aucune virgule, ni aucun mot n'aurait de sens pour moi.

Merci à Aline, sans qui Bob n'aurait jamais vu le jour dans Mon boss est nul, mais je le soigne.

Merci enfin à Grégory Le Fourn qui incarne tellement bien Bob sur scène à mes côtés ou dans les « CONseils de Bob » ; au-delà de l'acteur, il y a l'ami.

CHAPITRE 1

LE CRIME ÉTAIT LOIN D'ÊTRE PARFAIT

« AU SECOURS ! » Le hurlement de Caroline transperce l'entreprise, d'habitude d'un calme mortel à cette heure si matinale. En un instant, la centaine d'employés se précipite. L'assistante de direction du Calbut Breton vient de tomber sur un corps. Dans son gigantesque bureau de directeur général, archétype du lieu de pouvoir des années quatre-vingt, avec son canapé en cuir et ses grands tableaux accrochés au mur, gît Bob Le Fourn. Le boss, comme il aimait se nommer lui-même, est entouré d'une mare impressionnante d'hémoglobine. Sans être expert de la police scientifique, il semble clair que l'imprimante à jet d'encre maculée de sang, posée à ses côtés, soit l'arme du crime. À moins que ce ne soit la paire de ciseaux plantée entre ses omoplates ? Allez savoir… Peu importe, une chose est certaine, Bob est mort. Mais entre nous, ce n'est pas le plus étonnant ce matin…

En tant que DRH, je dois bien avouer qu'une telle scène ne figure pas dans les manuels de prévention des risques psychosociaux. Dans la vie d'un homme, il est rarement donné d'être témoin de ce genre de situation. Je m'attends à un déferlement de crises de nerfs, de larmes, quelque chose. Mais non, rien. Parmi les collaborateurs, je ressens comme une forme de soulagement, pour ne pas dire de joie chez certains. Il m'a bien été rapporté que Bob était un sacré personnage. Certains, les plus poètes, ne mâchaient pas leurs mots en l'insultant. Mais de là à l'assassiner… Bob était un perfectionniste, tellement, qu'il s'est tué au travail ! Ah, vous voyez que l'on peut être DRH et drôle. Il y a trop d'idées préconçues sur mon métier.

Je suis Georges-Michel Hainhault, DRH depuis vingt ans. Je n'ai peur de rien, pour la simple et bonne raison que c'est moi qui fais peur à tout le monde. C'est l'avantage non négligeable d'avoir le pouvoir de vie ou de mort sur les gens. Malgré un physique avenant, pour ne pas dire plaisant, j'inspire la peur à ceux que je croise. Je ressemble, paraît-il, à Jean Réno, ce qui, au regard de certains de ses rôles, est assez cohérent avec mon métier. Je ne suis pas particulièrement fan du cinéma en couleur, mais je dois bien dire que le rôle de DRH et celui de Jean Réno dans *Léon* ont quelques points communs. Vous l'avez deviné, sous couvert de mon éducation fort classique, je ne suis pas ce que l'on peut appeler un humaniste.

Assez tôt dans ma carrière, j'ai compris que pour avoir la paix, tout le monde devait avoir en tête qu'en étant trop exigeant envers la politique de l'entreprise on courrait le risque d'être licencié. *Basta*. Ce n'est pas que par flemme je ne veux pas être embêté – n'insultez pas mes origines corses, s'il vous plaît –, mais parce que je suis convaincu que si tu cherches la paix intérieure, tu ne dois laisser personne venir te déranger au-delà de ta zone de confort. C'est le bon vieux principe de l'épouvantail. On ne parle jamais du mal-être des DRH, mais ne croyez pas qu'il soit simple de passer la journée à dire non à tout, de gérer les états d'âme de salariés qui ne sont pas toujours extrêmement impliqués mais soi-disant au bord du *burn-out*, ou même de licencier. Attention, ce n'est pas parce qu'il est difficile que je n'aime pas mon métier, ne vous y trompez pas ! Au contraire, je l'adore. C'est un peu comme si je prenais ma revanche. À l'école, j'étais le premier de la classe, le chouchou de mes professeurs, mais surtout, j'étais beaucoup plus petit que tous mes camarades. Autant dire que ces atouts n'ont jamais été les meilleurs pour créer des liens de franche amitié. Disons-le même clairement, j'étais une tête de Turc. Alors aujourd'hui, je le leur rends bien. Croyez-moi, du standardiste au comité de direction, je n'en rate pas un quand j'en ai l'occasion ! Il m'est même arrivé de faire passer un entretien à un ancien camarade du primaire, qui ne se souvenait pas de moi, Laurent de la Plaine. Moi au contraire, je me souvenais très bien de lui. Ce petit hystérique prétentieux, nerveux et agressif, probablement pour compenser son physique disgracieux, n'avait d'autre passe-temps que de traumatiser les plus faibles que lui, dont moi. Lors de cet entretien, je ne me suis donc pas privé et ai savouré le moment. Un DRH a un pouvoir extraordinaire dans une entreprise. Disons-le, je suis un petit peu Dieu à mes heures.

Mais revenons-en à Bob. Je ne peux pas dire que je l'aimais bien, je m'y étais habitué, c'est tout. C'est Jessica, l'investisseur principal du Calbut Breton, qui m'avait demandé de le recruter il y a trois ans de cela, pour accélérer le développement de la boîte. Auparavant, Bob était directeur commercial dans une société de bureautique. Enfin, c'est la façon polie de dire qu'il vendait des photocopieurs. Loin de moi l'idée de mépriser ce métier, mais il est vrai qu'entre un photocopieur et un caleçon, le nombre de points communs est assez faible. Je sais bien qu'en tant que DRH, je ne dois pas mettre les gens dans des cases et rester ouvert d'esprit, mais il y a des limites tout de même, non ? Enfin, en ce qui concerne Bob, j'ai dû remiser mes idées préconçues. Jessica voulait, donc j'ai fait. Je ne vais pas non plus risquer mon poste pour des convictions personnelles, aussi fortes soient-elles. Être DRH, c'est également développer un talent de souplesse. D'aucuns appelleront cela de l'hypocrisie – je ne relèverai même pas –, je préfère appeler cela du pragmatisme.

À son crédit, Bob était énergique et c'est ce qui comptait aux yeux de notre investisseur. Du moins au moment de son recrutement… Côté énergie, on peut dire qu'il a beaucoup perdu ce matin ! Ce que je pensais de lui ? Bob me laissait tranquille. Il faut dire que lorsque je lui ai expliqué être le neveu par alliance de la présidente du fonds d'investissement de l'entreprise, dont son job dépendait, il a tout de suite été beaucoup plus aimable. Je dirais même que, comparé aux autres membres du comité de direction, il était très sympathique avec moi. Nous partagions également un certain nombre de valeurs fondamentales… En fait non, je plaisante, c'était un abruti, mais je n'avais pas le choix. Bref, peu importe, je ne vais pas vous faire tout un plat de Bob, d'autant qu'il a été refroidi. Je sais, mes traits d'humour sont un peu déplacés, mais je ne peux m'en empêcher. Ce meurtre me rend d'humeur badine… Il faudra que j'en parle à mon thérapeute. Serais-je devenu un monstre de sang-froid, tel le serpent repu après avoir digéré sa proie ? Ne vous méprenez pas, je ne suis pas coupable. Oui, bien entendu, personne ne vous dira explicitement avoir commis ce crime. Mais en ce qui me concerne, c'est la vérité. Je vous rappelle que je suis DRH, je place l'humain avant tout, surtout s'il est vivant.

Au moment où j'ai vu le corps sans vie de Bob ce matin, une idée m'est venue. Je ne suis pas un as du marketing ni de la communication, quand bien même, il me semblait évident que ça la fiche mal pour l'image du Calbut Breton ce cadavre. J'ai d'ailleurs un instant pensé appeler mon cousin Antonu Paolu, mais il y avait déjà trop de monde autour du corps pour qu'il puisse faire son travail de nettoyage de façon optimale. Oui, j'ai un cousin nettoyeur et alors ? Il n'y a pas de sot métier et ce ne sont pas les talents divers et variés de votre famille qui définissent votre personnalité. Regardez dans *Le Parrain*, Michael Corleone est au départ un gentil *marines* de retour de la guerre, qui ne veut en aucun cas se mêler aux affaires familiales. Certes, il dérape quelque peu ensuite, mais il faut voir en cela une allégorie, en aucun cas une analyse sociologique d'une famille mafieuse. Bref, le bien-être des salariés est ma principale préoccupation. Histoire de limiter le traumatisme, je fis sortir tout le monde avant de fermer la porte à double tour. Il fallait bien préserver la scène du crime ! (J'ai toujours particulièrement apprécié cette phrase.) Je dirai à la police que, bien entendu, personne n'est entré dans le bureau grâce à moi, même si je crois en avoir vu plusieurs cracher sur le corps.

Je ne vais pas vous mentir, tout le monde détestait Bob, même le labrador du gardien de l'immeuble lui montrait toujours les crocs. Si j'étais policier, ma première réaction après avoir interrogé tout le monde, serait de penser qu'il l'a bien mérité. Enfin, la justice du continent ne marche pas comme cela. Il faut un coupable. En Corse, nous comprenons qu'à certains moments de la vie, des choix difficiles doivent être faits au-delà de toute morale judéo-chrétienne. Cela me fait penser à la critique que Paul Verhoeven faisait de Mel Gibson à propos de son film *La Passion du Christ* et qui, globalement, expliquait que les « non-chrétiens finiront en Enfer ». Eh bien non, les choses ne sont pas si simples. Tout n'est pas blanc ou noir, tout est dans la nuance, surtout lorsque cela m'arrange. Oui, j'aime me référer à des produits culturels. Je trouve que la culture offre une parfaite grille de lecture de la vie. Malheureusement, nous sommes entourés de trop d'incultes.

Quelques minutes plus tard, la police est là. Ça ne rigole pas, mais alors pas du tout. Bon, je vous l'accorde, un meurtre n'est pas nécessairement la chose la plus amusante, mais on peut bosser dans la bonne humeur tout de même. Les flics ne le connaissaient pas Bob après tout. Ce n'est pas comme s'ils avaient perdu un cousin ou un frère. Bref, l'inspecteur Dargémont est arrivé avec sa mine sombre, encadré par deux gardiens de la paix, l'un moustachu, l'autre glabre, grand classique de la police française.

– B'jour, z'êtes qui ?
– Bonjour Monsieur le commissaire, je…
– Inspecteur.
– Pardon. Bonjour Monsieur l'inspecteur, je suis Georges-Michel Hainhault, le DRH de l'entreprise.
– Bien, où il est le corps ?
– Suivez-moi, je vais vous montrer.

J'ai comme l'intuition que nous allons entretenir une relation franchement amicale, cet homme semblant si raffiné et moi. Je ne veux surtout pas donner dans l'archétype du policier un tantinet lourdaud, mais sur ce coup-là, je suis servi. « Brut de décoffrage » est une expression qui lui conviendrait très bien. Il n'est pas du genre à s'embarrasser de phrases trop longues ou compliquées. Ce n'est pas qu'il parle mal français, mais plutôt qu'il est pressé et a inventé un langage somme toute très personnel consistant à supprimer des mots. Je me demande bien ce qu'il peut faire de tout le temps qu'il gagne en remplaçant « *pourriez-vous m'indiquer où se trouve le corps de la victime s'il vous plaît ?* » par « *où il est le corps ?* ». Mais bon, c'est une autre question à laquelle, pour être honnête, je ne cherche pas de réponse. Lorsque tu es DRH, il ne faut pas essayer de décortiquer ou de comprendre la complexité du cerveau humain, trop d'énergie y serait perdue. Personnellement, je préfère mépriser les gens, c'est plus rapide et souvent bien plus efficace.

Devant le bureau, l'inspecteur se retourne vers moi.
– Quelqu'un est entré ?
– Vous voulez dire aujourd'hui ?
– Oui, aujourd'hui, pas à Pâques !

Je crois bien l'entendre murmurer crétin, mais je juge bon de ne pas relever. J'ai comme une méfiance aiguisée face à tout représentant de l'ordre public, question d'éducation. Par ailleurs, un DRH est prudent par nature. Prendre des risques ne fait pas partie des prérogatives : prudence est ma compagne préférée. Des mauvaises langues, n'en doutez pas, diront que c'est la preuve d'un manque de courage. Mais je les engage vivement à revoir le film de Krzysztof Kieślowski, *Personnel*, qui montre parfaitement grâce à son personnage principal, comment s'appelait-il déjà… Ah oui ! Romek Januchta, à quel point il n'est pas toujours évident de faire face à ses pertes d'illusions. Mais, c'est une autre histoire.

– Franchement, je ne sais pas trop, j'ai fermé le bureau dès que je suis arrivé sur place.
– Mais y avait du monde ?
– Devant le bureau ? Ah ça oui, tout le monde.
– Monsieur, devant le bureau, c'est pas la scène du crime, dedans, c'est la scène. Vous comprendre ?
– Dedans ? Oui, peut-être. Je ne sais plus vraiment. Franchement, j'étais bouleversé. Il y a de quoi tout de même. J'ai vu des *burn-out*, des licenciements, des suicides par pendaison sur son lieu de travail, mais des assassinats, ça jamais.
– C'est peut-être un suicide !
– Si je puis me permettre, il faudrait être vicieux pour se planter une paire de ciseaux dans le dos et s'assommer avec une imprimante. Mais pourquoi pas, avec Bob, on peut s'attendre à tout, même si techniquement, cela me semble compliqué.

– Vous êtes de la police scientifique ?
– Non, pourquoi ?
– Alors vos hypothèses, vous les gardez pour vous, noté ?
– Noté.
– Bien. OK, parfait, donc, vous l'aimiez pas ?
– Qui ça ?
– La victime, pas le pape.
– Franchement, je le connaissais à peine. Un petit peu plus que sa sainteté, mais à peine.
– J'aime pas les gens qui commencent leurs phrases par « franchement ».
– Ah ! Pourquoi donc ?
– C'est louche.
– Ah.
– Bref, ouvrez la porte, M'sieur.

L'inspecteur met, avec une incroyable précaution, des chaussons en plastique ou en papier, je ne saurais trop dire, du plus bel effet avant d'entrer dans le bureau. C'est fou comme le plus impressionnant représentant de l'ordre public peut avoir l'air ridicule avec cet accessoire. L'un des deux sbires qui le suit, chaussé de même, prend des photos avec une attention toute particulière. Il a presque l'air aussi inspiré qu'un photographe de mode devant un top model, même si dans le cas présent, le sujet est assez peu mobile. Mais que je suis drôle ce matin ! Le troisième larron ne fait pas grand-chose me semble-il, mais je me garde bien de poser toute question sur la teneur de son activité… Prudence. Comme je vous le disais, rien n'est tout noir ou tout blanc. C'est exactement comme dans ce film splendissime de Shōhei Imamura,

L'Anguille, dans lequel le meurtrier trouve la rédemption dans ce qui l'a rendu criminel. Ex-tra-or-di-nai-re. Cela étant dit, dans le cas présent, je préfère grandement être discret. Franchement, avec ces gens, mieux vaut se tenir à l'écart.

– Des suspects ?
– Pardon ?
– Pour le meurtre, des suspects ?
– Franchement, je ne vois pas.
– Je peux avoir un *origagramme* de la boîte ?
– Un organigramme ? Oui, bien sûr, je vous fais imprimer cela tout de suite.
– Elle était sympa la victime ?
– Monsieur Le Fourn ? Comment vous dire… Il n'était pas, pour vous parler franchement, payé pour être sympathique.
– Quoi ?
– Eh bien pour être franc, Bob était plutôt orienté « résultat » comme on dit.
– Et c'est pas compatible avec la sympathie ?
– Pour lui non, visiblement. Il aimait à dire que la sympathie était l'exact opposé de l'efficacité et de la performance. Il ne perdait pas de temps à dire bonjour par exemple.
– C'était un connard comme on dit.
– Je… je ne l'aurais pas dit comme ça, mais je fais confiance au spécialiste en criminologie que vous êtes.
– Bon, je vais faire simple. *Origanigramme*, liste des suspects, interrogatoires, enquête, condamnation.
– Vous êtes un rapide vous, dites donc.
– Pas là pour rigoler. Efficacité !

La morgue arrive pour emporter le corps. Bizarrement, il règne dans l'entreprise comme une ambiance de fête. Je ne suis jamais invité aux pots, mais je crois comprendre que ce soir, ils seront un certain nombre à se retrouver au bar du coin pour fêter le départ précipité de Bob.

Dès le lendemain, l'inspecteur investira l'une des salles de réunion afin d'entendre les salariés de l'entreprise qu'il juge utile de rencontrer. Aucune piste *a priori* pour l'instant, affirme-t-il, et donc, jusqu'à preuve du contraire, tout le monde est suspect. Bonne ambiance prévue.

NOTE D'ENQUÊTE

Bien arrivé au Calbut Breton.
J'ai rencontré le DRH, Georges-Michel Hainhault.
L'homme est aussi étrange que son nom.
Trop cultivé pour être honnête. Aucun doute, il cache quelque chose. Je ne lui ai rien fait percevoir mais je vais garder un œil sur lui, il cache un truc, c'est sûr.
Je crois qu'on a fait bonne impression.
Bien pro l'équipe, surtout Paulo avec ses photos, très pro.

Note personnelle :
Je crois que j'ai bien imposé le respect.
Important le respect quand on est flic.

Par contre, j'ai du mal avec les références culturelles du DRH. Non pas que je sois inculte, mais là, je n'y comprends rien. J'espère qu'ils ne vont pas tous être horripilants comme ça, sinon il va falloir augmenter mon budget aspirine.
Il est un peu prétentieux le DRH. Probable compensation de sa calvitie. C'est courant.
Plus de cheveux et hop, on essaye de marquer son territoire en étalant sa culture comme de la confiture sur sa tartine au petit-déjeuner.

Note personnelle :
Il me fait penser à quelqu'un le DRH. Quelqu'un de connu, un chanteur. Celui qui chante Lucie. Oui, Obispo. C'est le sosie officiel de Pascal Obispo. C'est louche. Il fait quoi ici, Obispo ? Il faut que je creuse...

D'après les premières constatations, la victime n'était pas très appréciée. Je ne sais pas si c'est vrai ou simplement le DRH qui essaye de m'embrouiller la tête. Très belle scène de crime. La mise en scène me fait penser à un culte.

Note personnelle :
Les gens n'ont pas l'air traumatisés par le meurtre. Sont-ils membres d'une secte ? Le calme dont ils font preuve face à une telle scène est très perturbant, comme si c'était normal en fait.

Il va falloir que je creuse en interrogeant tout le personnel. Pas l'impression qu'il puisse y avoir un coupable évident. Cela risque d'être compliqué. Priorité, les faire parler, je sais. Ne pas entrer dans des détails inintéressants. Je suis là pour comprendre les protagonistes, comprendre ce qui aurait pu les pousser à tuer Bob, découvrir celles et ceux qui lui sont loyaux... et les autres.

Note personnelle :
Bizarre cette entreprise. Le Calbut Breton.
Vérifier si c'est une vraie affaire
ou une couverture pour un trafic.
Pourquoi pas la Culotte Bigoudène aussi ?

Note personnelle, personnelle :
Penser à demander qui a eu l'idée
du nom de cette entreprise.

Ce qui me chiffonne, c'est que comme ça, au premier regard, il n'y a pas de suspect évident. Je ne suis pas spécialiste, mais il me semble que dans ce type d'affaire, il y a normalement plus d'indices. Personne n'a l'air surpris du meurtre. Il va falloir que je découvre quelle personne l'est le moins. Ce sera mon suspect principal.

Note personnelle :
La nature humaine est décidément
bien surprenante. Je comprends mieux
le pourquoi de ma mission...

CHAPITRE 2

CAROLINE

– Nom, prénom ?
– Deviviez, Caroline.
– Fonction ?
– J'étais l'assistante personnelle de Monsieur Bob.
– Non mais c'est quoi votre métier ?
– Je viens de vous le dire Monsieur l'agent.
– Inspecteur.
– Je viens de vous le dire Monsieur l'inspecteur, assistante de Monsieur Bob. J'organisais son agenda, tapais ses mails, ses comptes rendus…
– Ah OK, donc en fait, secrétaire.
– Si vous voulez, mais je préfère assistante.
– Vous savez, moi, les titres, je m'en fous.
– D'accord Monsieur l'agent.
– Inspecteur, Mademoiselle, INSPECTEUR.
– Madame.
– M'interrompez pas Mademoiselle ! J'suis inspecteur de police, OK ?

– Bien Monsieur.
– Alors, racontez-moi tout, puisque vous êtes la première à être arrivée sur la scène du crime…

Mais quelle horreur ! Me voilà interrogée par la police. Je n'ai rien fait moi. Je suis juste arrivée ce matin-là un petit peu en retard. D'habitude, j'arrive quinze à trente minutes avant Monsieur Bob pour avoir le temps de lui préparer son café, d'aérer son bureau pour le mettre à la bonne température afin qu'il se sente bien, de lui imprimer ses mails et de surligner les passages importants. Mais avant-hier, j'ai eu une panne de réveil, comme on dit. En fait, j'ai eu un mal fou à me sortir du lit. J'étais réveillée, mon cerveau me disait de me lever, mais mon corps me criait « non, reste là ! ». Je ne sais pas ce qui m'est arrivé. C'était un petit peu comme si mon cerveau ne commandait plus mon corps… C'était très étonnant, un mélange de bien-être et de panique. Je me suis quand même levée, finalement.

Je suis une femme sérieuse et travailleuse, vous savez, alors j'y suis allée. C'est important le travail. De toute façon, je n'ai pas le choix, il faut bien payer les factures et l'école privée de mon fils. Je vis seule depuis que Miguel m'a quittée pour ma meilleure amie. Je sais bien ce que vous vous dites : la pauvre fille, vie triste à mourir, difficultés financières, patron agressif, elle l'a tué. Pas du tout, je ne peux pas vous laisser penser ça. Il est vrai que Monsieur Bob était un petit peu rugueux de temps en temps mais si vous aviez accouché sans péridurale comme je l'ai fait pour mon fils, vous comprendriez que mon quotidien avec

Monsieur Bob était tout à fait supportable. Et puis, il avait des excuses Monsieur Bob, avec toute la pression que lui mettait Madame Jessica. Je pouvais le comprendre d'être parfois aussi méchant. En plus, c'était grâce à lui que nous avions toutes et tous un salaire chaque mois, cela peut excuser quelques écarts il me semble.

Mon équilibre, je le trouve dans ma vie privée, même si celle-ci ne semble pas réjouissante au premier abord. Mon fils est tout pour moi. Il me donne l'énergie nécessaire pour me lever chaque matin et la joie suffisante pour ne pas faire de crises de larmes au bureau. Le travail, ce n'est pas censé être une partie de plaisir il me semble. Ma vie est donc tout à fait normale. Tout à fait normale. N'est-ce pas ? Je ne comprends pas bien ces gens qui parlent de bonheur au travail. Déjà que dans la vie en général, le concept de bonheur est bien vague, alors au travail, m'en parlez pas ! Le travail est fait pour payer les factures, point. Alors je sais ce que vous allez dire, on peut être passionné par son travail et y aller chaque jour avec plaisir. J'imagine qu'il y a des gens comme ça, j'espère. Mais moi, je suis assistante. Croyez-moi, ce n'est pas le métier dont je rêvais quand j'étais petite. Mais que voulez-vous, la vie a fait que je n'avais pas d'autre choix. Moi, j'aurais voulu être danseuse. J'adore la danse, le modern jazz surtout. J'en fait encore, une fois par semaine, dans l'association culturelle de mon quartier. Mais quand vous avez vingt ans, que vous êtes enceinte jusqu'au cou, vous oubliez vos passions et vous devenez pragmatique, pour le bien de votre bébé. Alors oui, le concept de bonheur au travail est bien sympathique mais c'est une réalité réservée à quelques bobos privilégiés ou à des gens qui n'ont jamais eu d'autres contraintes dans leur vie que de s'occuper de leur petit nombril. Moi, je suis maman avant tout.

– Vous l'aimiez bien votre patron ?
– Je ne suis pas payée pour aimer les gens, vous savez. Je suis là pour être professionnelle, faire mon travail en temps et en heure.
– Et lui, il vous aimait bien ?
– Monsieur Bob est…
– Était.
– Pardon. Monsieur Bob était un grand professionnel.
– Ça veut dire qu'il vous aimait pas, ça.
– Ben…
– Ben quoi ?
– Je ne sais pas trop, mais je pense qu'il appréciait mes compétences, sinon il ne se serait pas ennuyé à me garder. C'était un homme direct Monsieur Bob, vous savez.

Bien sûr que j'ai un avis sur Monsieur Bob. Cet homme était un monstre avec moi. J'étais corvéable à merci, matin, midi, soir, week-ends, vacances. Je devais toujours être à sa disposition pour tout, tout le temps, y compris pour ses affaires personnelles. Il m'est arrivé un nombre incalculable de fois de faire son pressing ou ses courses pour remplir son réfrigérateur. Il n'avait pas de vie personnelle et je crois bien que dans son esprit, j'étais une sorte de mélange entre sa mère et sa femme… À ceci près que je n'avais aucune autorité sur lui et que nous n'avions aucune relation intime, Dieu merci. Quand il était de bonne humeur, ce qui était somme toute assez rare, il m'appelait « ma jolie », mais il n'avait pas l'air de comprendre que ça n'avait rien de sympathique à mes yeux. Il aurait pu m'appeler « mon toutou », cela aurait été tout aussi méprisant. C'est fou comme certains hommes pensent qu'un soi-disant compliment sur le physique peut faire plaisir. Moi, au bureau, ce qui m'aurait fait du bien aurait été qu'il me complimente sur mon travail. Mais ça, c'était trop lui demander. Sa façon à lui de me faire comprendre qu'il trouvait mon travail correct, c'était de m'appeler « ma jolie ».

Ce n'est pas que je sois une sainte-nitouche, hein, attention, mais je ne mélange pas les genres. Mon patron, c'est mon patron et je veux que les distances soient gardées. Si je voulais un amant, je passerais plus de temps à l'association culturelle de mon quartier après mon cours de modern jazz, mais certainement pas dans le bureau de mon chef, surtout pas celui-là. De toute façon, j'ai décidé il y a bien longtemps que je n'allais plus m'encombrer d'un homme. Ça prend trop de temps un homme. Ça ne sait pas faire grand-chose et ça attend trop de nous. Ça, je l'ai bien compris depuis que je suis abonnée à *Psychologies Magazine*. Ça s'appelle la charge mentale et avoir un homme, ça ne fait que la faire grossir. Comme ma charge mentale est déjà assez lourde comme ça, je préfère m'abstenir sur ce coup-là. Et puis, de vous à moi, Monsieur Bob était loin d'être le prince charmant qui aurait pu me faire tourner la tête et me faire changer d'opinion. Je le soupçonnais d'être un petit peu pervers sur les bords. Il a été marié pendant un temps avec Véronika, mais ça n'a pas duré. Je vois ses mails de temps en temps et je peux vous dire qu'elle est amère. Visiblement, au moment où leur premier fils est né, Monsieur Bob a disparu, totalement aspiré par le travail. Elle avait beau lui expliquer qu'elle ne s'en sortait pas seule à la maison, il lui répondait sans cesse que lui travaillait pour leur avenir et celui de leur famille.

– Vous aviez une aventure avec Bob ?
– Pardon ?
– Ma p'tite dame, vous êtes jeune, plutôt pas vilaine, c'était votre patron, ça serait normal.
– Non mais ça ne va pas ! Bien sûr que non je n'avais pas d'aventure avec Monsieur Bob, je suis professionnelle Monsieur l'inspecteur.

Pour dire la vérité, il avait essayé quelques fois de me séduire avec le tact qui le caractérisait si bien. Que c'est compliqué d'être une femme sans pouvoir ni argent ! Quelle était mon alternative ? Je me sentais souvent redevable et n'osais pas lui donner une gifle qui, pourtant, aurait été méritée. Peur d'être licenciée, peur de ne pas être à la hauteur, peur que mon physique soit plus apprécié que mon cerveau. Mais j'ai toujours réussi à m'en sortir sans trop de dégâts, en apparence tout du moins.

– Ça va Caroline ?
– Bien Monsieur Bob et vous ?
– Caroline, il est vingt heures passées, nous sommes vendredi, vous pouvez m'appeler Bob.
– Je ne préfère pas si cela ne vous dérange pas.

– Eh bien, chère, très chère Caroline, je vais être direct avec vous. Cela me dérange. Comme c'est le week-end, que nous n'avons plus rien à faire là, je comptais vous inviter à dîner. Autour d'une bonne bouffe, vous n'allez pas m'appeler Monsieur Bob toute la soirée quand même ! Ne voyez pas en moi que le chef d'entreprise qui enchaîne les succès. Voyez également l'homme, l'ami et, allez savoir, le confident.
– Mais, Monsieur Bob…
– Chut.

Il mit son doigt sur ma bouche et prit un air quelque peu condescendant.

– Fini pour ce soir les « Monsieur Bob ». Bob il est sympa, Bob il est détendu, Bob est en week-end maintenant et il va vous faire faire la tournée des grands-ducs. Vous savez quoi Caroline ? Considérez cela comme une prime pour avoir bien travaillé cette semaine. Vous en pensez quoi, Caroline ?
– Eh bien, c'est-à-dire que j'avais d'autres projets pour la soirée Mon… Pardon, Bob.

Bob se raidit et prit alors un air montrant clairement qu'il ne comprenait pas le message que j'essayais de lui faire passer.

– D'autres projets ? Que Bob ? Je comprends pas.
– Eh bien, j'ai rendez-vous avec une amie pour aller au cinéma, je suis désolée. Et comme j'ai déjà payé la baby-sitter, prévenu mon amie pour le rendez-vous, je ne peux pas changer mes plans.

– Au cinéma ? Ah ouais. Et vous allez voir quoi ? *Fifty Shades of machin* ? *Dirty dancing numéro 15* ? Un truc de filles quoi, c'est ça Caroline ?
– Euh, non Monsieur Bob, ils projettent une version remastérisée de *The Idiot* de Kurosawa et ça nous tente bien. C'est Georges-Michel qui nous en a parlé et ça a l'air vraiment bien.

Bob ne comprenait rien mais reprenait avec un sourire forcé.

– Mais on s'en fout de Kuroshima, Caroline ! Allons dîner tranquilles tous les deux, on oublie le travail, on passe un bon moment en dehors du bureau, y'a plus de chef, plus de larbin, rien que moi et vous.
– Je ne peux pas Bob, désolé, vraiment.

Je me levais et commençais à faire mon sac.

– Ah ouais, c'est comme ça ? Vous déclinez l'invitation du Bob ? Ben vous voyez Caroline, vous me décevez, vous me décevez beaucoup. Je voulais être sympa et vous offrir un *break* alors que nous avons encore une tonne de travail et vous préférez aller au cinéma voir le dernier Fukushima. OK, pas de problème. Vous avez l'air d'oublier que je suis votre patron quand même.
– Ben, justement.
– Justement quoi ? Un patron a pas le droit d'être sympa avec sa plus proche collaboratrice, c'est ça ? Un patron doit être distant, froid ?
– Disons… professionnel.

– Ah ouais, professionnel ? OK, je vais être pro alors. Bon, eh bien, on va travailler Caroline. Allez, hop hop hop, ressortez-moi tous les dossiers de distribution du Calbut Breton depuis trois ans, on va faire une synthèse, Jessica me l'a demandé.
– Mais Monsieur Bob, je dois aller au cinéma, on est vendredi…
– Y'a pas de vendredi qui tienne, vous restez ou si vous passez cette porte, inutile de revenir lundi, compris ? Vous voulez que je sois pro, pas de problème, mais de votre côté va falloir l'être aussi, c'est pas que dans un sens cette affaire. Si je dois être pro, vous aussi !
– Oui Monsieur Bob, j'ai compris.
– Bon, comme il est pas chien le Bob, il va vous chercher un petit café, ça vous donnera la patate, parce qu'on en a au moins pour deux ou trois heures là. C'est important ça la patate.
– Merci Monsieur Bob.
– Vous voulez un *Snickers* ? Vous avez faim ?

Des soirées comme celle-là, je ne les comptais plus. J'aurais pu, j'aurais dû, démissionner mais avec mes charges et mon fils, je ne pouvais prendre ce risque. J'aurais pu céder aux avances de Monsieur Bob également, je n'aurais pas été la première, mais j'ai ma dignité, et j'avais comme le pressentiment que si je cédais, c'est à ce moment-là qu'il m'aurait licenciée. Dans ma situation, on développe une sorte d'instinct de survie qui nous permet de savoir, entre deux maux, lequel des deux est le moins pire. En l'occurrence, je préférais travailler plus que de raison que de finir à l'horizontal, pour le cas échéant, perdre mon travail si je n'étais pas à son goût. Par ailleurs, dans ce genre de situation, je crois vraiment que la dignité est quelque chose d'essentiel. Garder une certaine estime de soi pour pouvoir se regarder dans la glace sans se dégoûter. Monsieur Bob a dû être bel homme un jour, probablement, mais sa mesquinerie l'enlaidissait et, de vous à moi, au travail, je n'évalue pas le physique des gens, homme comme femme. J'essaie en tout cas. Je ne dis pas que, de temps à autre je ne jalouse pas Ingrid de la compta pour sa plastique parfaite, mais je n'y passe pas plus de temps que ça. En plus, mon patron, c'est différent, c'est mon patron.

Monsieur Bob avait un peu moins de quarante ans, brun, les yeux bleus, plutôt pas mal fait à ce qu'il ne cessait de dire. Il se vantait beaucoup ; toujours à vrai dire. Il ne se passait pas une journée sans qu'il s'auto-complimente en demandant mon approbation, que je lui donnais bien entendu, cela faisait partie de mon travail. Une bonne assistante est là pour rassurer son supérieur, pour qu'il ait confiance en lui. Tout ce que Monsieur Bob faisait était forcément formidable. Il ne supportait pas que qui que ce soit lui dise non, et encore moins une petite personne comme moi. Je n'étais rien, je le savais bien. Rien. Mais avoir eu le courage de lui dire non me donnait le sentiment d'exister, enfin. Il ne se rendait pas compte qu'il était devenu la caricature du patron détestable, pour ne pas dire toxique. Le plus terrible pour moi, c'était de vivre avec cette petite boule d'angoisse que j'avais chaque matin à l'idée de me retrouver en contact avec lui. Au début, c'était désagréable, mais on finit par s'habituer, à vivre avec, un petit peu comme on finit par se faire à cette satanée ampoule que l'on a quand on porte de nouveaux escarpins... Si on veut en profiter, il faut faire avec, pas le choix, alors on fait avec. Bon, je dois l'avouer, j'ai quelques antidépresseurs et somnifères qui m'aident à tenir le coup, mais que voulez-vous, je n'ai pas le choix et, finalement, ce n'est pas pire que les pansements que j'utilise pour mettre des petits escarpins. Je sais que ce n'est pas bon pour ma santé mais j'ai le choix entre la peste et le choléra, j'ai donc choisi le mal qui me semblait le moins pire d'un point de vue vital. J'ai besoin de ce travail, cela résume tout.

Je crois que Monsieur Bob se pensait génial et, le pire, c'est qu'il était sincère ! J'avais développé une technique pour supporter quotidiennement ce qui était devenu insupportable : je ne me révoltais plus. Il y a quelques années, ce genre de personnage se serait pris une gifle un certain nombre de fois. Désormais, j'étais résignée.

– Bien Mademoiselle, donc pas d'aventure avec Monsieur Bob, vous confirmez ?
– Je confirme.
– Et vous lui connaissiez des ennemis ?

Je ris intérieurement en pensant à l'incongruité de cette question. Il devrait me demander si je lui connais des amis, la liste serait plus courte, beaucoup plus courte.

– Des ennemis ? Qu'entendez-vous par-là ?
– Des gens qui l'aimaient pas, qui lui envoyaient des lettres anonymes ou des mails agressifs.

– Personne n'envoyait de mail agressif à Monsieur Bob.
– Vous êtes certaine ?
– Absolument. Je devais imprimer chaque mail qu'il recevait et surligner ce qui était important. Monsieur Bob n'aimait pas ouvrir sa boîte mail au bureau, il disait que c'était une perte de temps puisque j'étais là.
– Et donc, tout le monde l'aimait ?
– Je ne dirais pas ça comme ça, Monsieur l'inspecteur.
– Et comment vous le diriez ?
– Il imposait le respect.
– Ah ben voilà, Monsieur Bob était respecté et n'avait pas d'ennemis.
– Je n'ai pas dit cela non plus. Il imposait le respect par la terreur, personne n'aurait jamais osé s'opposer à lui, sauf Jessica peut-être…
– Jessica ?
– La patronne de *Flouz Média International Incorporated*, le fonds d'investissement qui a financé l'entreprise il y a quelques années et qui a recruté Monsieur Bob.
– Et ils ne s'entendaient pas ces deux-là ?
– Quand il s'agit d'argent, vous savez, ce n'est jamais simple.
– Ah, l'amour et l'argent, les deux mamelles de la criminologie mondiale. Bon, bref, revenons à Jessica.
– Oui. Que voulez-vous savoir ?
– Vous me dites que c'était tendu entre eux deux. Dites m'en plus sur elle.
– C'est une femme forte.
– Elle est grosse ? Quel rapport ?

– Non, non ! Je veux dire, une femme de caractère qui ne se laisse pas faire et qui sait précisément ce qu'elle souhaite. J'imagine que c'est tout à fait normal dans son métier.
– Et quoi d'autre ?
– Rien de spécial. Ah si, elle utilise sans cesse des mots anglais.
– Elle est anglaise ?
– Pas vraiment, mais je crois que ça fait chic et, surtout, ça lui permet de faire le tri entre les « initiés » *(je fais le signe des guillemets avec mes mains)* et les autres, les petites gens comme moi, même si je suis parfaitement bilingue. Mais elle ne le sait pas je crois.
– Et Bob ?
– Je l'ignore. Monsieur Bob, quelle que soit la situation, faisait semblant de comprendre même si ce n'était pas le cas. Il n'aurait jamais supporté d'être pris en défaut de compétence ou de faiblesse.
– Vous l'aimiez bien votre patron ?
– Je dois dire la vérité, c'est ça ?
– Ben, vaudrait mieux, ouais.
– Pas franchement Monsieur l'inspecteur, mais je n'avais pas le choix, je dois travailler.
– Et vous allez me dire que vous êtes innocente.

Je me redresse subitement, apeurée et scandalisée à la fois.

– Mais bien entendu que je suis innocente !
– Jamais eu envie de trucider votre patron ?
– Comme tout le monde je crois que si. Mais de là à le faire, il y a un monde !

– Et sinon, il était bel homme Bob, non ?
– Oui, non… je ne sais pas vraiment. Pourquoi cette question Monsieur l'inspecteur ?
– Vous prétendez n'avoir eu aucune aventure avec lui, ce que j'ai du mal à croire, mais bon. Il a fricoté avec des femmes dans l'entreprise ?
– Je n'en sais rien. Je n'écoute pas les potins à la cantine, cela ne m'intéresse pas.
– Allez, soyez honnête, je finirai par l'apprendre de toute façon.
– Je vous assure Monsieur l'inspecteur, je n'en sais rien !
– Bon, OK, bien, nickel… Restez dans le coin Madame Caroline, partez pas tout de suite au Venezuela.
– C'est fini ?
– Sauf si vous avez quelque chose à rajouter, oui.
– Euh oui, Monsieur l'inspecteur. Tous les soirs, Monsieur Bob notait des choses dans un grand carnet. Je pense qu'il tenait son journal.
– Intéressant ça. Vous savez où il est ?
– Dans son bureau, je pense. Mais je ne l'ai jamais vu sorti quand Monsieur Bob n'était pas là.
– Merci, on va regarder ça. Bonne journée Mademoiselle.

Suspecte, moi ? Je ne dis pas que l'idée de fracasser la tête de Monsieur Bob avec l'écran de mon ordinateur ne m'a jamais traversé l'esprit, ou que l'attacher au sol couvert de miel pour lui lâcher des fourmis rouges affamées par milliers sur son corps afin qu'elles le dévorent pendant des heures de souffrance absolue ne m'a jamais fait fantasmer, ou encore que brûler cette petite raclure avec un tison chauffé à blanc ne m'a pas fait envie. Mais de là à passer à l'acte ?! C'est le principe des petites gens comme moi. Nous avons beaucoup de colère en nous mais nous n'avons plus la force ni le courage de l'exprimer. Nous avons fini par baisser les bras. C'est triste, mais c'est comme ça. J'ai voulu mettre un gilet jaune un jour et Monsieur Bob m'a bien fait comprendre que c'était mon job ou le gilet... Que voulez-vous que je fasse ?

Monsieur Bob a été monstrueux avec moi, mais il n'aura jamais réussi à me changer en monstre ; enfin je crois. C'est fou comme un seul homme peut transformer votre quotidien en enfer. C'est fou comme un travail peut, petit à petit, vous dévorer. C'est fou comme ma vie est totalement connectée à mon travail 24 h/24 à cause d'un psychopathe. La dernière fois, après le coup de fil que lui a passé Jessica, il m'a hurlé dessus pendant dix minutes, puis il a viré comme un malpropre le directeur commercial. À chaque fois que Jessica l'appelait, il était d'une humeur de chien. Bon, pas que Monsieur Bob puisse être de bonne humeur, mais j'avais l'impression que Jessica agissait sur lui comme un excitant de son sale caractère. J'en avais assez de Monsieur Bob, tellement assez... Je vous laisse, je vais faire mon petit *burn-out* dans mon coin, tranquille.

NOTE D'ENQUÊTE

Ai rencontré Caroline Duviviez, secrétaire de son état. Gentille fille en apparence. Pas vraiment brillante et avec beaucoup de rancœur en elle. Elle a dû être une très jolie jeune femme, je me demande si c'est l'une des raisons de son recrutement. Pardonnez ma réflexion quelque peu sexiste, mais je dois essayer de parfaitement comprendre les interactions interpersonnelles.

Note personnelle :
Vérifier si elle n'est pas secrètement amoureuse de son patron, amour et haine sont parfois proches.

La secrétaire donne l'impression de beaucoup travailler. Je pense qu'elle est très motivée par son travail mais elle cache quelque chose, j'en suis absolument certain. Je ne peux m'enlever de la tête qu'elle est amoureuse. C'est courant, la secrétaire amoureuse de son patron et qui l'assassine par dépit. On voit cela partout, l'infirmière et le chirurgien, l'hôtesse et le pilote, la dinde et le boucher. Pas pu résister à la faire celle-là, désolé.

Note personnelle :
Elle n'est quand même plus toute jeune et elle est célibataire. Son histoire comme quoi sa relation avec le patron n'est que professionnelle, j'achète pas. Une petite amourette lui aurait bien rendu service. D'autant qu'elle a un enfant à charge.

Quand elle prétend ne pas être amoureuse, c'est pour faire plus professionnelle. Boulot, boulot, boulot, voilà le concept. Elle est impliquée, aucun doute à ce sujet. Peut-être qu'elle est au cœur d'un complot. Elle a l'air de dire que le top management était dur avec les salariés et comme elle lisait tous ses mails, elle est forcément au courant de plein de choses. Je ne pense pas que ça puisse être le cerveau du complot. Par contre, qu'elle joue un rôle d'informatrice, c'est totalement envisageable. Elle dit ne pas écouter les potins, j'achète pas. Une femme, ça adore les potins, c'est son truc favori même. Alors quand une femme vous dit qu'elle n'aime pas ça, il y a baleine sous gravier !

Note personnelle :
Toujours se méfier des secrétaires, elles en savent beaucoup plus qu'elles

n'en disent. Sous leur air innocent se cache souvent une plaque tournante de ragots et d'informations secrètes. Elles ne font pas de bruit mais sont toujours là, un peu comme le ninja qui se terre avant d'attaquer et de tuer tout le monde à coup de shuriken et de sabre.

Elle a balancé sur Jessica. Jalousie féminine typique. Je me demande s'il n'y aurait pas des secrets de famille dans cette entreprise. Par contre, j'ai hâte de la rencontrer cette Jessica. Si ça se confirme que c'est un dragon, ça promet d'être intéressant, j'aime bien les femmes de caractère. Ça serait bien que l'un des salariés trouve le journal de Bob. Oui, patron, je sais que c'est à moi de le faire, mais si je peux gagner du temps dans mon enquête, je ne vais pas m'en priver tout de même !

Évaluation du suspect

Mademoiselle Duviviez pourrait tout à fait être la coupable. À la fois fragilisée par Bob et avec une rancœur extrêmement forte, il lui faudrait qu'un léger déclencheur pour qu'elle passe à l'acte. Cependant, Mademoiselle Duviviez semble être trop fragile psychologiquement

pour préférer supprimer son boss que
de se mettre elle-même en danger.
C'est une salariée qui ferait tout pour garder
son job. Franchement, patron, au fond,
c'est une chic fille cette Caroline.

Note de mobile : 16/20
Note d'opportunité : 18/20
Note de compétence : 8/20
Note de culpabilité : 13,33/20

CHAPITRE 3

JESSICA

– Nom, prénom ?
– Mac Hamishmont, Jessica.
– Fonction ?
– CEO de *Flouz Média International Incorporated.*
– Scie Hi Haut ?
– CEO. *Chief Executive Officer.* La présidente-directrice générale. La boss si vous préférez.
– Ah, d'accord M'dame. Et elle fait quoi votre boîte ?
– Ma boîte, comme vous dîtes, bien qu'il s'agisse d'une *holding*, est le plus gros fonds d'investissement du marché spécialisé en capital-risque et en rachat de start-ups prometteuses. Nous investissons et nous revendons une fois que le *business model* a fait ses preuves.
– Et le Calbut Breton, c'était ça ?
– Tout à fait. Vous n'imaginez pas le potentiel qu'il y a dans le caleçon et l'ancrage dans les régions. Le marché semble énorme. Le parfait mélange entre la niche classique tendance ringarde et la modernité très *trendy*. Le *fit* entre une offre nouvelle et une demande qui n'existe pas encore.

– Et ça marche bien ?
– Bien, *honestly*, j'ai dit que le marché semble énorme. Ensuite, il faut que tout cela se concrétise. Il y a le *forecast* et le réalisé voyez-vous.
– Le Fort Caste ? C'est où ça ?
– Pardon, le *forecast*, les prévisions en anglais, ce sur quoi nous basons tout notre schéma de *buy in* et de *buy out*.
– …
– Pour faire simple, nous investissons sur une promesse et revendons sur des certitudes que se font les banquiers. Si l'idée est bonne, nous mettons le paquet pour que les objectifs soient atteints, peu importe les moyens utilisés. Pour être *successful*, il faut prendre des risques. *No risk, no win* comme disait mon père.
– Et c'est pour cela que vous avez recruté Monsieur Bob.
– Entre autres, oui. Je voulais un as de la vente pour diriger cette start-up pleine de promesses. J'ai remarqué que, souvent, une entreprise est à l'image de son boss. Alors pour cet investissement, je voulais le top de la motivation. Il fallait aller vite et fort, *fast and furious*.
– Ça a donné quoi ?
– Ça aurait pu être mieux à court terme, mais ce n'est pas perdu pour autant.

Ça aurait pu être mieux ! Je ne mens pas en disant cela mais j'aurais pu tout aussi bien dire que cela n'aurait pas pu être pire ! C'est catastrophique, plus intense que Lheman Brothers en 2008 ou que la chute de quelqu'un sautant d'un avion sans parachute, si vous voyez ce que je veux dire, *ca-tas-tro-phy*. Jamais vu une start-up perdre autant de *cash-flow* en aussi peu de temps. Le Calbut Breton non mais quelle idée ! Je ne sais pas ce qui m'a pris d'accepter d'investir dans cette entreprise, j'aurais mieux fait de me casser les deux jambes ce jour-là, ça aurait été moins douloureux. Certes, j'ai eu quelques compensations en nature mais pour une femme réputée comme étant la meilleure renifleuse d'affaires en *early-stage*, je dois bien avouer que j'ai été aveuglée.

Si Bob avait un talent, c'était vraiment de faire passer les vessies pour des lanternes. Quand j'ai réalisé que derrière les beaux yeux bleus de cet homme il y avait un grand vide, j'ai déchanté. Certes, il donnait l'impression d'être dynamique, mais c'était une façade. C'est le genre de bonhomme qui va vous promettre la lune et qui au final vous paye un aller-retour à Maubeuge. *You see what I mean* ? Mais ce qui est le plus *surprising,* c'est qu'il ne donnait pas l'impression de se rendre compte que je n'étais pas dupe. Soit il me prenait pour une gourde, soit il était stupide. Dans les deux cas, *let's say* que je ne l'aimais pas trop !

Mon job, c'est le *capital-risk.* Sur dix investissements, il y a cinq *fails*, trois OK et, au mieux, deux *big success* qui rattrapent tous les autres. Dans le cas du Calbut Breton, c'est un *big, big fail.* J'aurais dû partir il y a longtemps, mais les yeux de Bob, que voulez-vous… Il est arrivé pour élever le Calbut Breton du stade de petite start-up prometteuse à grande entreprise internationale et, comment le dire *politely* ? Il a transformé une petite start-up prometteuse en grosse start-up moribonde. Bob, c'était un peu David Copperfield en fait, un génie dans son genre.

– Vous vous entendiez bien avec Monsieur Bob ?
– Vous savez, quand vous êtes un *business angel*, vous faites avant toute chose du business. Vous n'avez pas pour objectif de vous faire des amis. Le coté super *friendly,* c'est pour la frime et les médias. Le quotidien, c'est plutôt *swimming with sharks*, si vous voyez ce que je veux dire.
– Euh… pas vraiment, non.
– C'est un monde de requins, de *sharks*, le milieu des start-ups. En face, vous n'avez que des prétendus amis, mais au final, c'est une guerre de tranchées. Il n'y a pas mille solutions, soit la start-up cartonne et tout le monde *love* l'équipe, soit ça ne fonctionne pas et elle n'existe plus aux yeux de qui que ce soit.
– OK mais personnellement, vous vous entendiez comment avec la victime ?
– Si je devais être totalement *honest*… Il était nul.
– Pardon ?
– Il était nul. N.U.L. Nul, *completely useless*. En trois ans, il a réussi l'incroyable exploit de transformer une start-up prometteuse en *cash-burner* dont même un investisseur dépressif et suicidaire ne voudrait pas. Nul.
– *Cash-burner* ? Un rapport avec les caleçons ?
– Pardon ? Mais non ! Bob savait parfaitement comment dépenser du *cash.* Par contre, quand il s'agissait d'en faire, c'était moins évident. Il n'avait aucune *long-term vision*, ni aucune capacité à imaginer de nouvelles *opportunities*, vous voyez.
– Il vous a fait perdre beaucoup d'argent ?
– Comment vous dire…
– Combien exactement ?

– Vingt-cinq millions.
– D'euros ?!
– J'aurais adoré que ce soit en francs CFA, Monsieur l'inspecteur, mais malheureusement, nous parlons bien d'euros.
– Ça fait beaucoup d'argent !
– Beaucoup, comme vous dites. Mais cela fait partie de mon métier. Il faut savoir être philosophe. Vous savez, c'est Isodore Partouche, le fondateur du groupe Partouche, qui disait quelque chose de très juste : « *Si vous voulez gagner au casino, il n'y a qu'une seule solution, en acheter un* ». Eh bien, c'est presque pareil avec les start-ups sauf que parfois ça plante.
– Cela vous a énervé ?
– Cela fait partie du jeu vous savez. Mon fonds d'investissement est doté de cinq cents millions d'euros alors je vais m'en remettre. Quand on fait mon métier, c'est au petit bonheur la chance, parfois on gagne, parfois on perd et, de temps à autre, on fait sauter la banque.
– Et là, vous avez perdu ?
– Tout à fait.
– J'aurais perdu vingt-cinq millions d'euros, je serai plus énervé que vous ne semblez l'être M'dame.

Parce que j'arrive encore à faire croire que je suis calme ? Bravo *my girl*, belle performance d'actrice. Je dilapide vingt-cinq millions sur une *junk* start-up dirigée par un *jerk* et j'arrive encore à faire bonne figure. Quel talent. Mais foutu pour foutu, autant jouer la carte de la terre brûlée. Avec son assassinat au moins, *for once*, le Calbut Breton va faire le buzz à la télé et sur les réseaux sociaux. Pour une fois qu'on parlera de la marque sans s'en moquer ! Il faut savoir saisir n'importe quelle opportunité pour faire de l'argent. Si la mort de Bob doit sauver mon investissement, *so be it* ! Vous me trouvez cynique ? Je le suis et j'assume. Quand on est investisseur, on n'est pas *sister* Theresa voyez-vous. Mon job, ce n'est pas la charité ou la bonté, c'est le business, rien que le business, pas de sentiment, pas d'état d'âme, pas de regret. Et pour en arriver là, j'ai dû en écraser des têtes. Quand on est une femme, il vous faut deux fois plus d'énergie pour s'en sortir, deux fois plus de succès qu'un homme pour être respectée. Maintenant que je suis arrivée au top, autant vous dire que ce n'est pas une pauvre histoire de caleçon qui va me faire dégringoler. La majeure partie de mes concurrents hommes a été élevée par des femmes au foyer pendant les Trente Glorieuses, alors autant vous dire que leur image de la femme n'est pas vraiment cohérente avec la personne que je suis ! Je suis dans un milieu d'hommes mais j'ai toujours refusé de gommer mon côté féminin, et Dieu sait qu'il est très développé chez moi, en toute modestie bien entendu.

Bref, assez parlé de moi. Vous savez ce qu'était la dernière idée publicitaire de Bob ? « Le Calbut Breton : toute la Bretagne dans votre caleçon ». *Really ? What the fuck ? Can you believe it* ? Eh bien, il l'a fait ! Mais le pire, c'est qu'il n'était même pas conscient qu'il était en train de couler la boîte. Bob était un homme toujours très satisfait de lui-même. Bon, *I confess*, je lui faisais un peu peur et je dois bien vous dire qu'en tant que femme, faire peur aux hommes du fait de mon potentiel pouvoir de nuisance, c'est assez jouissif… Comme un juste retour des choses en quelque sorte. Je l'ai eu au téléphone pas plus tard qu'avant-hier et c'était, comment dire… Consternant.

– Bonjour Jessica, comment allez-vous ?
– À votre avis, Bob ? Comment puis-je aller bien alors que je viens de recevoir vos *forecasts* de ventes pour le trimestre à venir ?
– *(D'une voix fluette, limite enfantine)* Euh… Pas top top ?
– (*Hurlant*) Pas top top ? Non mais *come on* Bob ! Vos chiffres prévisionnels sont encore en recul de 20 %. Vous faites quoi dans cette boîte pour être aussi *bad* ? Refaites un point par rapport à votre prévisionnel, histoire de bien avoir conscience de la différence abyssale entre celui-ci et la réalité et *change that* ! *What's happened* ?
– Ce n'est pas ma faute Jessica.
– Comment est-ce possible ? Vous êtes le boss, non ? C'est vous qui êtes responsable de tout ou j'ai mal compris votre fiche de poste ?
– Oui, euh, non… mais le directeur commercial est pas bon.
– Comment ça, pas bon ? Mais c'est vous qui l'avez choisi, non ? Il n'y a pas de mauvais collaborateur, que des mauvais recruteurs, ça *I know it* depuis longtemps, et vous concernant, je commence à avoir de sérieux doutes sur mes propres compétences.
– Non, non, Jessica, vous n'y êtes pour rien et moi non plus ! Vous êtes une super recruteuse, vous le savez bien, vous m'avez recruté. C'est surtout Georges-Michel qui me l'a recommandé.
– Le DRH ?

– Oui, le DRH. Pour être honnête, je pensais que c'était un mauvais choix ce directeur commercial, mais vous me connaissez, je fais confiance aux compétences de mes équipes et Georges-Michel a beaucoup, beaucoup insisté pour qu'on le recrute. J'ai suivi son conseil. Je n'aurais pas dû, je suis désolé Jessica. Je suis victime de ma bienveillance et voilà. Aujourd'hui, je me demande s'il n'y a pas une histoire de famille entre ces deux-là.
– Virez-le !
– Georges-Michel ?
– Mais non, pas Georges-Michel, le directeur commercial.
– C'est-à-dire que… C'est le cinquième que je vire en deux ans.
– Et alors ? Vous êtes un patron ou pas ? Un patron c'est courageux, ça prend des décisions, non ? Vous savez prendre des décisions, Bob ?
– Oui, Jessica.
– *SAY IT* !
– Oui, Jessica, je sais prendre des décisions.
– Bien, alors si vous savez, *show it,* que diable. Le *bullshit*, ça suffit Bob, il va falloir atterrir maintenant. Vous savez combien vous me coûtez ? VOUS LE SAVEZ ?
– *(D'une petite voix)* Vingt-cinq millions…
– Oui Bob ! Vingt-cinq millions ! Alors maintenant, vous allez me faire le plaisir d'être *compliant* avec vos promesses, sinon c'est vous qui sautez, avec en prime une humiliation publique dans la presse qui fera que votre prochain job, au mieux, sera d'être assistant chef de rayon dans une supérette à Libourne. C'est compris ?
– Oui Madame.

– Sérieusement Bob, vous méritez que je vous trucide tellement vous êtes nul ! Au Panthéon du mauvais patron, vous êtes le boss, vous le savez ça ? Hein ? Vous le savez ?
– Oui Madame, pardon.
– Allez, au boulot et faites moi parvenir de nouveaux *forecasts* avant ce soir, sinon je débarque en chair et en os pour vous faire passer de vie à trépas, c'est clair ?
– Oui Madame, merci Madame. C'est important ça, les *forecasts*.

Et je lui ai raccroché au nez. Montrer un peu de fermeté envers ses collaborateurs, surtout quand vous êtes une femme, est quelque chose d'absolument essentiel. Il faut se faire respecter sinon, *finished*. Il faut dire que le Bob me décevait beaucoup. Il m'avait été présenté par ma cousine Jennifer, qui avait fait les mêmes études que lui à Monceau-les-Mines. Elle disait qu'il était incroyable, mais je réalise aujourd'hui qu'elle disait probablement ça parce qu'elle était un peu *in love* du bonhomme. Mais bon, *what's done is done*, faut avancer, le passé ne sert à rien, seul l'avenir compte. Si je devais pleurer sur chacun de mes échecs, j'y passerai toute la journée alors *forget it* !

– Donc, finalement M'dame, vous êtes plus si énervée que ça ?
– Non Monsieur le général.
– Inspecteur.
– Bien Monsieur l'inspecteur général.
– Inspecteur.

– *(Minaudant)* C'est compliqué vos grades tout de même. Vous savez, j'ai grandi en Angleterre, je ne connais pas tous les détails de votre si belle culture.
– Pas tant que ça, mais bon, revenons-en au meurtre si vous le voulez bien Mademoiselle.
– D'accord Monsieur l'inspecteur.
– Vous lui connaissiez des ennemis à Bob ?
– Bob ? Des ennemis ? *No way*, cet homme était un amour. Un peu trop gentil et souple avec ses équipes mais bon, c'était sa nature, un peu comme vous, j'imagine.
– Ah ah ah. Vous n'aimiez pas ça ?
– Quoi donc ?
– Qu'il soit gentil ?
– C'est le management moderne vous savez. Le management par la bienveillance. Il avait des résultats nuls ce cher Bob, mais je lui faisais profondément confiance. Je savais qu'un jour, ça allait payer. Il paraît qu'être un manager gentil, ça paye toujours à la fin.
– Vraiment ?
– Écoutez, pas plus tard qu'avant-hier, nous avons eu une discussion très constructive sur l'avenir de l'entreprise.
– Et ?
– Nous étions totalement en phase. Bob et moi étions une vraie *team*. Il faut faire passer l'humain avant toute chose.
– Une tim ?
– Une *team*, une équipe quoi. Un duo de choc.
– OK. Mais vous avez une idée de qui aurait pu le tuer ?
– Pour être honnête, je ne vois vraiment pas, mais je sais que vous allez trouver, vous avez l'air tellement… perspicace.
– C'est gentil, Mademoiselle.

– Appelez-moi Jessica, je vous en prie.
– Merci… Jessica. Alors, qui aurait pu faire ça ?
– Bob était un homme charmant, un grand professionnel respecté de tous. Vous êtes certain qu'il ne s'est pas suicidé ?
– Pourquoi se serait-il suicidé ?
– Je ne sais pas moi, pour une raison personnelle.

Bob n'avait pas de vie personnelle. Cet abruti donnait tout pour son travail. Il a été marié un jour, mais sa femme l'a largué, forcément, il passait sa *life* au bureau ; une visionnaire, une femme intelligente en tout cas, aucun doute à ce sujet. Ce *looser* se promenait avec une Jaguar, alors qu'il vivait dans un studio tout miteux à côté du bureau pour pouvoir y être le plus possible. Il était persuadé qu'un homme devait ressembler à sa voiture, *my God*. Quand je l'ai recruté, il n'en revenait pas ce *dummy*, il allait passer de directeur commercial d'une petite boîte de bureautique de quartier à directeur général d'une start-up prometteuse. Quand je lui ai demandé s'il avait des questions sur le boulot, vous savez ce qu'il m'a demandé ? S'il aurait un iPhone X de fonction parce que, selon lui, et je le cite : « c'est trop la classe l'iPhone X ». On aurait dit un enfant de cinq ans passant commande au père Noël.

Que voulez-vous, il me fallait un bon petit soldat qui fasse ce que je lui demande et il semblait *perfect* pour le rôle. Je n'avais juste pas prévu qu'il changerait de personnalité en route et se prendrait pour le Bill Gates du caleçon. Le pouvoir a un effet parfois étrange sur les gens. Pour motiver les troupes, il a même créé un évènement autour de « l'employé du mois ». Sauf que, depuis les deux années qu'il existe, le jury, dont il est le seul membre, nomme chaque mois... Lui comme gagnant. Et il fallait voir la cérémonie ! Une sorte de mélange de *Game of Thrones* et de la bande à Basile, vous visualisez ? Le *worst* ? Il obligeait toute l'entreprise à y assister ! Oh non, il ne va pas nous manquer, croyez-moi.

J'en ai vu des patrons d'entreprise se laisser dépasser par leur ego mais là, ça a dépassé l'entendement. Parfois, c'est au moment du rachat de leur boîte, quand ils deviennent multimillionnaires, que les patrons perdent pied mais là, il aura suffi que Bob reçoive ses cartes de visite avec la mention « directeur général » imprimée dessus pour qu'il ne se sente plus. *Crazy* je vous dis, *totally crazy.* Je crois que Bob se prenait pour Dieu pour tout. Le plus étonnant, de ce que j'ai entendu, c'est qu'il expliquait à son comité exécutif comment ils devaient gérer leurs équipes. Il prétendait lire des livres sur le management et était visiblement très fier de qui il était. Et je suis absolument certaine qu'il pensait être dans le vrai.

– Il avait une vie personnelle agitée ?
– Je ne sais pas, je ne faisais que travailler avec lui.
– Quelqu'un pourrait me renseigner ?
– Didier, son bras droit. Il connaissait tout de lui.
– Il aurait pu le zigouiller ?
– Didier ?
– Non, le pape.

– Ah ah, ce que vous êtes *funny* Monsieur l'inspecteur. J'adore cet humour français, si fin, si sexy. Tellement vous.
– *(Souriant)* Ah bon, vous trouvez ?
– Oui, *incredible* ! J'ignorais qu'il y avait des gens avec autant d'esprit dans la police. Mais bon, vous êtes français, ça doit compenser.
– *(Reprenant son air revêche)* Alors ? Zigouilleur ou pas ?
– Je ne l'ai jamais trouvé clair, clair, ce Didier, mais je n'en sais pas plus. Tout ce que je peux vous dire, c'est qu'il a eu beaucoup de promotions depuis qu'il est arrivé au Calbut Breton.
– Beaucoup de promotions ?
– C'est-à-dire qu'il est passé en quelques semaines de standardiste à bras droit de Bob. J'ai rarement vu d'ascension aussi rapide.
– Ils couchaient ?
– Quoi ? Bob et Didier ? *No way* ! Bob serait incapable d'être gay, il n'est pas assez subtil pour ça.
– Homophobe ?
– Pas vraiment, ignorant plutôt.
– Et donc, Didier ? C'est quoi l'arnaque ?
– *Let's say*, je lui ai interdit de virer des gens sans que ce soit sur mes ordres et ce Didier me semblait être un bon garçon. Il a dû penser que je l'appréciais.
– Ce n'était pas le cas ?
– *I don't give a shit about* Didier, désolé Monsieur l'inspecteur.
– Merci Jessica.
– *(Minaudant)* Mais je vous en prie Monsieur l'inspecteur.

C'est fou comme les hommes sont facilement manipulables. Je ne m'en cache pas, mon charme est l'un de mes *best* atouts dans le business. Attention, je ne fais que *teaser*, jamais plus loin. Les hommes aiment fantasmer et comme je leur fais peur, ils ne sont jamais trop *pushy* avec moi. Oui, j'ai le beurre et l'argent du beurre et je sais que ça en énerve plus d'une. Le féminisme, ce n'est pas faire disparaître sa féminité au profit d'une supposée égalité. Je suis supérieure aux hommes, et vous savez pourquoi ? Parce que je peux les séduire et ils en oublient la partie business. Je crois bien que leurs afflux sanguins font que lorsque je négocie avec eux, leur cerveau est nettement moins irrigué que d'habitude, et je fais nettement de meilleures affaires. Il est pareil ce petit inspecteur. Il est trop occupé à m'imaginer dans son lit pour me voir comme une potentielle coupable. Quoi ? Moi, une mante religieuse ? *Frankly*, on me le dit souvent. Ça ne me dérange pas. J'aime l'idée que ce soit la femme qui dévore le mâle.

– Ne vous éloignez pas trop s'il vous plaît, je pourrais avoir besoin de vous prochainement.
– N'hésitez surtout pas.

NOTE D'ENQUÊTE

Je viens de rencontrer Jessica Mac Hamishmont. *Whaou*, quelle femme ! Gros caractère et très belle femme. Je crois que je lui plais bien, même si cela n'a aucun rapport avec mon enquête, je préfère le préciser... Après tout, nourrir son ego ne fait pas de mal de temps à autre. Typiquement le genre de femme que j'adore. Dominatrice. Mais bon, je m'égare. Jessica est l'investisseuse du Calbut Breton et elle a perdu gros.

Note personnelle :
D'où vient tout cet argent ? Drogue ? Trafic ? Héritage ? Quand tu trouves d'où vient l'argent, tu trouves la solution. On parle de vingt-cinq millions tout de même !

Note personnelle, personnelle :
Penser à l'inviter à boire un verre une fois que l'enquête sera bouclée bien entendu. L'ego, c'est bien, mais s'il reste dans un espace virtuel, c'est frustrant.

Bizarre quand même qu'elle ne soit pas plus énervée que ça. Elle perd vingt-cinq millions d'euros et elle semble totalement zen. Ce serait un bon mobile d'assassinat tout de même, non ? Eh bien non, elle a l'air de trouver ça normal. En tout cas, elle semble respecter Bob et ne pas lui en vouloir.

Note personnelle :
Je me demande bien ce que je ferais, moi, si j'avais perdu vingt-cinq millions.
Je me suicide ou je trucide ? Ou les deux ?

Mais la confiance qu'elle avait en Bob, j'achète pas. Ça ne marche pas comme ça quand il y a des histoires d'argent. C'est Joey Starr et Kool Shen qui disaient : « L'argent pourrit les gens, j'en ai le sentiment ». Grands philosophes ces deux-là, pleins de bon sens. Parfois, il ne faut pas chercher plus loin que le bout de son nez, comme on dit.

Note personnelle :
Réécouter la discographie de NTM, il y a peut-être d'autres réflexions qui pourraient m'aider.

Je crois que Jessica déteste Bob mais qu'elle ne veut pas l'avouer. Ce qui est assez incompréhensible, c'est le pourquoi de son recrutement. Elle semble prétentieuse comme tout cette dame et, malgré tout, c'est Bob qu'elle a choisi. Il était vendeur de photocopieurs et il se retrouve propulsé à la direction d'une start-up. Je ne suis pas spécialiste du recrutement mais cela me semble étrange. C'est soi-disant une cousine ou je ne sais pas qui, qui lui a recommandé. Non, j'achète pas. On ne recrute pas un champion de Mario Kart pour piloter une Formule 1, ça ne tient pas.

Note personnelle :
Et si Jessica avait fait exprès de recruter Bob pour être certaine que le Calbut Breton se plante ? Et si les vingt-cinq millions de pertes ne servaient qu'à couvrir un vaste blanchiment d'argent ? Oula, j'ai peut-être mis le doigt sur un truc important, moi. Ma mission ne serait peut-être pas si inutile que je le pensais à l'origine.

C'est bête, si on retrouvait son journal, on saurait peut-être ce que Bob pensait de tout ça. On a mis son bureau sens dessus dessous et on n'a rien trouvé. Si ça se trouve, son assistante a volé le journal. Mais bon, d'un autre côté, si elle l'a volé, pourquoi elle m'en aurait parlé ?

Note personnelle :
C'est compliqué les femmes.

Évaluation du suspect
Jessica Mac Hamishmont est une femme dangereuse, aucun doute là-dessus. Elle a perdu beaucoup d'argent et, ça, c'est un sacré mobile. Par contre, je ne vois pas comment elle pourrait faire pour passer à l'acte. Elle serait bien du genre à recruter un tueur à gage, c'est clair. Elle n'aime pas Bob, c'est un fait, pour ne pas dire qu'elle le déteste. Elle a un portefeuille à la place du cœur donc forcément, quand on y touche, ça l'énerve. C'est une dominante. Prête à tout. Jessica, c'est comme un homme, avec la frustration de pas l'être en plus. Oh la la, c'est fort ce que je viens de dire. Chef, vous pourrez être fier de mon analyse psychologique. Je pourrais faire *profiler* si je voulais, je déchirerai comme *profiler*, c'est sûr !

Note de mobile : 20/20
Note d'opportunité : 11/20
Note de compétence : 15/20
Note de culpabilité : 15,33/20

CHAPITRE 4

DIDIER

– Nom, Prénom ?
– Bichoudain, Didier.
– Fonction ?
– Je suis l'adjoint de Monsieur Bob.
– Vous étiez.
– Pardon ?
– Vous étiez l'adjoint de Monsieur Bob. Il est mort.
– … *(Très ému)*
– Monsieur ?
– … *(La larme à l'œil)*
– Ah non Monsieur, faites pas le coup du « je suis trop triste », s'il vous plaît.
– Je ne suis pas triste, ce sont des larmes de joie. Jamais je pourrais vous faire le coup des larmes de thermolactyl Monsieur l'agent.
– Pardon ? En une phrase, vous simplifiez pas les choses, vous. Alors, *primo*, je suis inspecteur, pas agent, *deuzio*, on ne dit pas des larmes de thermolactyl mais des larmes de crocodile et *troizio*, vous êtes carrément suspect, vous.

– On dit pas *tertio* ?
– Oh là, faites pas le malin ! Je vous vois venir avec vos gros sabots. Alors comme ça, vous êtes heureux ?
– Je ne sais pas si on vous l'a dit, mais c'était un monstre Monsieur Bob.
– Vous faisiez quoi pour lui ?
– Esclave.
– Pardon ?
– Esclave. Corvéable à merci, H24, sept jours sur sept, vacances comprises. Esclave.

C'était le prix à payer pour avoir ma position. J'en suis bien conscient, j'avais beaucoup de chance d'avoir ce poste, énormément de chance. Je n'aurais jamais cru en avoir autant dans ma vie. Et je le dois à Bob, totalement. Alors bien entendu, ce n'était pas simple tous les jours, mais quand je regarde ma carte de visite, quelle satisfaction ! Je n'aurais jamais pensé avoir un tel poste un jour. Je suis quelqu'un de simple vous savez ; pas de grandes études, pas de grande famille, pas de grandes idées. Simple. Je sais bien que je ne suis pas bien malin mais ça ne me pose pas vraiment problème. Comme le disait le générique de ma série préférée, *Arnold et Willy*, « il faut de tout pour faire un monde ». Le seul souci quand vous êtes un peu simplet comme moi, c'est que les gens en profitent parfois. Je m'en rends bien compte, mais je ne sais pas quoi dire, alors je me tais. Je suis autodidacte et je suis arrivé ici comme standardiste.

J'ai toujours su qu'en étant gentil et en rendant service, l'univers me le rendrait. Ça a été le cas, au-delà de tout ce que je rêvais, mais j'ai envie de vous dire, il ne m'avait pas prévenu qu'il prévoyait une grosse contrepartie, l'univers.

– Mais concrètement, votre métier consistait en quoi ?
– Concrètement ? Eh bien par exemple, pas plus tard qu'avant-hier, il a voulu licencier le directeur commercial, mais il n'avait pas le temps de le faire lui-même, alors je m'en suis chargé.
– Pourquoi vous dites « pas le temps » de façon bizarre ?
– Parce qu'il aurait pu le faire, mais il n'en avait juste pas le courage. C'était un lâche, Monsieur Bob. Il avait peur des gens. Et il se mentait en se disant que c'était pas lui qui était méchant, même si c'est lui qui avait demandé que je le sois. Dans sa tête, le méchant c'était moi et le gentil, c'était lui. Toute la basse besogne, c'était pour moi, Didier, « mon Didier » comme il disait. Fils de Ruth oui !
– Vous voulez dire fils de pute ?
– Non, non, Ruth, sa mère, une vraie méchante celle-là. Je devais aller la chercher à la gare quand elle venait voir son fils. Monsieur Bob l'adorait, mais je peux vous dire que je comprenais pourquoi il était comme ça, Monsieur Bob. Ni bonjour, ni merci et si quelque chose lui convenait pas, elle me hurlait dessus comme pas possible. Une sorte de Bob en plus vieille, plus de cheveux et moins de… de… enfin vous voyez ce que je veux dire. Quoique franchement, j'ai parfois eu des doutes à ce sujet.
– Vous ne l'aimiez vraiment pas.
– Sa mère ? Ah ça non, je ne l'aimais pas.

– Non, je parlais de Bob.
– Il n'y a pas de mot pour décrire ce que je pense de lui.
– Mais pourquoi vous n'avez pas démissionné ?
– Il me tenait.
– Chantage ?
– Hein ? Quoi ? Non, pas du tout. Il me tenait par ma carrière. Je n'ai pas fait d'études et quand Bob est arrivé, j'étais au standard. Comme j'aimais lui rendre service, il m'aimait bien et il m'a fait monter tous les échelons jusqu'à devenir son adjoint. Sans Bob, je n'étais rien. Vous savez, de nos jours, c'est pas simple de faire carrière quand on a pas de diplôme et qu'on a pas inventé le fil à couper l'eau chaude. Je sais bien que si je devais partir du Calbut Breton, connaissant le système, au mieux, je serais coursier. Je sais bien qu'il n'y a pas de sot métier mais je dois dire que j'aime bien mon statut et mon salaire. Alors oui, il me tenait.
– Mais vous êtes heureux ?
– Ma femme m'a quitté, mes enfants ne veulent plus me voir, j'ai dû arrêter d'aller à ma chorale polyphonique auvergnate, je n'ai plus d'amis alors, oui, je suis heureux que le bonhomme qui m'a volé tout ça ne soit plus de ce monde. Je vais enfin pouvoir retrouver un petit peu de vie personnelle. J'espère juste que son successeur me gardera à mon poste. Quand j'y pense, j'angoisse. Y'a que Bob qui trouvait que j'étais utile. Ça m'angoisse, je dois bien vous avouer.
– À propos d'avouer… Vous l'avez tué ?
– Ah ça, sans aucun doute, j'aurais pu, mais c'est pas moi.
– Vraiment ?

– Comment ça « vraiment » ? Bien sûr que ce n'est pas moi ! Je risque d'être au chômage à cause de son décès, le crime ne me profite pas.
– Mais vous le détestiez.
– Qui aime son travail de nos jours ? Il faut bien travailler. Vous croyez au bonheur au travail, vous ? Si vous gagniez cinquante millions au Loto, vous démissionneriez tout de suite, non ?
– Un peu facile votre excuse, Didier. J'ai connu des cas où le meurtrier a agi de sang-froid et sans aucun mobile particulier.
– Euh… C'est quoi l'intérêt ?
– Le kiff, Didier, le kiff.
– J'comprends pas.
– Vous aimez la viande rouge ?
– Ben non, plutôt à point, mais je ne vois toujours pas le rapport…
– Vous aimez le foot ?
– Oui M'sieur, gros fan le Didier.
– Vous aimez le foot anglais ?
– Mon championnat préféré.
– Vous aimez Manchester donc.
– Ah ben ça c'est sûr !
– Et il est de quelle couleur le maillot de Manchester ?
– Rouge.
– Et bim ! En voilà un mobile. Vous adorez le rouge, donc vous adorez le sang, donc vous voulez voir du sang parce que le championnat anglais est en pause cette semaine, donc vous êtes en manque, donc vous cherchez un moyen de voir

du rouge et paf, vous tuez Bob dans des conditions atroces. C'est votre inconscient qui vous a fait agir Didier. Avouez !
– Mais j'avoue rien du tout Monsieur l'inspecteur, je suis innocent ! J'ai envie de vous dire que c'est n'importe quoi votre truc.
– Et donc, vous supportiez les brimades sans rien dire et sans démissionner. Désolé, j'achète pas.

« Il faut bien travailler. » Quelle bêtise absolue cette phrase. Je rêvais même de Monsieur Bob, toutes les nuits. Parfois, je me réveillais en sueur après avoir imaginé Monsieur Bob me hurlant dessus parce que j'avais soi-disant oublié de lui envoyer un dossier, alors qu'il l'avait juste perdu dans son tiroir. Jamais je n'aurais dû me laisser griser par ma montée dans la hiérarchie de la boîte, jamais. Mais le regard des gens sur moi avait changé et ça, j'aimais bien. J'étais passé du « Bonjour Didier » un tantinet condescendant quand j'étais standardiste, à un « Bonjour Didier » dans lequel je sentais la crainte, pour ne pas dire le respect. C'est important le respect. Je n'en ai jamais eu de ma vie, depuis mon enfance, alors je dois bien vous dire que j'aimais mon nouveau statut de personne importante. Bon, OK, ma première promotion, je ne la dois ni à mon talent, ni à mon cerveau. Comme je vous le disais, j'étais serviable et surtout, Monsieur Bob voulait que ce soit une femme au standard, il trouvait ça plus normal, comme il disait. Et comme Jessica lui avait interdit de virer quelqu'un sans raison objective, et que je crois qu'elle m'aime bien, il m'a fait passer de poste en poste. J'étais, en toute objectivité, nul à chacun d'entre eux, mais Bob avait expliqué à Jessica que j'avais un gros potentiel et cet homme méchant était trop arrogant pour oser lui dire qu'il s'était trompé. Tant mieux pour moi, j'ai envie de vous dire. Alors il m'utilisait pour ses basses besognes : licencier quelqu'un, rappeler des délais, des objectifs, tout ce qui n'était pas sympathique et qu'il n'osait pas faire. Et je suis passé comme ça, de promotion en promotion, grâce au manque de courage managérial de Monsieur Bob. Il préférait glisser sous le tapis ses erreurs plutôt que de les assumer et de les corriger. Sur ce coup-là, je ne vais pas m'en plaindre, j'ai multiplié mon salaire par dix en moins de trois ans. Mais à quel prix ! Mon salaire ne me rendra jamais heureux, je le sais maintenant.

Ah ça, j'avais gagné en reconnaissance dans le regard des gens, mais mon quotidien n'était fait que d'humiliations et de brimades. C'est bien beau d'avoir un joli titre sur sa carte de visite, mais ce n'est pas ça qui rend heureux, je le sais aujourd'hui. Je crois bien que le pire, c'est que je n'existais à ses yeux qu'en tant que collaborateur lambda… Jamais de reconnaissance, même pas un petit bonjour ou un merci, jamais. J'étais son souffre-douleur, comme nous tous d'ailleurs. Je dois bien lui reconnaître ça, il était constant et équitable dans sa mesquinerie, pas de privilégié. Ce qui était très dur par contre, c'est qu'il m'associait à ses travers, comme s'il considérait que j'étais le seul à le comprendre. Et je le faisais. L'autre jour, par exemple, ce fut horrible.

– Didier, mon Didier.
– Oui, Monsieur Bob.
– Tu vas aller me virer le directeur commercial maintenant.

– Encore ?
– Comment ça encore ? Je l'ai pas encore viré… Comment il s'appelle déjà ?
– Jean-Jacques.
– C'est ça, Jean-Jacques, il est encore là ?
– Oui.
– Donc, tu vas aller me le virer, il est nul.
– Euh, j'ai envie de vous dire qu'il est arrivé il y a deux mois et que c'est le cinquième directeur commercial…
– Et ?
– Il n'a pas eu le temps de faire ses preuves.
– Dis donc Didier, tu serais pas en train de remettre mes décisions en cause quand même ? Les résultats de vente sont nuls, oui ou non ?
– Oui, je crois.
– Et qui est directeur commercial dans cette boîte ?
– Jean-Jacques.

Bob faisait partie de ces personnes qui n'avaient qu'un seul point de vue, le sien. J'ai bien essayé quelques fois, non pas de le contredire, mais juste de lui suggérer une autre façon de voir les choses ; « autant essayer de faire boire un âne qui n'a pas soif », comme disait ma grand-maman. Bob était profondément convaincu d'avoir raison sur tout. Sa phrase préférée ? « Je suis le boss, donc j'ai raison ». Je sais bien, moi, que j'avais raison de temps en temps. Pas souvent, c'est sûr, j'ai pas le niveau pour ça, mais de temps en temps, j'ai envie de vous dire que j'en suis certain.

– Eh ouais, c'est Jean-Jacques le directeur commercial, tu l'as dit *bouffi*. Eh bien, résultats nuls égal on vire le directeur commercial, c'est simple, non ? En plus, il est en période d'essai, encore plus simple. Et tu sais, comme je le dis souvent : « qui ne bat pas le fer quand il est chaud n'aura pas sa pierre qui mousse ».
– Hein ? Pardon ? Ça veut dire quoi ?
– Peu importe, si tu comprends pas, c'est que t'es pas équipé pour. Allez, hop hop hop ! Tu vas le virer.
– Vous ne voulez pas lui parler ?
– Tu voudrais pas que je lui fasse un câlin en plus ? J'ai d'autres chats à fouetter, Didier, qu'est-ce que tu crois ? Je suis le boss, Didier, le BOSS. Je ne fais pas de basses besognes, je réfléchis moi, tu le sais bien, je suis dans une sphère stratégique et stratosphérique alors que toi… Ben toi, t'es dans une sphère merdique, c'est comme ça.
– Mais…
– Au prochain « mais », Didier, je fais une promo exceptionnelle : deux virés pour le prix d'un, ça t'intéresse ?
– Ben… j'ai envie de vous dire que… non.
– Ben non, ben non… Mon Didier, il serait temps que tu t'affirmes un peu plus en discutant moins mes ordres. C'est important ça que tu t'affirmes en te taisant.
– Hein ?
– Chut Didier, chut.

Alors je suis allé le virer le pauvre Jean-Jacques. Il était surpris, mais il n'a pas fait d'histoires, la grande classe ce Jean-Jacques. Il faut dire qu'il est classe le Jean-Jacques. J'ai vraiment envie de vous dire qu'il est classe. On aurait dit qu'il vivait dans une autre époque où on utilisait des mots qu'on ne connaît plus aujourd'hui. Je me pose même la question de savoir si ses mots ont existé un jour dans une autre bouche que la sienne. Si ça se trouve, il a inventé un langage. La vache, impressionnant ce Jean-Jacques. La classe quoi.

Quand je lui ai dit qu'il était viré, il m'a tout de même dit, hyper calmement : « *Didier, vous pourrez dire à ce foutre-caisse de Bob que je suis fort aise de devoir quitter ce navire piloté par un tartuffe* ». J'ai rien compris mis à part le concept de truffe, mais d'une certaine façon, je l'envie un petit peu, j'ai envie de vous dire. Il va être au calme maintenant.

– Et si vous ne l'avez pas assassiné comme vous le prétendez, vous avez une idée de qui aurait pu le faire ?
– J'ai envie de vous dire que je ne vois pas... Jean-Jacques peut-être.
– Pourquoi Jean-Jacques ?
– Ben, j'ai envie de vous dire qu'il s'est fait licencier avant-hier quand même, c'est pas rien.
– Ah, eh bien en voilà un mobile qu'il est bon, enfin !
– Mais sincèrement, je ne vois pas Jean-Jacques faire cela, il était très calme, et surtout, très bien éduqué.
– Après le calme, la tempête Monsieur, et croyez-moi, même chez les rupins, y a du grabuge quand il faut. Laissez les pros s'en occuper.
– Je n'y crois pas un seul instant.
– Alors qui ? Vous ?

– Ah ben non.
– Alors Jean-Jacques ?
– Ah oui, ça me semble plus logique.
– Bien, restez dans le coin, on ne sait jamais.

NOTE D'ENQUÊTE

Je viens d'interroger Didier Bichoudain. Gentil garçon ce Didier. Pas une tronche de coupable, mais pas vraiment le profil de l'innocent non plus. Il déteste Bob, mais il lui doit tout.

Note personnelle :
Ça fait très relation sado-maso cette histoire, genre « je t'aime moi non plus ». Ça peut mal finir si les règles du jeu ne sont pas respectées.

Il n'est pas très malin ce Didier Bichoudain. Fidèle, visiblement, mais pas fute-fute. Ce qui m'étonne, c'est qu'il ne se soit visiblement jamais rebellé. Je sais que l'être humain peut encaisser du lourd, mais il y a des limites tout de même.

Note personnelle :
Essayer de trouver des infos sur la vie de ce Didier, où il habite, qui il fréquente.

Intéressant qu'il n'hésite pas une seule seconde à balancer son collègue... Comment il s'appelle déjà ? Ah oui, Jean-Jacques. Un homme vient d'être trucidé dans des conditions qui semblent franchement *trash* et le Didier, sans hésiter, il balance son collègue. Il aurait tout aussi bien pu ne donner aucun nom, mais non, il balance. C'est un peu comme la patate chaude. En donnant le nom de quelqu'un d'autre, il s'imagine que je vais oublier qu'il est suspect. Bon, moins que les autres pour le moment, mais suspect quand même.

Note personnelle :
J'espère que vous êtes content de mon travail, boss. Je fais mon possible pour vous donner les informations que vous cherchez mais ce n'est pas toujours facile. Il faut dire que vous êtes exigeant boss, mais bon, c'est vous qui payez comme on dit !

Il faudrait que j'essaye de plus me mettre à la place des suspects, de comprendre comment ils fonctionnent. Peut-être que je trouverai plus vite celui ou celle qui déteste le plus Bob. Je ne crois pas que cela puisse être une femme. C'est sympa une femme, c'est doux et surtout, une femme a tendance à ne jamais clairement exprimer ses vrais sentiments. Il n'y a qu'à regarder la liste des *serials killers* dans le monde, s'il y a trois femmes, c'est le max du max.

Note personnelle :
Une femme peut-elle détester son patron ou bien est-elle tout de suite dans une relation dominée/dominant qui fait qu'elle accepte tout ? Je me rends compte en écrivant ces mots que je suis probablement un peu vieille France... Enfin, je crois.

Je ne sais pas pourquoi mais je sens que vous n'allez pas être content boss. Il faut que je me concentre plus sur ce qu'ils pensent de l'entreprise et de leur patron, c'est quand même ça qu'on attend de moi. Trouver qui déteste le plus Bob et identifier qui serait absolument incapable de lui faire du mal tellement il le respecte. Ouais, enfin bon, très bien, mais pour le moment, je n'ai pas l'impression qu'il y ait beaucoup d'amour dans cette boîte. C'est quand même fou comme tous auraient pu commettre ce crime. Je n'ai jamais vu ça dans ma vie : faire l'unanimité contre soi, c'est dingue. Je ne sais pas ce que vous en pensez boss, mais si c'était moi, j'en ferais un infarctus.

Note personnelle :
Je me demande en fait s'il est possible de se faire apprécier, pour ne pas dire aimer, lorsqu'on est le patron.

Évaluation du suspect
Didier Bichoudain. Comment dire ? Il est remonté contre ce que représente et ce que fait le patron, mais il est reconnaissant, très reconnaissant. Il est gentil ce Didier, mais un peu con quand même. Et puis son tic de langage « j'ai envie de vous dire », ça donne quand même envie de le baffer.
Est-ce qu'il aurait pu faire ça ? Aucun doute là-dessus. Mobile, opportunité... la totale.
Pour moi, ce serait le coupable idéal. En plus, s'il y avait un procès, je m'amuse déjà de voir comment il ne pourrait pas se défendre.
Le seul souci, c'est qu'il est un peu stupide.
Et ça, être stupide, pour faire le crime parfait, ce n'est pas vraiment la première qualité que l'on demande.

Note de mobile : 19/20
Note d'opportunité : 19/20
Note de compétence : 14/20
Note de culpabilité : 17,33/20

CHAPITRE 5

JEAN-JACQUES

– Nom, prénom ?
– Bonpartant, Jean-Jacques.
– Fonction ?
– Directeur commercial.
– Ancien.
– Ah ça, je ne saurais trop vous le dire, pour être tout à fait franc. Il semblerait que Bob n'ait pas véritablement eu l'opportunité ou le temps de valider le courrier officiel de mon licenciement, donc en l'occurrence, ne sachant s'il y a une jurisprudence en la matière, je ne puis vous dire si je suis licencié ou si je fais toujours partie des effectifs du Calbut Breton.
– Oh là… Tout doux l'agneau. Va falloir descendre d'un niveau côté vocabulaire et arrêter d'essayer de m'embrouiller avec des mots compliqués. Je suis inspecteur de police moi, pas membre de l'Académie française.

Et après, on va me dire que je suis une caricature de la noblesse française. Mon Dieu, côté caricature, il semblerait que j'ai trouvé mon maître. Je ne comprendrais jamais comment il est possible de vivre avec trois cents mots de vocabulaire et une maîtrise grammaticale digne d'un enfant de quatre ans. Je n'y peux rien, moi, si je maîtrise la langue de Molière avec aisance et me délecte de belles tournures de phrases ou, *a minima*, de tournures correctes. Je pourrais parler avec la langue de Rabelais, soyez reconnaissant que je ne le fasse pas, car il est effectivement certain que vous ne piperiez mot, pardonnez l'expression. J'aime à penser que la façon dont nous nous exprimons est la meilleure expression de la personne que nous sommes, la plus limpide, la plus évidente et la moins dissimulable. Je ne vous dirais pas « *wesh gros comment ça va* », veuillez me pardonner. Je suis distingué, je sais que cela n'est point à la mode, mais je n'en ai que faire, je suis ainsi, point. Par ailleurs, cela me permet de faire un tri rapide de mes interlocuteurs : qui ne comprends pas ma façon de m'exprimer n'est pas de mon monde et ne m'intéresse que peu. Certes, dans le cas présent, je n'ai pas véritablement le choix de ce locuteur et je vais devoir faire bonne figure, ne pas paraître arrogant ni méprisant.

– Alors, viré ? Pas viré ?
– En théorie, viré, en pratique, non viré.
– Et donc ?
– Bien, faisons simple. Disons viré, car de toute manière, je ne souhaitais en aucune manière rester au Calbut Breton.
– Ah bon, pourquoi ?
– Nonobstant la complexité des relations humaines de cette entreprise, je pensais qu'il y avait une sorte de défi

intellectuel à relever, mais, soyons honnêtes, vous avez déjà essayé de vendre des caleçons avec le drapeau breton imprimé partout ?
– *A priori*, non M'sieur.
– Bien, je l'ai fait et croyez-moi, mise à part une bigoudène expatriée qui ferait une crise majeure du mal du pays ou souhaiterait réaliser un fantasme de jeunesse avec son bon ami, je ne vois pas qui pourrait acheter ces horreurs, du moins dans les proportions qu'imaginait Bob. Avec tout le respect que je dois au produit, cela reste très éloigné des standards de la mode.
– L'entreprise ne marchait pas ?
– Si, elle allait bien grâce à notre investisseur qui la renflouait allégrement, mais le concept du produit ne facilitait pas mon métier. D'autant plus qu'en termes de communication, on ne peut pas dire que Bob avait des idées d'une efficacité redoutable.
– Ah bon ?
– Tenez, son dada dernièrement était de lancer une gamme de strings.
– Et alors ? C'est une bonne idée ça, j'aime bien les strings moi.
– Probable, mais je ne me vois pas vendre un produit qui aurait comme accroche publicitaire « *Le string breton, ce n'est pas pour les thons* ». Voyez-vous ?
– C'est accrocheur.
– Vous voulez dire par rapport aux thons ? Quelle drôlerie, bravo inspecteur, très fin, très distingué comme humour.
– Pardon ?
– Ah pardon, j'ai cru que vous faisiez un trait d'humour.

– Ah non. Je trouve l'idée de Bob plutôt sympa.
– Si vous le dites.

Inutile de débattre avec ce rustre de la stupidité de ce slogan. En fait, Bob trouvait l'idée géniale. Il n'était absolument pas le directeur de la communication mais comme beaucoup de mauvais managers, en tant que patron, il supposait que ses idées étaient forcément meilleures que celles de ceux travaillant pour lui. Quand Jeanne, la directrice de la communication, lui disait que ce n'était pas envisageable de parler ainsi aux clientes, tout ce qu'il trouvait à lui répondre était qu'il connaissait les femmes lui, et qu'il fallait savoir être audacieux si nous voulions réussir. Audacieux. Je me demande s'il connaissait la définition du mot. La pauvre Jeanne ne baissait pourtant pas les bras. Une sainte, cette femme. Bon, habillée en Marie-Madeleine, certes, mais une sainte tout de même.

– Et Bob ?
– Comment cela, Bob ?
– Vous vous entendiez bien avec lui ?
– Vous savez, personnellement, j'ai toujours donné le meilleur de moi-même afin de bien faire la différence entre ma vie privée et le travail. Lorsque je travaille avec quelqu'un, je ne m'attends point à ce qu'il soit mon ami… Ou elle, bien entendu, cela va de soi.
– Comment ça, ou elle ? Bob était… comment on dit déjà… Transbisexuel ?
– Ah ah, que vous êtes cocasse, décidément, vous êtes impayable. Non Monsieur l'inspecteur, pardon, je me suis

sans aucun doute mal exprimé. Je voulais dire par cette expression que, homme comme femme, peu me chaut de me lier d'amitié avec mes collègues, qui qu'ils fussent, je suis là pour travailler.

– Ben si peu « vous chaut » c'est cool, mais sinon, à part ça, vous vous entendiez bien avec lui ou vous étiez froids dans votre relation ?

– Ce n'était pas véritablement ce que je pourrais appeler le genre d'énergumène avec lequel je m'entends *a priori* et notre relation était, effectivement, assez froide.

– C'est-à-dire ?

– Monsieur Bob était, comment vous le dire sans employer de mot qui puisse choquer vos oreilles…

– Choquez, choquez, n'hésitez pas.

– Rustre. Voilà le mot, désolé. Je n'aime pas dire du mal des gens, mais il faut bien avouer que dans le cas spécifique de Monsieur Bob, je ne vois pas d'alternative.

– C'est-à-dire ?

– La politesse n'était pas son fort, pas plus que les bonnes manières. Il pouvait laisser penser qu'il venait directement du Moyen-Âge, ce pauvre homme ! Aucune distinction. Il faisait partie de cette catégorie de personnes qui n'ont aucune distance entre leur cerveau et leur bouche. J'avais souvent le sentiment que Bob parlait sans réfléchir.

– Un instinctif ?

– C'est une bien jolie façon de qualifier le fait qu'il ne réfléchissait jamais à deux fois avant de s'exprimer.

– Et ça vous gênait ?

– Je fais partie de ceux qui pensent que les mots que l'on emploie sont l'image parfaite de ce que l'on est, et qu'il est

nécessaire de tourner sa langue sept fois dans sa bouche avant de parler.
– Et ?
– Tout me laisse à penser que Bob ne valait pas mieux qu'une décharge publique et qu'il ne tournait pas beaucoup sa langue avant de s'exprimer. Il ne respectait pas grand-chose si ce n'est sa propre personne, et encore, je n'en suis même pas certain.
– À ce point ? Moi et mon patron, on pourrait pas avoir de mauvaises relations.
– Mon patron et moi, pardonnez-moi de vous corriger, mais la syntaxe de votre phrase n'est pas correcte.
– Ma quoi ?
– Votre syntaxe, l'ordre des mots dans votre phrase. En français correct, nous ne disons pas « moi et mon patron », mais « mon patron et moi », afin de mettre en avant le fait qu'autrui est plus important que soi-même. Voyez-vous, et je vous prie de bien vouloir m'en excuser, si je suis un criminel, c'est en tant que névrosé de la langue française.
– Ouais, OK, on s'en fout. Alors, Bob, c'était une décharge publique ?
– Je vous prie de bien vouloir me pardonner cette image, mais je la trouve assez pertinente dois-je avouer. De nos jours, il est possible de recycler ce que l'on trouve dans une décharge publique. Bob était plutôt un déchet toxique voyez-vous. Du genre qu'il faut fuir si l'on ne souhaite pas y laisser sa santé mentale. Je n'avais jamais rencontré un tel énergumène, à la fois violent verbalement, vulgaire physiquement et arrogant dans tout son être. Une horreur si vous me passez l'expression.

– Vous le haïssiez donc ?
– Haïr, non, pas véritablement. La haine ne fait partie ni de ma nature ni de mon éducation. Disons que je le méprisais profondément, et comme le disait Henry de Montherlant, « le mépris est le plus impitoyable des sentiments ».
– Henry de Montherlant ? Il travaille dans quel service, lui ?
– Pardon ?
– Votre Henry, il travaille dans quel service, je le trouve pas sur ma liste des employés.
– Ah, pardon, non ! Je citais Henry de Montherlant, auteur et membre de l'Académie française. Il s'est suicidé en 1972. Il n'a pas travaillé, à ma connaissance en tout cas, au Calbut Breton. Cela aurait été cocasse ceci dit.
– Je vérifierai quand même, on sait jamais. Un gars qui se suicide n'a pas la conscience tranquille, croyez-moi ! Bref, passons. Alors, il vous énervait copieusement le Bob ?
– Énerver n'est pas le mot que j'utiliserais. Disons qu'il avait ce don très particulier de toujours trouver le mot qui blesse, de façon très vulgaire généralement, et avait tendance à vous faire sortir bien volontiers de vos gonds, ce que, bien entendu, je ne faisais jamais du fait de l'excellente éducation reçue par père et mère.
– Ils vous ont appris à rester calme ?
– Disons plutôt qu'ils m'ont appris à ne jamais perdre mon sang-froid. Perdre son calme n'est le fait que des personnes de petite éducation. Et, vous l'aurez compris, je ne suis pas de ceux-là.

Bob était un porc, je ne vais pas vous mentir. Si je devais pour une fois oublier mon éducation, je dirais que cet homme était un con. Oui, j'ose dire ce mot, parfois, il m'arrive d'être « fou-fou ». Cet homme était un savant mélange entre un inculte et une personne élevée par des bêtes sauvages. Pour comprendre la personnalité de Bob, il faut imaginer, dans le monde de l'entreprise, tout ce que la création aurait pu inventer de pire en termes de comportement.

Je me doutais bien que le secteur du caleçon ne devait pas être le milieu le plus chic de l'économie française, mais tout de même. J'ai reçu une excellente éducation, que l'on pourrait qualifier de classique, qui fait que même lorsque je méprise profondément quelqu'un, cette personne ne peut s'en douter grâce à un langage toujours neutre et correct. Il n'est pas bienséant à mes yeux de mal parler à un de mes interlocuteurs, quel que soit son rang. C'est à cela que sert l'éducation, non ? Personnellement, je ne cherche pas de reconnaissance dans mon travail, ni la fortune d'ailleurs, l'ayant déjà grâce à la rente mensuelle que mon père, qui était un grand industriel dans le luxe, dans le cognac pour être plus précis, me verse. Pour la petite anecdote d'ailleurs, et pour vous faire sourire, c'est cocasse je vous préviens, j'ai toujours travaillé dans des industries très, comment dire, populaires, et toujours refusé les emplois que me proposait père dans son entreprise ; c'était ma façon à moi de me rebeller. Le plus amusant étant probablement lorsque je lui ai annoncé que je partais travailler dans le caleçon. J'en ris encore. Je crois bien que père a failli s'étouffer devant un tel acte de rébellion.

Oui, il ne faut pas croire, j'ai un léger côté rebelle, parfois punk au regard de ce que font mes frères et sœurs. La moitié travaille dans l'entreprise familiale et l'autre moitié se répartissent équitablement entre prêtrise et carrière militaire ; du très classique, voyez-vous. Il peut m'arriver de faire des choses inconsidérées pour ne pas dire extravagantes. Tenez, avec Bob, je faisais volontairement des fautes d'orthographe dans mes rapports de vente, simplement pour avoir la gigantesque et perverse satisfaction de constater qu'il ne les voyait pas. Incroyable, non ? Je n'ose imaginer la rage dans laquelle il se serait mis s'il s'en était rendu compte. Mais je n'avais pas peur, j'ai mon honneur après tout. D'un autre côté, il n'avait pas véritablement besoin de quoi que ce soit pour se mettre en colère, Bob était quelque peu soupe au lait, comme on dit chez moi. Pour un oui ou un non, il perdait le contrôle de sa bonne humeur que je ne lui ai jamais connue.

– Bob ?
– Oui, qu'est-ce qu'il veut Monsieur le comte ?
– Je viens vous parler des objectifs de vente. Et, une fois de plus, je ne suis pas comte, mais duc. Même si cela n'a qu'une valeur symbolique de nos jours, j'y tiens.
– Ouais, peut-être, mais comte, ça te va bien alors que duc, ça pue duc.
– …
– Duc, ça pue duc, t'as pas compris la vanne ?
– Je vous demande pardon ?
– Roh que t'es chiant Monsieur le comte, faut vraiment tout t'expliquer. On t'a pas appris les jeux de mots dans ton école de coincés ? Y a pas que Richard Clayderman et Marc Levy dans la culture française je te signale, y a aussi Rires et Chansons, Bigard et Lagaffe.

– Certes.
– Bref, passons, t'es pas un mec marrant de toute façon et t'es pas payé pour ça, t'es payé pour vendre, alors vas-y, fait moi rêver avec tes chiffres.
– Alors, pour être totalement franc avec vous Bob, parler de rêve est probablement un peu exagéré.
– Pardon ? Pourquoi je sens arriver la mauvaise nouvelle tout d'un coup, là ?
– Je pense que les objectifs fixés par mon prédécesseur pour cette année étaient quelque peu ambitieux, pour ne pas dire irréalistes.
– Pardon ? Irréalistes ? Rien que ça ?
– Je crois que qui que ce soit à ma place, pour être clair personne, ne pourrait multiplier par trois le chiffre d'affaires en une année sans recruter d'autres commerciaux, Bob. Avec tout le respect que je vous dois, bien entendu.
– Non mais dis donc Monsieur le comte, t'es en train de dire que les objectifs que j'ai fixés personnellement ne sont pas réalistes ?
– J'ignorais que c'était vous qui les aviez faits, mais je crois bien que c'est exactement ce que je viens de vous dire, effectivement. Je pense qu'à périmètre constant de commerciaux, ces objectifs tiennent plus du fantasme que de la prévision.
– En gros, tu me traites de quiche, tranquille, comme ça.
– Je ne me permettrais en aucune manière de vous traiter de quiche, Bob. Cependant, dire qu'atteindre ces objectifs n'est pas du gâteau me semble assez juste.
– Ah ouais, et en plus tu fais des vannes.
– Je trouvais cette galéjade assez à propos pour tout vous dire.

– Tu sais ce que je trouve à propos, moi ? C'est que tes quiches et tes gâteaux, tu vas te les bouffer dans ta face, oui. Quand le Bob il dit qu'un objectif peut être fait, c'est qu'il peut être fait. Ça fait bientôt quatre ans qu'il est dans le caleçon, le Bob, alors on la lui fait pas. Tu comprends ? Ça fait combien de temps que t'es dans le caleçon toi ?
– Quelques mois Bob.
– Et tu crois pouvoir me donner des leçons pour faire les objectifs dans le caleçon ?
– En aucune manière Bob, je me permets simplement de vous donner une opinion, tout en argumentant sur le fait qu'une telle augmentation de chiffre d'affaires sans recruter de nouveaux commerciaux me semble illusoire.
– Et c'est donc un bleu du caleçon qui va m'expliquer comment ça marche ? Bon, la princesse elle va se taire et ouvrir grand ses oreilles, OK ?
– Oui Bob.
– Alors je vais te le dire calmement et de façon assez claire, afin que le message passe dans ton cerveau : TU TE BOUGES ET TU ME FAIS TES OBJECTIFS SINON JE VAIS TE FAIRE REGRETTER D'ÊTRE NÉ. C'est clair ?
– Oui, tout à fait clair, mais j'aimerais malgré tout vous…
– T'aimerais avant tout te taire, tourner les talons, sortir de mon bureau et retourner vendre du caleçon, c'est pour ça que je te paye. C'est pas en m'expliquant que tes objectifs sont mauvais que tu vas les atteindre. C'est ça que tu voulais me dire ?
– Pas vraiment. Bob, je…
– Mais t'es con ou t'es con toi ? Casse-toi et vends ! De toute façon, je n'entends plus rien, voilà, tu l'auras cherché.

Bob se boucha les oreilles et commença à chanter à tue-tête en faisant tourner son fauteuil.

– Le comte il sait pas vendre, le comte c'est une fillette, le comte c'est une tapette…

Que voulez-vous répondre ? Je ne crois pas que Bob était fondamentalement méchant. Je crois simplement qu'il avait six ans d'âge mental, et dans un environnement professionnel, ce n'est pas la chose la plus simple à gérer. Bob représentait tout ce que je méprise dans la nature humaine : grossier, sexiste, rustre, vulgaire, inculte, prétentieux, pas très intelligent et agressif. Bob était comme la version d'essai, et ratée, de ce qu'est censé être un humain dans le milieu professionnel. Je sais bien que je suis moi-même, disons, particulier, que la majeure partie de mes concitoyens n'ont pas eu la chance de bénéficier de la même éducation que la mienne, mais j'aime à penser que le Français moyen est plus proche de moi que de Bob, tout du moins dans sa nature profonde. Si tel n'était pas le cas, je pense que l'ensemble des salariés de ce pays serait en *burn-out*, cela ne fait aucun doute.

Qu'il soit mort ? Malgré mon excellente éducation qui fait que je ne dois en aucun cas me réjouir du malheur d'autrui, je dois bien avouer que je m'en moque autant que lorsque j'ai reçu mes premières Burlingtons. Comment le dire de façon élégante ? Bob, qui n'est plus là, c'est un peu comme un nuage qui se dissiperait, voyez-vous. On s'en rend à peine compte, mais ça fait un bien fou ! C'était assez incroyable à quel point l'ambiance dans cette entreprise était en phase avec l'humeur et le style de management de Bob. Pour faire simple : délétère.

– Bon, soyons clairs Monsieur Bonpartant, vous l'auriez bien zigouillé Bob ?
– Point du tout, tuer est un péché capital.
– C'est surtout très interdit par la loi, je vous signale.
– Certes, mais la loi des hommes n'est qu'une pâle copie de la loi du Seigneur.
– Le jour où votre seigneur mettra quelqu'un en taule, vous me passerez un coup de fil, OK ?
– Mon Dieu…
– Bref, pourquoi je dois vous croire ? Vous avez le mobile parfait pour passer à l'acte.
– Écoutez inspecteur, je travaille par plaisir, pas par besoin.
– Quoi ?
– Je suis l'héritier d'une assez grande fortune et travailler n'est qu'un divertissement pour moi. Le fait de me faire licencier n'a absolument aucune sorte d'importance, vous comprenez ?
– Vous pourriez ne pas bosser mais vous bossez quand même ?
– C'est cela.
– Vous êtes maso, vous ?
– Point du tout. Je ne crois pas que l'être humain puisse être oisif, ce n'est pas dans sa nature. Alors je travaille, pour m'occuper, rien de plus, et j'en mesure la grande chance. La plupart des gens travaillent par obligation, très peu par passion et encore moins par choix délibéré.

– Mais, l'humiliation de se faire virer, c'est pas rien quand même.
– Vous pensez vraiment que ce personnage tout droit sorti du caniveau pourrait m'humilier ? Mais, Monsieur l'inspecteur, quand on a mon éducation, ce n'est pas un manant comme Bob qui peut atteindre votre amour-propre.
– Bref, vous dites que c'est pas vous, et ça reste à prouver, quand même. Mais vous avez une idée sur qui ça pourrait être ?
– Tout le monde ici aurait eu une excellente raison de faire passer Bob de vie à trépas, mais si je devais désigner quelqu'un, à tout hasard, je dirais Patrick Déléterre, le directeur marketing.
– Ah bon, et pourquoi ?
– Parce qu'il y a de fortes chances que ce soit lui qui reprenne le poste de Bob et je crois que dans votre métier, pour élucider un crime, la première question à se poser, c'est de savoir à qui celui-ci profite, non ?
– Tout à fait.
– Eh bien, à ma connaissance, le seul à qui profite le crime directement, c'est lui. Ne cherchez pas plus loin. Par ailleurs, il est fait du même bois que Bob.
– Pardon ? C'est Pinocchio, le monsieur ?
– Non, il ressemble à Bob. Je ne vous en dis pas plus, vous verrez bien.

NOTE D'ENQUÊTE

Je viens d'interroger Jean-Jacques Bonpartant, le futur ex-directeur commercial du Calbut Breton. Le moins qu'on puisse dire, c'est qu'il détonne. Trop chic et bien élevé pour être honnête, le garçon. Il méprise la hiérarchie, aucun doute. Il s'est fait licencier, aucun doute non plus. Quand on fait l'addition, j'achète pas son innocence sans me poser de question.

Note personnelle :
Il a un vocabulaire vraiment étrange cet homme. Il me fait penser aux nobles dans le film Les Visiteurs. *Il s'écoute parler en fait, ce n'est pas croyable. Je n'aime pas ce genre de bonhomme qui vous fait bien sentir que vous n'êtes pas de son monde. Je n'en veux pas de son monde, moi. Et puis, qu'est-ce qui lui fait croire que son monde est mieux et plus enviable que le mien ? Hein ? Non mais ! Je sais bien que je ne suis pas stupide et après l'avoir rencontré, j'ai comme un doute et je n'aime pas ça. Et puis j'ai un de ces mal de tête maintenant. Pas facile de rester concentré pour comprendre comment il parle celui-là.*

J'ai trouvé ça extrêmement étrange lorsqu'il m'a dit qu'il était innocent parce que son Dieu lui interdisait de tuer. Il parle peut-être très bien mais faudrait qu'il relise ses livres d'histoire et qu'il regarde un peu plus les chaînes d'info, le garçon. De ce que je comprends, ce n'est pas parce que tu crois en Dieu que tu ne vas pas décider de zigouiller quelqu'un qui ne te plaît pas. Mais quel argument pourri ! Et le pire, c'est qu'il avait l'air convaincu.

Note personnelle :
Je me demande bien si j'aurais pu le tuer mon patron. Dans cette entreprise, j'ai le sentiment que ne pas aimer son boss fait partie de la culture d'entreprise. Est-ce que le fait d'être le boss donne une immunité contre le besoin qu'on nous aime ? Les salariés ne comprennent peut-être pas que le seul objectif de leur patron est de faire marcher l'entreprise, pas de se faire aimer.

Et le type n'a pas besoin de travailler. Vraiment ? Si j'avais plein d'argent comme lui, autant vous dire que je ne viendrai pas faire ce boulot tous les jours. Enfin, cette enquête si, peut-être, mais pour le reste, même pas en rêve. Et si c'était une sorte d'espion ? Vous vous imaginez, vous, venir au boulot pour vous faire engueuler alors que vous n'en avez pas besoin ? Congés payés 365 jours par an, si c'est pas le rêve ça ! Non, sérieusement, c'est louche, j'achète pas. D'ailleurs, qui l'a recruté lui ? Ah oui, le DRH.

Note personnelle :
Penser à vérifier si le DRH et Jean-Jacques se voyaient en dehors du travail. Si ça se trouve, il a juste été recruté pour planter la boîte. Pourquoi ? Aucune idée, mais c'est une piste. Pour creuser une piste, il ne faut pas forcément tout comprendre. Ça s'appelle l'intuition.

Évaluation du suspect
Jean-Jacques Bonpartant. Je me demande vraiment ce qu'il fait au Calbut Breton celui-là, et c'est pour cela qu'il pourrait bien être suspect. Cependant, il rabâche tellement sa bonne éducation que cela m'étonnerait beaucoup. Bon, il ne faut pas se fier aux apparences mais là, au-delà du mépris qu'il a pour le Calbut et les personnes

qui y travaillent, il n'est pas du genre à se salir les mains.

Note de mobile : 12/20
Note d'opportunité : 8/20
Note de compétence : 16/20
Note de culpabilité : 12/20

– Monsieur l'inspecteur ?
– Oui Caroline, vous venez avouer ?
– Quoi ?
– Vous vous décidez enfin à avouer votre crime ?
– Mais non, pas du tout, je suis venue vous donner quelque chose qui pourrait vous intéresser. Enfin, je crois.
– Ah, enfin. Alors, dites-moi, vous avez trouvé l'arme du crime ?
– Non. Mais nous les avons déjà les armes du crime, non ?
– Ah, vous avouez que c'est vous !
– Mais non Monsieur l'inspecteur, arrêtez s'il vous plaît, vous me stressez. J'ai trouvé le journal de Monsieur Bob.
– Son quoi ?
– Son journal. Tous les jours, il notait ses pensées, résumait parfois sa journée. Je vous l'ai apporté, il y aura peut-être des indices ou des informations intéressantes.
– Vous avez trouvé ça où ?
– Dans son tiroir, il y avait un double fond.
– Vous avez fouillé son bureau !
– Eh bien, vous et votre équipe l'avez fait mais vous ne l'avez pas trouvé et je me doutais qu'il le cachait là. Je le voyais tous les soirs le sortir pour écrire et il n'avait pas besoin de se lever pour qu'il apparaisse sur son bureau. J'en ai donc déduit…
– Que valait mieux le trouver plutôt que de nous en parler. Bien sûr, tranquille la Caroline.
– Je ne pensais pas à mal Monsieur l'inspecteur…
– Vous l'avez lu ?
– Bien sûr que non ! Je suis trop respectueuse de l'intimité de Monsieur Bob.

– Et c'est celle qui lisait tous ses mails qui me dit ça... Mouais, donnez-moi ça.

Alors ça, c'est du lourd. Le cerveau de Bob sur papier. Je vais peut-être trouver des indices... Peut-être même des preuves. Trop cool. Marrant comme support, un cahier d'écolier à gros carreaux. J'aurais imaginé le boss d'une boîte noter ses pensées sur un carnet en cuir super classe, de valeur quoi. Mais non, le Bob, il est allé s'acheter son cahier au supermarché. C'est bizarre de tenir un carnet de bord quand même. Diriger une boîte, c'est pas un truc de midinette pour lequel on doit tenir son journal intime, si ? Enfin bref. Plutôt sympa de pouvoir faire parler un mort, enfin, si je peux m'exprimer ainsi bien entendu. Je ne devrais pas le lire pour être honnête, pas à ce stade de l'enquête. Je risque d'avoir des ennuis si ça se sait, mais personne n'en saura rien, hein ?

LE CARNET DE BOB

Jour 1

Trop cool mon bureau. Je suis le boss. Le BOSS ! Eh ouais mon Bob, c'est fait. Fauteuil en cuir, ordi portable, iPhone flambant neuf qui déchire, grand bureau avec plein de fenêtres, assistante sexy, un peu vieille, mais sexy quand même. Tout le package quoi. C'était pas pareil quand j'étais directeur commercial dans l'industrie bureautique. Fallait que je la joue fayot avec le boss, alors que là, le boss, c'est moi, MOI ! Bon OK, il y a Jessica. Mais c'est pas tout à fait pareil. Elle, c'est l'actionnaire, je l'ai pas sur le dos toute la journée. Il suffira que je joue de mon charme et hop, pas de comptes à rendre le Bob.

Mais que c'est bon de pouvoir se mettre en chaussettes, les pieds sur le bureau et de même pas avoir à faire semblant. J'assume, j'impose mon style, le « Bob style ». Je crois que j'ai fait une bonne première impression aux équipes. Important ça, la première impression. C'est ma tata Jacqueline qui me le disait souvent : « *Bob, dans la vie, on a jamais une deuxième occasion de faire une bonne première impression* ». C'est bien vrai. Bref, bonne impression le Bob. Le DRH me kiffe, ça c'est normal, mon assistante me surkiffe, ça, c'est super normal. D'ailleurs, joli petit lot la Caroline quand même. Tata Jacqueline a beau m'avoir répété un grand nombre de fois « *Bob, no zob in job* », il y a des situations où ce n'est pas évident, surtout quand tu croises le décolleté de la directrice de la communication ! C'est pas la même division elle. Mais passons.

Ah si, important, n'importe quoi cette boîte ! À l'accueil, ils avaient embauché un homme, Didier ! Non mais sérieux, un homme ! À l'accueil ! Bon, comme j'ai pas le droit de le virer, je lui ai donné une promotion et on va trouver le bon profil pour tenir le poste. La première impression c'est important et une bimbo à l'accueil, c'est une bonne première impression.

Je crois vraiment que j'ai fait une bonne impression. Ce que veulent les gens quand il y a un nouveau boss qui arrive, c'est que ça change. Forcément, sinon il y aurait pas de nouveau boss. Alors le changement, dès le premier jour, je leur en ai donné un max. Rien que les objectifs de vente, j'ai tout revu. Ça a pas été long, j'ai tout multiplié par cinq. Ils en ont fait une de ces têtes quand je leur ai dit ça. Heureux ! Voilà, je crois bien que c'était le visage de gens heureux ! Et j'ai aussi demandé qu'on change tout l'aménagement des bureaux. Ça n'allait pas du tout. Du grand n'importe quoi. Mon bureau n'était pas deux fois plus grand que celui de tout le monde. Je suis le boss, et c'est important que j'aie le plus grand bureau, sinon ça la fiche mal, question d'autorité. Et c'est important, l'autorité. Il faudra que le DRH bosse dans le même bureau que le directeur commercial, mais ce n'est pas un problème, ils le comprennent bien, ils ont de l'expérience. Un bon salarié, c'est avant tout un salarié qui fait exactement ce que lui dit son boss. Par exemple, quand l'autre abruti dont j'ai oublié le nom m'a apporté un café sucré alors que j'avais demandé un café demi-sucré, il se l'est pris dans la figure. Il faut que les gens écoutent ce que je dis. C'est important l'écoute, sinon tout part dans tous les sens et le Bob il n'aime pas ça quand ça part dans tous les sens.

Par contre, ça va pas du tout l'informatique. Aucun jeu sur l'ordinateur. Ils n'ont vraiment pas entendu parler de bien-être au travail ceux-là. Moi, si je ne peux pas me faire mon petit *Tetris* ou mon *Candy Crush* une fois par heure, je perds en efficacité, ce n'est pas dur à comprendre ! Pour les équipes, ce n'est pas pareil, ils ne sont pas boss comme moi, ils ont pas besoin de se détendre. Moi, j'ai toute la pression de la boîte sur les épaules alors de la détente, il m'en faut. C'est important, la détente. Ce qui m'hallucine toujours, c'est que les équipes ne comprennent visiblement pas le stress de dingue qu'on subit en tant que boss. Depuis que j'ai commencé ma carrière, je vois bien comment font les salariés : ça vient se plaindre pour un oui ou pour un non, son salaire, ses horaires, ses vacances pas validées, sa surcharge de travail… À aucun moment ils auraient la décence de me demander à moi : « *Hey Bob, ça va bien vous ?* » Ben non, jamais. Ils ne le feront jamais. Je ne suis pas leur père quand même, je n'ai pas la solution à tous leurs problèmes. Enfin, si encore ils me parlaient de vrais problèmes, je ne dis pas, mais là, si ça ne me faisait pas rire, j'en pleurerais.

Mon job, je le vois de façon assez simple : je trouve des idées, ils les mettent en place. Voilà. Et ils ont adoré ça, que je sois quelqu'un de créatif. Dès le premier jour, je leur ai balancé l'idée du « String breton, c'est pas pour les thons ». Ça les a tous scotchés ! J'ai vu dans leurs regards un mélange d'admiration et de peur. Oui, de peur de ne pas être à la hauteur du Bob. Je ne peux pas les blâmer pour ça d'un autre côté.

Bonne première journée.

Quand même, on sent que le bonhomme est bien dans le personnage du boss qui se consacre aux choses importantes. Il va falloir que je lise tout ça, histoire de valider qu'il n'y ait pas d'incohérence dans les témoignages. J'en ai pour des heures… Des jours. Pas très envie de tout lire. Je n'aime pas lire pour être honnête. Les séries à la télé, je ne dis pas, mais lire ? Je n'ai jamais compris comment des personnes peuvent se divertir avec un truc où il n'y a pas d'images qui bougent. Trop fatiguant pour moi la lecture. En plus, je n'arrive pas à me concentrer plus de dix minutes alors bon, à moins que le livre fasse une page, c'est trop compliqué… Ce que je ne comprends pas, c'est comment il peut visiblement être autant en décalage avec ce que pense son équipe de lui. Il a l'air de bien s'aimer le bougre, et de penser que tous l'admirent. Je comprends beaucoup mieux pourquoi je suis là. Je trouvais cela étrange au début que cette enquête me soit confiée. Rien que de très classique au final, mais là, je ne sais pas trop comment je vais m'en sortir. Comment faire comprendre que toute l'équipe est unanime : le boss est nul ? Je suis bien content de ne pas travailler ici trop longtemps, moi. Faire de la figuration et me faire humilier, ce n'est pas mon truc, enfin, si je peux m'exprimer comme ça.

Bon, je fais quoi de ce carnet ? Finalement, ce n'est que l'avis de Bob et son avis, je le connais déjà. Je ne vais peut-être pas tout lire. Juste sa dernière journée et je verrai plus tard si j'ai besoin de me fader le reste. Après tout, s'il y a des indices importants, ça doit être dans sa dernière journée.

Jour 1 458

Journée bien pourrie, comme je les aime. Me fais engueuler par Jessica, je dois virer le directeur commercial, les résultats ne sont pas bons, personne me comprend et tout va bien. Heureusement que je suis un excellent boss qui sait relativiser en toute occasion parce que sinon, je pourrais le faire ce *burn-out* dont ils parlent tous. C'est ma tata Jacqueline qui me le disait souvent : « *Bob, si tu es sous pression, va au bar t'en faire une, tu la feras redescendre.* » Elle était philosophe ma tata Jacqueline ! Mais je ne vais pas au bar, je me fais un petit verre de temps en temps au bureau, histoire d'optimiser les performances de mon cerveau.

Heureusement que je peux me raccrocher à mes compétences, c'est important, les compétences. Je peux transmettre mon savoir à toute l'équipe et je sens bien qu'ils sont heureux. Bon, ils ne le montrent pas tous les jours, mais c'est certainement par pudeur ou pour ne pas passer pour des fayots auprès de leurs collègues. Faudrait quand même que je trouve une idée pour qu'on en vende plus de ces satanés caleçons… J'imagine qu'un jour ou l'autre, Jessica finira par penser que c'est de ma faute si la boîte ne tourne pas comme elle le devrait. Mais c'est à cause de l'autre abruti de directeur commercial ! C'est pas passé loin quand même. Elle était en colère Jessica. Elle est pas mal ma technique. Si t'as pas de solution à un problème, trouve quelqu'un que tu peux blâmer, ça détourne l'attention. Je faisais ça dans mon ancien boulot en mettant tout sur le dos de l'assistante commerciale. Comme une lettre à la poste !

Ça serait bien qu'elle disparaisse Jessica. Sérieux, plus personne pour lui mettre la pression au Bob. Tranquille du matin au soir à imaginer l'avenir. Le seul problème c'est qu'à moins d'un miracle, elle ne va pas disparaître la Jessica. Accrochée au Calbut comme la moule à son rocher, comme dirait tata Jacqueline. Mais je me débrouille avec elle parce que je sais bien que si on ne fait pas les objectifs, c'est pas de ma faute, c'est celle de l'équipe.

Si mes équipes m'adorent, moi, je ne les aime pas. Un boss, ce n'est pas censé aimer ses équipes, c'est censé les faire bosser, surtout quand les résultats ne sont pas au rendez-vous. Bosser, ni plus ni moins. J'aime bien sentir ce respect mâtiné d'admiration dont ils font preuve, je l'avoue, mais à part ça, je suis hyper carré comme boss, pas d'émotion dans mon management.

Je bosse à l'ancienne moi, dans la tradition. Je m'en fous de toutes ces théories de management bienveillant, de lutte contre le sexisme ou du bien-être en entreprise. Ma tata Jacqueline le disait bien : « *C'est dans les vieux pots qu'on fait les meilleures confitures* ». Dans le business, c'est pareil, rien ne vaut les règles inventées au début du capitalisme. Si je suis trop gentil, je perds le respect et l'efficacité, et c'est important, l'efficacité.

Pas de temps à perdre pour savoir si on installe un baby-foot ou si on achète des chouquettes tous les matins. Ce n'est pas pro ça. Et le Bob, avant toute chose, il est pro. Et c'est pour ça que tout le monde le respecte. D'ailleurs, j'ai eu une super discussion avec Patrick, mon directeur marketing. Chouette gars celui-là. Bon, il s'imagine que c'est mon successeur et une sorte de numéro deux. Patrick, trop drôle. Pour motiver les gens, faut leur faire miroiter plein de choses. Peu importe si tu tiens tes promesses, tant qu'ils y croient ! Et le Patrick, il y croit à fond ! Faut qu'il fasse gaffe quand même, parce que la Jessica, elle en croque pour moi, alors s'il devient trop pressant pour prendre ma place, il se pourrait que le choix de Jessica soit radical. Il est gentil Patrick, mais il n'est pas très fin, limite lourd mais bon, ça passe. Il a de la chance que ça soit moi son boss. Avec un autre, c'est clair, ça ne passerait pas. Rien que la façon dont il regarde Caroline. Le relou... Dès qu'il la croise, il la dévore des yeux et ça, je ne peux l'accepter. C'est mon assistante !

Faudrait que je m'occupe du cas de Caroline un de ces jours d'ailleurs... Elle est gentille mais pas très maligne, et puis pas toujours au top de la motivation. Moi, je veux des gens impliqués à fond dans leur boulot. Rien ne passe avant. Faudrait que je pense, pour mes prochains recrutements, à ne prendre que des célibataires sans enfants. Si elle n'avait pas d'enfant Caroline, on aurait pu se faire des dîners de travail super efficaces. Mais non, Madame doit rentrer avant 20 heures ! Pas croyable. Moi, depuis que j'ai divorcé, je suis au top professionnellement. Je me rends bien compte que d'avoir eu une vie familiale pendant un temps m'a fait prendre du retard dans ma carrière. C'est tata Jacqueline qui voulait que je me marie et que je fasse des enfants. Alors, je l'ai fait.

Heureusement que je tiens la boîte quand même. Si je n'étais pas là, je me demande combien de temps ça prendrait avant la faillite. Je sens malgré tout que l'équipe s'améliore. Faut dire que je suis une sacrée inspiration pour eux. Je ne sais pas qui il y avait avant mais ça ne devait pas être terrible. Je la sens cette énergie positive dès que je me pointe, ça pulse à fond. Ils ont hâte que je tourne les talons pour s'y remettre de plus belle. Ils sont tous nuls, mais je crois qu'au fond, je les aime bien. Pas leur montrer, bien sûr, pas envie de se faire bouffer le Bob. Pas idiot quand même !

Enfin, c'était une bien bonne journée. Vivement demain.

Bon, rien d'intéressant dans ces pages. Je m'y attendais un peu faut dire. Je ne sais pas pourquoi mais le côté « patron génial », j'achète pas. Comme une intuition je dirais. En fait, ils auraient tous eu intérêt à le tuer avant que ça ne soit lui qui les tue à la tâche !

Ah ça, par contre, c'est génial ! Il a fait une fiche sur tous ses salariés. Gé-ni-al. Illégal, mais génial.

TROMBINOSCOPE

CAROLINE

Mon assistante. Jolie femme, un peu sur le déclin, mais jolie quand même. Elle est un peu trop stressée à mon goût et pas toujours au top de l'implication, mais son joli sourire et sa plastique rattrapent le coup.

Parfois, quand je lui envoie un mail, elle ne répond pas tout de suite. Et ça arrive même pendant les week-ends, alors que le week-end, elle n'a rien d'autre à faire que de répondre à mes mails. Je n'aime vraiment pas les gens qui font passer leurs problèmes persos avant le travail. Je crois qu'elle a un enfant, c'est un problème ça. Idéalement, il faudrait qu'elle soit un homme, histoire de pas avoir à gérer les enfants, mais bon, ça n'existe pas ça, une assistante homme. Et si ça existe, ça ne doit pas être joli. Un peu comme un homme de ménage ou un baby-sitter. N'importe quoi. De la graine de *looser*.

Mais elle m'est bien utile, Caroline. Elle me prépare mes mails, range mon bureau et gère mon planning. Je suis toujours en retard, mais c'est normal, je suis le boss, je suis débordé. Si ce n'était pas le cas, je ne serais pas le boss. C'est important d'être débordé, c'est logique même. Les gens à l'heure sont des glandeurs, c'est bien connu.

JESSICA

Ma boss. Respect. Belle femme, un peu âgée à mon goût mais je lui fais croire qu'elle me plaît, ça peut toujours être utile pour ma carrière. Elles aiment bien les femmes penser qu'on les trouve belles, ça leur fait du bien, surtout au travail. Dans les bars, c'est moins vrai j'ai l'impression. Quand je dis à une femme qu'elle me plaît, elle tourne les talons. Aucune éducation dans les bars.

Elle a du caractère pour une femme. Déterminée. Avec elle, c'est un plus un ça fait deux, toujours. Elle n'a pas compris que parfois, dans le business, il n'y a pas de logique et qu'un plus un peut faire un, ou zéro. Dommage. Elle pourrait être plus performante si elle voulait s'y mettre. Comme c'est mon boss, je ne peux rien lui dire, elle pourrait mal le prendre. Garder de bonnes relations. C'est important, garder de bonnes relations. C'est parfois compliqué de lui parler avec ses mots anglais toutes les deux phrases. Je ne parle pas anglais, moi. Elle croit que je suis bilingue, je ne lui ai jamais dit le contraire. Ça l'aurait fichu mal pour quelqu'un qui doit développer le Calbut Breton à l'international. Faut qu'elle ait une bonne image de moi Jessica. C'est important, l'image. Faut surtout pas se fâcher avec elle, elle tient les cordons de la bourse, c'est important, les cordons de la bourse.

DIDIER

Mon bras droit, c'est comme ça qu'il décrit son travail. Comment je pourrais résumer mon Didier ? Pas super malin, non, il est con, super con. Faut que je sois honnête, c'est important d'être honnête. En fait, c'est mon homme de main. Je décide, il fait, quoi que je lui demande. Envie d'une tarte au citron ? Le Didier va me l'acheter. Je décide de virer quelqu'un ? C'est Didier qui se charge d'annoncer la nouvelle. Quand je l'ai trouvé, il était au standard. Alors déjà, un homme au standard, n'importe quoi ! Je lui ai fait faire pleins de boulots avant qu'il en arrive là. Dans chaque boulot, il n'était pas terrible mais au moins, il ne me contredisait jamais et faisait ce que je lui disais de faire. J'aime bien ça, chez un collaborateur.

Et maintenant, il est content mon Didier. Il a un joli poste, un beau titre, pas vraiment de responsabilités mais du pouvoir puisqu'il doit faire tout ce que je lui dis de faire. Je crois bien que les autres ont peur de lui. Il faudrait qu'il soit plus sympa avec ses collègues, Didier. C'est important d'être sympa. Je me demande s'il n'aurait pas un peu pris le melon à force. Moi, je suis humble, question d'éducation.

JEAN-JACQUES

Pas grand-chose à dire. Erreur de casting celui-là. Je ne comprends pas tout ce qu'il raconte. Il se la pète avec ses tournures de phrases incompréhensibles et son vocabulaire. Je me demande s'il ne se fout pas de moi. Il ne fait pas les objectifs et en plus il me dit que ce n'est pas sa faute. Dingue. Directeur commercial et les objectifs de vente ne sont pas atteints. Et ce n'est pas sa faute. Trop drôle. Et il m'enrobe ça dans des tournures de phrases super complexes.

Je n'aime pas les gens trop polis, ça cache souvent quelque chose. C'est des hypocrites les gens qui parlent avec des jolies tournures de phrases toutes les deux secondes. Moi, je parle *cash*. Un chat, c'est un chat, pas un mammifère poilu de la catégorie des félins. Bref, le Jean-Jacques, je ne le sens pas. En plus, il remet en question mes décisions et ça, je déteste. C'est qui le boss ici ? C'est le Bob ou c'est pas le Bob ? Oui, c'est le Bob. Et quand j'ai décidé quelque chose, pas de discussion, faut appliquer, point, *basta, finito, hasta la vista baby*. Il est grande gueule le Jean-Jacques, c'est son problème. Perso, je trouve que dans la relation employeur/employé, il doit y en avoir un qui parle et l'autre qui se tait. Sinon, c'est le bazar, il ne peut pas y avoir d'écoute. C'est important l'écoute. Si le Jean-Jacques ne se tait pas, il ne peut pas écouter, c'est simple à comprendre.

PATRICK

Bon gars celui-là. Directeur marketing. Il est super motivé depuis que je lui ai fait croire qu'il va me succéder un jour. Pour ça, faudrait déjà que je parte et vu la place en or qu'il a le Bob, c'est pas demain la veille. Ce n'est pas que je lui mens en lui laissant croire qu'il va me succéder, je ne lui dis pas le contraire, ce qui est très différent. Le Patrick se fait des films dans sa tête, ce n'est pas à moi de briser ses rêves. Grosse différence entre mentir et pas tenir ses promesses. Le Bob ne ment jamais, presque jamais. Je l'ai un peu pipeauté avec cette histoire de salaire, mais c'est quand même normal que le boss ait le plus gros salaire de la boîte. Ça ressemblerait à quoi sinon ? Plus tu as de pouvoir, plus tu as un gros salaire, point. Le principal, c'est que Patrick ne pense pas que c'est à cause de moi qu'il n'est pas payé plus. J'aime bien que les gens qui travaillent pour moi m'aiment. C'est important qu'ils m'aiment.

Par contre, je ne sais pas trop ce que c'est son métier… Marketing ? Il fait du vent avec toutes les idées que je lui donne, pas très compliqué comme job. S'il est utile le Patrick ? J'aime bien notre verre quotidien en fin de journée. C'est cool ça. Ça me motive. Mais je ne vais pas boire un verre tous les soirs avec Didier quand même… On ne saurait pas de quoi parler. Oui, il est pas mal Patrick.

GEORGES-MICHEL

Le DRH. Lui, je pense qu'il faut le pincer pour qu'il rigole. Ce n'est pas moi qui l'ai recruté et ça se voit.

Il était déjà là quand je suis arrivé. Le type a des références culturelles toutes les deux phrases. Il a dû naître dans un dictionnaire. Il n'est pas payé pour être marrant non plus. Il fait bien son boulot au final. Sauf pour les recrutements.

Par contre, pour virer les gens, efficace le Georges-Michel. C'est pour ça que la période d'essai a été inventée je crois, pour que des gens comme mon DRH puisse ne pas stresser. Tu recrutes, tu te trompes, tu peux virer sans problème pendant la période d'essai. Le droit à l'erreur. C'est important, le droit à l'erreur. Par contre, je me demande si je l'ai déjà vu sourire le Georges-Michel. Pas sûr. Peut-être quand il a fallu supprimer la rémunération des heures supp'. Oui, ça l'a bien fait marrer. Il est un peu sadique sur les bords je crois. Je me demande souvent ce que c'est sa vie personnelle avec son faux air de Pascal Obispo. Et puis toutes ses références culturelles en permanence… C'est ça qui a dû lui plaire avec Jean-Jacques, aucun doute ! Aveuglés par la culture ces deux-là ! Je n'aime pas les dictionnaires. Parler, c'est comme une chanson, ça devient chiant quand il faut qu'on t'explique pourquoi c'est beau ou pas. Moi, je suis un intuitif verbal. Je crois que j'invente des mots histoire que les gens comprennent mieux ma pensée. Le dictionnaire, c'est limitatif et c'est pour ça que je crois que le Georges-Michel, il est limité.

JEANNE

La directrice de la communication. LE petit lot de la boîte. C'est pas qu'elle est jolie, c'est une bombe anatomique. Ce n'est que pour ça que je la garde d'ailleurs. Elle a des idées trop arrêtées sur tout. Soi-disant je suis sexiste, tout ça parce que j'aime les jolies femmes et les blagues drôles un peu viriles. Elle est coincée mais très jolie. Faudrait que je la remplace mais je ne le ferai pas tant qu'elle n'aura pas accepté de dîner avec moi. Elle résiste au Bob. Au moins, elle a du caractère. C'est important d'avoir du caractère. Je me demande quand même à quoi elle sert au Calbut Breton... En plus, elle ne s'entend pas du tout avec Patrick, ce que j'ai du mal à comprendre, c'est un chouette gars, ce Patrick.

Je me demande si elle n'aurait pas un peu tendance à aimer les filles, cette Jeanne. Je ne vois que ça comme explication à son attitude. Tu te prends des compliments par le patron tous les jours, c'est plutôt cool, non ? C'est flatteur ! Pas pour elle faut croire. De toute façon, toutes les idées de communication, c'est moi qui les ai. Juste besoin qu'elle applique. Je n'attends rien d'autre d'elle que d'être jolie et ça, elle le fait super bien.

CHAPITRE 6

PATRICK

– Nom ? Prénom ?
– Déléterre Patrick.
– Votre fonction ?
– Directeur marketing.
– Depuis longtemps ?
– Depuis la création du Calbut Breton, il y a cinq ans.
– Et vous vous y sentez bien au Calbut Breton ?
– Un vrai bonheur. J'ai toujours su que c'était ce genre d'entreprise qui allait me convenir.
– Et pourtant, vous avez tué Bob.
– Pardon ?
– Tous vos collègues vous désignent clairement comme le suspect numéro 1.
– Ah les petits salopiaux…
– Pardon ?
– Excusez-moi. Je voulais dire que cela ne me surprend pas.
– Pourquoi donc ?
– Ils sont jaloux, tout simplement. Ils savent que moi et Bob nous nous entendions parfaitement bien. Vous savez,

intellectuellement, je suis tout de même clairement au-dessus d'eux, très, très au-dessus. Et avec Bob, c'est limite « fusionnel ». La relation entre un boss et son collaborateur, c'est fondamental ! Pas d'accord ?
– Vraiment ?
– Aucun doute à ce sujet, croyez-moi.

Tu m'étonnes que je suis au-dessus de cette bande d'amateurs. Même Bob ne m'arrivait pas à la cheville, mais j'avais tout intérêt à lui faire croire que je l'admirais. C'est le principe même de la vie en entreprise : ne jamais faire croire à son supérieur que l'on est plus malin que lui, sinon, ça lui fait peur et *bye bye* la promo. Enfin bref, j'avais tout intérêt à lui faire croire que c'était mon modèle, pour ne pas dire mon mentor, mon idole. Quel naïf ce Bob. Faut dire qu'avec son passé de vendeur de photocopieurs, ça n'allait pas le transformer en lumière. Ah ça, il devait être bon pour vendre de la bureautique, mais quand il s'agissait de parler de mode, c'était une autre paire de manches… Enfin, de caleçons si vous me permettez cette blague. Faire du marketing dans le caleçon, ça suppose une certaine finesse et cette finesse, je l'ai. Elle le sait bien Jessica. Georges-Michel aussi d'ailleurs, c'est pour ça qu'il m'a recruté. Je me tiens tranquille pour l'instant, histoire de faire ma place, mais je sais bien qu'un jour, je serai le boss ; fallait juste que Bob ne le soit plus.

N'allez pas croire que c'est moi qui lui ai fait sa fête au Bob, ne vous n'emballez pas. Je suis directeur marketing, pas criminel. De toute façon, si c'était moi, je ne le dirai pas, je ne suis pas idiot, je sais parfaitement qu'aucun secret n'est bien gardé de nos jours. Tu dis un truc et ça devient en deux secondes une rumeur énorme. Non, non, innocent le Patrick, blanc comme neige. Oui, je sais, je vais sans aucun doute avoir une promotion grâce à la mort de Bob, mais de toute façon, j'aurai fini par l'avoir. C'est vrai, Bob n'aurait pas fait long feu au Calbut Breton. Faut dire qu'entre les ventes qui ne sont pas au top et l'ambiance un peu pourrie qui règne ici, Jessica aurait fini par ne pas avoir le choix. Comment je peux affirmer ça ? Disons que je connais bien Jessica. Très bien, si vous voyez ce que je veux dire, depuis le séminaire d'il y a deux ans et une certaine nuit. Je lui sers un peu de source d'information. Objectives les informations ? Bien sûr, vous me prenez pour qui ? Jamais je ne me comporterais comme un petit intrigant prêt à tout pour arriver à ses fins, j'ai une éthique tout de même ; parfois très personnelle, mais l'important est d'en avoir une qui nous corresponde, non ? Et quand l'éthique va à l'encontre de nos intérêts propres, est-ce vraiment de l'éthique ? Pas sûr.

– Et donc, vous ne vous êtes jamais fâché avec Bob ? Aucun désaccord ? À aucun moment ?
– Moi et Bob étions totalement en phase, que ce soit sur la stratégie à adopter pour la boite ou sur des questions plus générales.
– Comme quoi ?
– Le personnel par exemple. Moi et Bob avions le même avis sur les qualités et surtout sur les défauts de ceux qui travaillent au Calbut. C'est important d'être en phase avec son boss, hein ? Pas d'accord ?
– Votre jumeau en quelque sorte.

– Vous pouvez le dire comme ça effectivement, mais Bob serait tout de même l'aîné. Il m'apprenait tellement de choses, vous savez. C'était mon mentor, mon *Senseï*, comme on dit en japonais. Oui, je ne vous ai pas dit, mais je fais du karaté à mes heures perdues. Je suis ceinture jaune.
– Vous en faites depuis longtemps ?
– Dix ans et je commence à avoir un sacré niveau. Bob hésitait à venir avec moi d'ailleurs. Il va me manquer, vous savez. Comme mon jumeau, en effet.
– Et comme souvent dans les histoires de jumeaux, il y a un dominé et un dominant. Lui était le patron, vous ne l'avez pas supporté et hop, vous avez zigouillé le Bob.
– Non, mais non, pas du tout. Pourquoi aurai-je fait ça ?
– Pour prendre sa place, tiens donc ! En tout cas, c'est ce que pensent vos collègues.
– Prendre sa… place ? Mais je n'en veux pas de sa place ! Vous savez, moi et Bob, on était une équipe. Pas de rivalité entre nous. Dites donc, attendez un peu là, je viens de percuter. Comment ça, c'est ce que pensent mes collègues ? Qui ?
– Peu importe. Par contre, c'est marrant parce que vous faites toujours la même faute de français.
– Quoi ?
– Vous dites toujours « moi et Bob » au lieu de « Bob et moi ». Vous vous pensez plus important que Bob ?
– Vous savez, je ne suis pas aussi doué en français que l'autre prétentieux de directeur commercial… Oh putain ! C'est lui qui m'a dénoncé !
– Dénoncé ? Vous êtes coupable donc ?
– Non, je voulais dire accusé. Je vous ai dit, je ne suis pas toujours pointu en français.

– Étrange pour un directeur marketing…
– Je ne m'occupe pas de la communication. Putain de directeur commercial. On le vire, il tue Bob et il m'accuse. Quelle petite fiotte celui-là. Inspecteur, ouvrez les yeux, c'est super logique ce que je vous dis !
– Vous le virez ? Je croyais que c'était uniquement Bob qui décidait de ce genre de chose.
– Je vous le dis, nous décidions tout à deux. Rien n'était décidé par Bob tout seul. Tous les soirs, on se voyait pour faire le point et décider de tout ce qui était stratégique. Il avait besoin de moi autant que moi j'avais besoin de lui. On faisait tout ensemble, on décidait de tout ensemble.
– Comme ?
– Ben, virer l'autre par exemple.
– À deux ?
– Tout à fait. Bob me considérait comme son égal. Je me demande même si secrètement, il ne m'admirait pas un peu. Mais bon, c'était lui le boss, compliqué de l'avouer quand même, il avait sa dignité. Je sais bien que s'il ne venait pas au karaté avec moi c'est parce qu'il savait que j'étais à un niveau élevé. J'aurais pu être son *Senseï* à la limite, mais il avait son ego le Bob quand même.
– Mais, par simple curiosité, vous étiez payé comme Bob ou bien gagnait-il plus que vous ?
– En théorie, nous devions gagner la même chose, mais Bob m'avait informé que l'autre abruti de DRH avait affirmé que c'était pas possible pour des raisons de « logique de gestion des ressources humaines et pour me donner une possibilité de progression ». Je sais bien que si le DRH n'avait rien dit, on aurait gagné la même chose avec Bob. C'était un chic

type, Bob. Et puis, il me donnait tant tous les jours, que voulez-vous que je vous dise ?
– Et donc, vous n'aimez pas le DRH ?
– Qui aime son DRH ? Des empêcheurs de tourner en rond ces abrutis, non ? Pas d'accord ? Et faut pas être sexiste par-ci, faut pas crier sur les gens par-là, faut pas trop demander à ses équipes pour qu'elles fassent pas de *burn-out*… Non, sérieux, un DRH, c'est comme un docteur qui n'aurait pas fait d'étude. Ça pense guérir tous les maux de l'entreprise mais ça n'y connaît rien à rien, surtout pas en business.
– Et donc, c'est plutôt le DRH que vous voudriez tuer ?
– Je ne veux tuer personne Monsieur l'inspecteur, personne. Je suis innocent ! Je ne ferais pas de mal à une mouche. C'est un des enseignements fondamental du karaté : posséder la force, prendre appui dans la terre, mais ne jamais utiliser cette force pour de mauvaises raisons.
– Prendre appui dans la terre ?
– C'est un truc de karatéka qu'on apprend à un certain niveau. Une question d'équilibre, de prise de force à la source originelle. Il me faudrait des heures pour vous l'expliquer.
– Ça va aller, merci.

De toute façon, dans cette boîte, mis à part moi et Bob, il n'y a pas grand-chose à sauver. On se comprenait au moins. Bon, c'est vrai que le coup du salaire je ne l'avais pas vu venir, mais comme c'est la faute au DRH, c'est pas grave. Tant que je suis le deuxième salaire de la boîte, il n'y a pas mort d'homme. Et puis de ce que je sais, la différence de salaire est d'ordre symbolique, c'est pas énorme. Je ne vais pas faire tout une histoire pour quelques dizaines d'euros, tant que tous les autres gagnent beaucoup moins que moi. Je sais ce que vous allez me dire : l'argent ne fait pas le bonheur. C'est totalement vrai chez les *loosers* parce que savoir que je suis plus payé que tous ces crétins, ça fait vraiment du bien au moral. Si j'avais gagné moins que le directeur commercial ou que le DRH, j'aurais claqué ma démission directe, après avoir claquée la tronche de Bob, bien entendu. Vu mon niveau de karaté, je lui aurais mis une claque. Mais comme je l'ai déjà dit, j'avais une super relation avec Bob.

Avec Bob, de toute façon, on se comprenait sans avoir besoin de parler. Vous savez, comme ces vieux couples qui peuvent finir la phrase de l'autre. Tous les soirs, on avait une réunion en tête à tête pour faire le bilan. Rendez-vous à 21 heures, quand les derniers salariés sont partis, tranquilles dans son bureau avec un petit whisky. On faisait ça depuis qu'on travaillait ensemble. OK, c'était un peu tard comme réunion mais avec Bob, on était pareils, on trouvait que notre travail était autrement plus intéressant que notre vie privée. Bon, en plus, on était deux célibataires, ce qui arrangeait grandement les choses.

– Hey, salut mon Patrick, comment ça va ce soir ?
– Au top mon Bob. Super journée. On avance bien sûr le projet de diversification sur le marché féminin.
– Cool. Faut dire que ça achète de la culotte les meufs.
– Ben dis donc toi, tu te fais pas chier !
– Quoi ?
– T'as déjà un verre à la main ? Alors quoi ? On n'attend pas Patrick ?

– Ah, t'es con alors ! Tiens, le voilà ton verre.
– Tout de même, *cimer amigo* !
– Et pour le nom, t'as trouvé une solution ?
– Alors, on a fait une réunion avec la bombasse de la comm' mais j'ai un peu de mal avec elle quand même…
– Normal… Et donc ?
– Donc, elle accroche pas sur le slogan qu'on a trouvé.
– Quoi ? Elle aime pas « Le string breton, c'est pas pour les thons » ?
– Non, elle trouve que c'est trop masculin et segmentant comme slogan. Soi-disant que les femmes vont trouver ça… Comment elle a dit déjà ?
– Sexiste ?
– Oui, c'est ça, elle a dit que c'était sexiste et qu'il n'y avait qu'un homme pour trouver un slogan aussi crétin.
– Quelle abrutie !
– Tu m'étonnes ! Bientôt, tu vas voir qu'elle va nous sortir que « Le Calbut Breton, c'est toute la Bretagne dans votre caleçon » c'est *has been*. Pourquoi on a des bonnes femmes au travail ? Ils étaient heureux nos pères eux ! Tranquilles au boulot et bobonne à la maison pour les gamins, la bouffe et la partie de jambes en l'air, t'es pas d'accord ?
– Carrément ! Le bonheur quoi !
– Mais tu crois qu'elle va nous empêcher de sortir ce slogan ? Vraiment ?
– Probable, mais tu connais sa relation avec Jessica. On doit faire avec. Et donc, elle propose quoi ?
– Elle dit que les femmes ont besoin de confort et que ça doit être le positionnement de notre marque. Elle dit qu'on

ne peut pas utiliser notre marque pour vendre des produits qui pourraient être perçus comme sexistes.

– Depuis quand c'est sexiste un string ?

– J'en sais rien. Mais t'inquiète pas mon Bob, je vais la faire changer d'avis.

– Je compte sur toi. Tu vas pas faire ta fillette comme le DRH, hein ?

– Aucun risque. Et je vais pas te sortir un slogan digne de Madame la marquise.

– Tu m'étonnes. D'ailleurs elle me saoule celle-là.

– T'as qu'à la virer.

– Elle va râler, non ?

– Jean-Jacques ? Mais qu'est-ce qu'on s'en cogne ? Il est en période d'essai et vu comment il parle, je suis pas sûr que nos clients comprennent ce qu'il dit…

– Ce qui est un problème pour un directeur commercial.

– Tu m'étonnes.

– Bon, ben OK alors, tu me le vires.

– Ah ben non, je peux pas, il est au même niveau que moi dans la hiérarchie. T'as qu'à demander à Didier de s'en occuper.

– T'as raison. Il est tellement con celui-là qu'il pourra pas dire non.

– Tu m'étonnes John.

– Hein ? John ? C'est qui John ?

– Mais non, tu m'étonnes John… C'est un jeu de mots ! « Étonnes John »… Elton John.

– Ah ! Excellente celle-là ! Trop bonne.

– Ah tiens, j'en ai lu une excellente sur LinkedIn aujourd'hui.

– Vas-y, raconte.

– Alors, tu connais la différence entre une femme et un chien ?
– Non.
– Enferme les deux dans le coffre de ta voiture, laisse-les dedans pendant cinq heures, ouvre le coffre et regarde lequel des deux est content de te voir.
– Ah ah. J'adore !
– Moi aussi. Et tu sais que, comme c'était sur LinkedIn, il y en a un qui a fait un scandale en disant que les blagues sexistes avaient pas leur place sur un réseau professionnel.
– En quoi c'est sexiste ? C'est juste drôle. Faut vraiment pas avoir d'humour pour pas la trouver drôle cette vanne.
– Mais tu sais, c'est ce mec qui parle sans arrêt de bienveillance au travail, qui fait sa chochotte…
– Ah, Gaël Chatelain-Berry. Quel imbécile celui-là.
– Tu dois pas te marrer tous les jours avec lui ! J'aimerais pas être sa meuf tiens. Sainte nitouche celui-là ! Il me fait penser à la directrice de la comm'.
– Tu m'étonnes. De toute façon, son truc, c'est de faire chier les mecs efficaces et marrants comme nous. Tu vas voir que bientôt, il va nous pondre une pendule pour qu'on arrête de mettre la pression à nos équipes pour qu'ils fassent le chiffre.
– Grave !

On s'entendait vraiment bien avec Bob, on était vraiment en phase comme on dit. Et nous avions la même vision de ce que doit être une entreprise, une vraie. Pas un camp de vacances comme veulent nous le faire croire tous ces *beatniks* qui veulent nous vendre des *chief happiness officers*, en faisait croire qu'envoyer des mails la nuit ou le week-end c'est pas bon pour la santé, ou que traiter de gros naze un commercial qui n'a pas fait ses objectifs peut démotiver. Moi et Bob, on était de l'ancienne école, la seule qui vaille : des mecs, des vrais, de ceux qui appellent un chat, un chat et une femme, une femme. Et puis sérieusement, quand on regarde où en est notre économie par rapport à la croissance qu'il y avait quand c'étaient nos grands-pères qui géraient, il y a juste pas photo. À force de se ramollir, on a fini par ramollir notre dynamisme économique. La voilà la vérité, pas d'accord, hein ? Alors oui, c'est pas politiquement correct de dire ça, mais qui a un argument qui peut contredire cette évidence ? On en parlait souvent avec Bob. La tendance depuis des années, est de vouloir tous nous transformer en gonzesses. La voilà la vérité. Comme elles veulent bosser, faut s'adapter à elles. Mais c'est pas fait pour bosser une femme, ça la rend malheureuse. Alors que, regardez ma mère, à la maison pour nous élever, elle faisait les courses, la cuisine, le ménage, le repassage, organisait les vacances, allait nous chercher à l'école, nous faisait réviser nos leçons… Elle bossait jamais et elle était heureuse ! C'est elle qui me l'a dit.

Alors quand on commençait à nous fatiguer avec les histoires d'égalité homme-femme, croyez-moi, avec Bob, on était intraitable et on avait toujours la même réponse : le jour où une femme battra un homme en courant le 100 mètres, là peut-être, on admettra que les femmes peuvent être notre égal. Mais jusqu'à preuve du contraire, ce n'est pas le cas. Et puis c'est quoi cette connerie ? Faut plus dire égalité homme-femme mais égalité femme-homme…

Pourquoi ? Pour montrer du respect ? Mais elles n'ont pas autres choses à faire les féministes que de nous emmerder avec l'ordre des mots dans une phrase ? Soyons clairs, le seul endroit où une femme arrive devant un homme, c'est dans le dictionnaire, et c'est déjà pas mal. Point. On n'est pas sexistes, on est réalistes. Alors oui, je sais, c'est pas très à la mode ce que je raconte. Mais les modes, ça passe, c'est le principe. Le pantalon pattes d'éph' a été ringard pendant vingt ans avant de revenir à la mode… Eh bien ce que je vous raconte, croyez-moi, ça va revenir à la mode.

– Quelque chose m'étonne cependant…
– Quoi donc, Monsieur l'inspecteur ?
– La mort de Bob n'a pas l'air de vous peiner plus que ça.
– Je pleure à l'intérieur. J'ai une image à protéger Monsieur l'inspecteur, et en entreprise, l'image c'est un peu comme le vin avec le fromage, si c'est mauvais, ça gâche tout, même un bon fromage ! Je suis pas une fillette qui va pleurnicher sur l'épaule de maman dès qu'une petite contrariété la gêne.
– Petite contrariété ? Votre ami est mort tout de même.
– Ami… ami… Vous y allez un peu fort. Une relation de travail, voilà ce que c'était avec Bob. Au boulot, pas d'amis, c'est une règle d'or. Bob, c'était un collègue.
– Ah. Rien de plus ?
– Non, rien de plus. Vous savez, quand on est un vrai pro, on sait faire la différence entre une amitié perso et une amitié pro.
– Et c'est quoi la différence ?

– En perso, c'est un ami ; au boulot, c'est une connaissance, rien de plus. Interchangeable quoi ! Vous êtes pas d'accord ?
– Je ne sais pas… Mais donc, vous me l'affirmez, vous n'avez rien à voir avec sa mort, même si vous êtes le dernier à l'avoir vu vivant ?
– Je vous l'affirme haut et fort. Rien que l'idée de moi en train de tuer Bob me glace le sang !
– Et vous auriez une idée sur qui aurait pu faire le coup ?
– Pour moi, c'est soit Jean-Jacques, soit Georges-Michel.
– Le DRH ? Pourquoi donc ?
– En tant que directeur des ressources humaines, il voulait mettre en place des politiques de qualité de vie au travail, comme il disait, de la QVT ! Nous, avec Bob, on appelait ça de la « que dalle va travailler ». Bob ne voulait pas en entendre parler et il avait bien raison, mais l'autre abruti insistait depuis des mois, tout ça parce qu'il disait que vu le nombre de *burn-out* que nous avions au Calbut Breton, bientôt, plus personne ne serait en mesure de bosser.
– Et ?
– Personne d'autre que Bob n'avait une vision aussi géniale de l'entreprise et il est possible que Bob ait fait passer le message de façon un peu virile. Et puis ceux qui font des *burn-out*, ce sont des faibles. On a pas besoin de faibles par ici. Le monde de l'entreprise, c'est comme le rugby : viril, mais correct. On se met des taloches sur le terrain, mais on va boire un coup en fin de journée, vous êtes pas d'accord ?
– Et Jessica ?
– Quoi Jessica ?
– Elle n'avait pas une vision précise de l'entreprise ?

– Oh, vous savez, Jessica était un peu éloignée de l'opérationnel, comme on dit. C'est une financière, Jessica. Et puis, c'est une femme.
– Et ?
– Ben vous savez, les femmes ont une vision plus romantique du monde et du business.
– Elle m'a pas semblé très romantique quand je l'ai rencontrée.
– Ah bon ? Bizarre… Enfin bref, elle est pas dans l'opérationnel, Jessica.
– Elle ne savait rien donc.
– Je ne dirais pas ça comme ça…
– C'est quoi ce petit sourire en coin tout d'un coup ?
– C'est-à-dire que moi et Jessica on a, comment dire, des relations privilégiées, qui font que je la tiens au courant de ce qui se passe.
– Vous couchez ensemble quoi.
– Je dirais plutôt que nous entretenons une relation privilégiée.
– OK, vous couchez ensemble et vous osez pas le dire clairement. Et donc, confidence sur l'oreiller, et tout et tout.
– On peut dire ça comme ça, oui. Pas vraiment, mais oui.
– Bob était au courant de cette relation ?
– Non, surtout pas ! Ça l'aurait rendu dingue !
– Ah bon ?
– Ah ça oui, Bob était persuadé que Jessica était secrètement amoureuse de lui et surtout, s'il était au courant de ma relation avec elle, il ne se serait jamais autant lâché avec moi tous les soirs. Bob, était un gars du genre qui protège

son territoire, vous voyez ? Pour lui, j'étais sa chose et donc, je lui étais totalement fidèle.

– Et donc, vous le balanciez ?

– Écoutez Monsieur l'inspecteur, vous savez comment ça marche dans une entreprise : en face, vous êtes sympa pour obtenir des informations que vous pouvez valoriser dans votre propre intérêt auprès de personnes qui ont le pouvoir, c'est normal, non ? Vous êtes pas d'accord ?

– Je sais pas… En tout cas, si Bob était encore vivant, ses oreilles siffleraient.

– Il n'écoutait jamais rien Bob, il était sourd, donc je ne suis pas certain que ça aurait été le cas. Je me demande même s'il ne serait pas encore en vie, s'il avait été un peu plus à l'écoute des gens. Pour se faire assassiner comme ça, il a dû énerver quelqu'un sévèrement, non ? Vous êtes pas d'accord ?

– OK. Merci Monsieur Déléterre, on se reverra bientôt. Restez dans les parages.

NOTE D'ENQUÊTE

Je viens d'interroger Patrick Déléterre. Celui-là, dans le genre coupable, sur une échelle de 1 à 100, le type explose le plafond. Il a le mobile, l'opportunité... La totale. Limite schizophrène même. Il est capable de prévoir le fait qu'il va devenir patron tout en buvant un verre dans le bureau du boss tous les soirs et en souriant en plus. Je ne suis pas *profiler* mais lui, il a tout du suspect.

Note personnelle :
J'ai quand même gravement l'impression que le monde de l'entreprise est plus proche du bal des hypocrites que d'une cour d'école sympathique. J'avais cru comprendre que Bob et Jessica avaient une aventure mais visiblement, c'est un trio amoureux, beurk.

Les ambitions, c'est toujours un très bon mobile de meurtre. Un obstacle entre moi et ma promotion ? J'efface l'obstacle et c'est tout bon. La seule chose qui me turlupine, c'est qu'il a l'air très sûr de lui quand même. Son côté espion pour Jessica lui donnait un vrai point fort. Peut-être était-il juste impatient ?

Note personnelle :
Penser à demander à Jessica quelle est sa relation avec Patrick. Si elle nie avoir une aventure avec lui, je pourrai les confronter. Cela promet d'être intéressant.

Boire un verre chaque soir avec son patron ? À croire qu'ils n'avaient pas de vie perso dans cette boîte. Je n'en ai pas encore croisé un qui a l'air heureux. C'est fou tout de même ! Je ne dis pas que je nage dans le bonheur dans mon travail mais quand même là, c'est abusé ! Il dit avoir une relation avec Jessica et elle ne m'en a pas parlé. Qui me dit la vérité ?

Note personnelle :
Ce qui est fatigant dans mes missions, c'est qu'il y a des gens qui mentent plus que je ne pourrais jamais le faire, alors que c'est à la base même de mon métier. Ça serait quand même plus simple si tout le monde disait la vérité tout le temps, non ? Je sais, je rêve. En tout cas, cette mission serait plus simple.

Ou je serai au chômage. Je n'en sais rien. De toute façon ils mentent et ça m'agace.

Cette histoire de salaire est tout de même très louche. Patrick prétend croire son boss quand il dit que c'est la faute du DRH s'ils ne sont pas payés pareil, mais d'un autre côté, il dit que c'est la direction qui décidait de tout. Donc, soit Patrick est un abruti aveugle, ce qui est une hypothèse loin d'être inenvisageable, soit il ment et il pourrait tout à fait tuer Bob par vengeance. Patrick totalement innocent, j'achète pas.

Note personnelle :
Il faudrait peut-être que j'arrête de dire cette expression « j'achète pas ». Je me demande si ça ne fait pas un peu ringard, genre Madame la marchande.

Évaluation du suspect

Patrick Déléterre. Bon, patron là, on a tiré le gros lot. C'est le petit chien à son maître, sauf que l'adorable toutou est en fait un pitbull enragé. Il couche visiblement avec la grande patronne et se dit être ami avec son patron, ce qui est nettement mieux pour gérer sa carrière. Si je devais créer une échelle du faux-cul, sur cinq, il serait sans aucun doute au-dessus de huit ! Ce que je trouve étonnant, c'est qu'il est presque crédible dans son innocence, tant il est honnête dans son côté manipulateur. Il méprise la hiérarchie, aucun doute là-dessus et il veut devenir calife à la place du calife. Par contre, j'ai comme l'intuition que c'est avant toute chose un lâche et qu'il serait incapable de passer à l'acte... C'est le genre de personne qui agit dans le dos, jamais franchement.

Note de mobile : 20/20
Note d'opportunité : 16/20
Note de compétence : 2/20
Note de culpabilité : 12,66/20

CHAPITRE 7

GEORGES-MICHEL

– Nom, prénom, fonction ?

– Hainhault, Georges-Michel, directeur des relations humaines.

– Vous n'êtes pas directeur des ressources humaines ?

– Ah ça ! J'aime à dire que nous sommes dans une époque où les relations humaines sont plus importantes que les ressources. Question de vocabulaire, mais j'accorde une grande importance aux mots.

– Pourquoi ?

– Avez-vous vu ce formidable film qu'est *Les Temps modernes* que Chaplin a réalisé en 1936 ?

– Non.

– Vous devriez. D'ailleurs, j'y pense, je crois qu'il y a un cycle Chaplin à la cinémathèque actuellement. Ce film montre parfaitement la complexité de la relation de l'homme à son travail. Et je crois profondément, comme Hegel le théorisait, que l'Histoire n'est qu'un éternel recommencement. Franchement, il faut que vous alliez le voir, c'est extatique.

– J'ai d'autres chats à fouetter, vous voyez.

– Ah, oui, bien entendu. Bref, dans ce film, l'auteur montre à quel point l'être humain est traité comme une simple ressource, broyé par l'entreprise petit à petit.
– Et ?
– Eh bien moi, mon métier est de faire en sorte que l'entreprise ne soit pas un lieu de souffrance, mais au contraire un lieu d'épanouissement personnel. D'où mon attachement au mot « relations », plutôt que « ressources », voyez-vous.
– Ouais, bon, OK, on s'en fout. Côté relations, ça se passait comment avec Bob ?
– Ça allait. Je suis directeur des relations humaines, je suis payé pour que cela aille avec tout le monde.
– Vraiment ? C'est pas ce qu'on m'a dit !
– Comment cela ?
– Il semblerait que Bob et vous avez eu des différends.
– Vous savez, le métier même de DRH est de gérer ce genre de situation. Je ne m'attends pas à ce que l'on m'aime. Je ne me crois pas dans l'une de ces ridicules comédies romantiques hollywoodiennes où tout le monde finit par aimer tout le monde, je suis un homme réaliste Monsieur l'inspecteur. Franchement, qui peut croire que le monde peut tourner sans antagonisme entre les êtres humains ?
– Mais que pensez-vous de Bob ?
– Franchement ?
– De préférence, oui.
– C'était un abruti prétentieux.
– Ah, vous voyez.
– Quoi donc ?
– Vous ne l'aimiez pas.
– Monsieur le gendarme…

– Inspecteur.
– Pardon, Monsieur l'inspecteur, c'est le principe même d'un directeur des relations humaines, nous n'aimons personne. Dans mon métier, il ne s'agit pas d'amour mais d'optimisation du potentiel humain, voyez-vous.
– Ah bon ?
– Avez-vous lu *L'Assommoir* de Zola ?
– Euh, non.
– Bien, cet ouvrage est le septième volume de la formidable série des Rougon-Macquart qui en compte vingt. Si vous le lisez, vous verrez à quel point la relation au travail n'est pas toujours une partie de plaisir. Il ne s'agit en aucun cas d'aimer les gens qui travaillent pour ou avec vous, mais de faire en sorte qu'ils, ou elles d'ailleurs, donnent le meilleur d'eux-mêmes, quels que soient les moyens utilisés. D'une certaine manière, l'homme en entreprise est une machine, rien de plus.
– Quel rapport avec vous ?
– Je suis comme un chef d'orchestre, qui doit faire en sorte que toute cette déprime potentielle se transforme en énergie positive, au service de l'entreprise et de sa rentabilité, quitte à licencier par-ci, par-là, voyez-vous ?
– Une sorte de tueur à gage ?
– En quelque sorte, et c'est pour cela que je n'ai pas le droit de m'attacher à qui que ce soit.
– Et donc, vous n'aimez personne ?
– Au travail ? Surtout pas.
– Et vous ne le regrettez pas ?
– Avez-vous vu *Eternal Sunshine Of The Spotless Mind* ?
– Non, mais pouvez-vous arrêter avec vos références culturelles, s'il vous plaît ?

– Oui, oui, pardon. Il s'agit du génialissime film de Michel Gondry, sorti en 2004, et qui montre qu'*in fine*, les regrets peuvent être mortels. Vous devriez le voir. Vous connaissez forcément ce réalisateur.
– Non.
– Mais si, en 2014, c'est lui qui a réalisé *Conversation animée avec Noam Chomsky*.
– Je vais être franc, Monsieur Hainhault, je m'en fous.
– Ah.
– Tout à fait. Revenons-en à nos moutons. Donc, vous n'aimiez pas Bob, mais c'est normal parce que vous n'aimez personne, c'est ça ?
– Cela me semble être un bon résumé. D'ailleurs, à ce propos, cela me fait penser à cet incroyable film polonais que j'ai vu…
– Stop.
– Ah oui, pardon. J'aime le cinéma et la culture voyez-vous. D'ailleurs, chose amusante, mon portefeuille est rempli de cartes d'abonnement de toutes sortes : théâtres, musées, salles de concert. J'aime cela, j'y trouve mon inspiration, pour mon métier, mais également pour mes peintures.
– Ah… Vous peignez ?
– Tout à fait, depuis des années. Des natures mortes.
– Mortes ?
– Exactement, dans la droite lignée de Chardin, à ceci près que ce génie se focalisait sur les fruits et moi, je suis plutôt légumes.
– Ah bon.
– Oui, je me concentre sur la beauté d'une courge, d'un poivron, d'une citrouille ou d'un navet et je me projette dans un autre univers.

– Ça sert à quoi ?
– Mais voyons, à se vider la tête, afin d'être plus créatif pour imaginer des projets dans ma vie professionnelle.
– Il n'y a pas de projets qui vous tenaient à cœur et que Bob aurait jetés à la poubelle ?
– Oh si, plein. Il faut dire que Bob ne comprenait pas grand-chose à mon métier, mais comme il n'avait pas d'autre choix que d'avoir un DRH, moi ou un autre, ça ne le gênait pas plus que ça.
– Mais vous, ça ne vous gênait pas ?
– Franchement, je crois que j'ai un petit côté maso. On finit tous par en avoir un, question de santé mentale. Je ne prends pas mon métier comme une finalité, alors que mes natures mortes de légumes, ça, c'est fondamental pour mon équilibre voyez-vous.
– Ah ?
– Je prenais beaucoup de distance par rapport à ce qui pouvait se passer au Calbut. Par contre, c'est étrange, en vous parlant, je me demande si les retards systématiques de cet homme, si ses hurlements et ses non-décisions ne vont pas me manquer…

Qu'est-ce qu'il ne faut pas dire comme bêtises pour faire passer la pilule ! Franchement, si ça ne tenait qu'à moi, j'ouvrirai une baraque à frites à Dunkerque et je serai le plus heureux des hommes, à faire mes frites toute la journée et à aller peindre mes courges sur la plage tous les week-ends. Mais la vie nous laisse que peu de choix au final. J'ai commencé DRH, je finirai DRH. Et encore, franchement, Bob n'est pas le pire que j'ai vu dans ma carrière… Quoique… Si, c'est le pire en fait.

Rien ne trouve grâce à mes yeux, mais j'ai appris à faire contre mauvaise fortune bon cœur, comme on dit. L'avantage du DRH, c'est qu'il peut changer de camp en un claquement de doigts, sans que cela ne choque personne. Un DRH va dans le sens du vent, c'est le principe même du métier. Face à Bob, je traitais les syndicats d'abrutis rétrogrades et, quelques heures plus tard, face aux syndicats, j'étais d'accord avec eux pour dire que le patron n'était qu'un abruti de capitaliste sans cœur mais que, malheureusement, je n'avais d'autre choix que de faire avec. Mon métier consiste en cette capacité rare à retourner ma veste en un instant, sans que personne ne le remarque. Tout un art, croyez-moi ! Mais le vrai défi est de faire en sorte que tout le monde pense gagner à la fin et, ça, ça relève assez souvent de l'exploit. Franchement, je me demande si mon éthique n'est pas questionnable par toute personne dotée d'un minimum de sens moral. Quand ces doutes m'habitent, j'ai une technique très simple : je peins un légume, je vide ma tête, et tout va bien, d'un coup d'un seul.

– Pourquoi Bob va-t-il vous manquer ?
– Vous savez, l'énorme avantage de travailler avec quelqu'un comme Bob, c'est qu'il était tellement mauvais en tout, archétypique de la médiocrité la plus exemplaire pour un manager, qu'à ses côtés, vous avez le formidable sentiment d'être un homme et un professionnel extraordinaire. Et comme personnellement je n'ai pas une très

grande estime de moi, je crois bien que cet homme horrible a fini, contre toute attente, par me redonner une certaine forme de confiance en moi.
– Mais dans vos recrutements, vous avez aussi fait des erreurs, non ?
– Pardon ?
– Le directeur commercial, Jean-Jacques, visiblement, une bonne erreur de casting.
– Ah mais pas du tout, je vous arrête tout de suite. Jean-Jacques est excellent, même s'il peut avoir tendance à utiliser un vocabulaire quelque peu suranné.
– Sura quoi ?
– Suranné, un peu vieillot si vous préférez. Mais franchement, au-delà de cette question de vocabulaire que Bob avait un peu de mal à comprendre, c'est juste que cet imbécile n'a jamais voulu admettre qu'il s'était trompé sur ses prévisions et en rendait Jean-Jacques responsable, voilà l'histoire. Je n'aurais aucun problème à vous dire que je me suis trompé, absolument aucun. Mais sur ce dossier, je suis au regret de vous annoncer que je ne suis en rien coupable, ni responsable. Bob faisait partie de ces personnes qui n'assument jamais leurs erreurs, et s'il y a bien une chose pour laquelle il était doué, c'était pour faire des bourdes, et en dire. Malgré ses trois cents mots de vocabulaire, il était créatif en la matière.
– Tout est donc la faute de Bob et vous allez me dire qu'il s'est suicidé en s'assommant avec une imprimante, puis en se plantant une paire de ciseaux dans le dos, c'est ça ?
– Ah ah. Non Monsieur l'inspecteur, je ne saurais vous dire de chose aussi stupide, franchement. C'était lui le boss et

c'était lui qui décidait de tout, absolument de tout. Donc, oui, Monsieur l'inspecteur, je vous l'affirme, l'incompétence de Bob a mené l'entreprise là où elle en est.
– C'est-à-dire ?
– Écoutez, quand il est arrivé, le Calbut Breton était une start-up prometteuse. Il nous a menés petit à petit au bord du gouffre et nous nous apprêtions à faire un grand pas en avant avec cette affaire de string. Bob n'était un dirigeant que dans un endroit : sa tête. Pour le reste, c'était une catastrophe. Je ne devrais pas vous dire cela, mais son décès est la seule chose qui pourra, peut-être, sauver le Calbut Breton.
– Et sauver l'investissement de Jessica.
– Je n'ai rien dit de tel, mais cela va de soi.

Et encore, je ne lui raconte pas tout. Je crois bien que Bob se droguait au bureau de temps en temps, en plus d'être le pire manager que j'ai jamais croisé. J'exagère peut-être mais très franchement, je trouve que cela pourrait presque lui servir d'excuse pour être aussi mauvais. Certes, il faudrait qu'il soit alternativement sous cocaïne quand il parle aux gens et sous marijuana quand il s'agit de prendre des décisions, ce qui semble compliqué à faire, mais il était capable de tout. Ah, ça me rappelle cette phrase légendaire que Lino Ventura dit dans *Les Tontons Flingueurs*, fantastique film de Michel Audiard, de Georges Lautner et d'Albert Simonin sorti… en 1963, si ma mémoire est bonne : « *Les cons, ça ose tout, c'est même à ça qu'on les reconnaît* ». Oui, je l'affirme, pour paraphraser le grand Audiard, Bob était un con et il osait tout.

Je ne suis pas toujours fan de ce que je dois faire dans le cadre de mes missions, mais j'ai fini par m'en faire une raison. C'est fou comme Bob trouvait toujours un moyen de repousser les limites de l'incompétence, chaque fois un peu plus loin. Je ne sais pas si vous connaissez Nicolas Hulot dans sa période *Ushuaïa* version extrême ? Oui ? Eh bien Bob, c'était un peu le Nicolas Hulot du management, aucune limite, aucune frontière, aucun filtre, quitte à mettre en danger lui et l'entreprise. Pourtant, la première fois que je l'ai rencontré, lors de son entretien de recrutement, il ne m'avait pas fait mauvaise impression. Pas très intellectuel, cela ne faisait aucun doute, mais très dynamique et volontaire. Je me disais que pour devenir le chef du Calbut, avoir inventé l'eau chaude n'était pas essentiel. Certes, Jessica me l'avait imposé mais bon, tout de même, avec mes trente années d'expérience, j'aurais dû voir venir le coup. Mais non, je n'ai rien dit, j'ai validé le choix de Jessica. Par lâcheté probablement, mais pas que, pour être honnête. Je ne fais pas partie de ces personnes en entreprise qui prétendent avoir prévenu du drame après que celui-ci se soit produit. Il m'avait convaincu. Je ne sais pas si quelqu'un vous l'a déjà dit mais Bob avait plutôt du charme dans son genre. Beau parleur et sourire ravageur. Forcément, ça fait son petit effet en entretien de recrutement.

Ce qui était déconcertant, c'était à quel point cet homme ne se rendait pas compte de l'absurdité de ses propos ou de ses décisions. Nous avions des discussions surréalistes assez souvent. À croire qu'il ne vivait pas dans le même monde que nous. Je crois que c'est grâce à Bob que j'ai compris ce qu'était la bêtise humaine dans sa plus pure expression. Bob n'était pas méchant, il était juste idiot, incapable de la moindre empathie, ne se rendant pas compte des absurdités qu'il pouvait dire et faire.

– Ah, mon Georges-Michel. Comment ça va bien aujourd'hui ?
– Bien Bob, merci, et vous ?
– Très bien, merci. Nous avions bien rendez-vous aujourd'hui ?
– Oui, tout à fait Bob, à 15 heures.
– Et il est quelle heure ?
– 15 h 45.
– Ah ben tout va bien, c'est toujours dans les quinze. Alors, de quoi voulez-vous me parler ? Encore un de ces trucs *new age* qui coûtent une blinde pour que nos chers salariés se sentent mieux ? Un baby-foot en plus peut-être ? Des cours de yoga ? Des massages ?
– Hum… Non, je voulais vous parler d'autre chose, du salaire de Patrick.
– Qu'est-ce qu'il a son salaire ? Il est pas content ?
– Il semblerait qu'à l'origine, vous deviez avoir le même, mais qu'au final, ce ne soit pas le cas.
– Tout à fait, tout à fait, le même, mais pas le même. J'ai voulu que la situation soit claire avant tout. C'est important, ça, que les choses soient claires.
– Et que vous lui ayez dit que c'était une décision que j'avais prise.
– Ah bon ? J'aurais dit ça ? Non, ça me dit rien. Vous savez, il est un peu mytho sur les bords le Patrick, faut pas lui en

vouloir, c'est un homme de marketing, ça parle, ça parle, mais c'est rarement fondé sur un truc vrai.
– Mais donc, l'histoire est vraie ? Vous deviez avoir le même salaire ?
– Alors, comment vous dire… À l'origine, Jessica m'a accordé une enveloppe globale pour le comité exécutif et moi-même. Et j'ai dû faire une répartition équitable. C'est important, ça, d'être équitable.
– Mais qu'aviez-vous promis à Patrick ?
– Je lui avais peut-être dit qu'on serait payés pareil, mais vous savez comment c'est, on dit des choses et on y pense plus. Ben là, c'est pareil. J'avais une enveloppe, c'est moi le patron et il est possible, peut-être, je dis bien peut-être, que je me sois accordé un salaire légèrement supérieur à celui de Patrick.
– De 40 % tout de même.
– Ah oui ? Autant que ça ? Peut-être. C'est pas grave. Faut pas prêter attention aux pourcentages, vous savez, on leur fait dire ce qu'on veut. Vous avez vu les sondages politiques ? N'importe quoi ce truc. Et pourtant, c'est des pourcentages. Pareil pour mon salaire, hein ?
– Enfin là, tout de même…
– Vous croyez en Dieu Georges-Michel ?
– Quel rapport ?
– Aucun, pourquoi ?
– Parce que nous parlons du salaire de Patrick, Bob, restez concentré, s'il vous plaît.
– Comme le lait !
– Pardon ?

– Concentré, comme le lait... Lait concentré Georgio. Humour !
– Oui, très drôle Bob, très drôle. Mais il faudrait peut-être avoir un tête-à-tête avec Patrick pour lui expliquer.
– Mais pour quoi faire Georges-Mich' ?
– Il pense que la décision vient de moi et c'est inexact.
– Rappelez-moi Hainhault, c'est quoi votre titre déjà ?
– Directeur des relations humaines.
– Directeur des ressources humaines, c'est ça oui. Vous gérez l'humain, c'est bien ça ?
– Oui.
– Et Patrick, c'est un être humain ?
– À ma connaissance, oui.
– Bien, alors, parfait, vous allez me faire le plaisir de gérer Patrick et de lui expliquer que c'est votre choix. C'est qui votre patron ici ?
– Vous, Bob.
– Parfaitement, c'est moi. Et vous aimeriez me mettre en porte-à-faux ?
– Non, pas du tout. Mais...
– Et si je dis que c'est pas faux que vous voulez pas prendre la porte, j'ai raison aussi, hein ?
– Oui, tout à fait Bob, tout à fait.
– Voilà, vous n'aimeriez pas. Donc faites votre job et cessez de m'embêter avec vos enfantillages. Je le connais bien mon Patrick. Il fait sa mauvaise tête mais une fois que vous lui aurez parlé, ça passera. C'est important, ça, que ça passe.
– Il va me détester.
– Tout le monde déteste son DRH, ça fait partie du job et vous le faites super bien. Regardez, vous avez toujours le

mot pour m'énerver, ce qui prouve que vous êtes un très bon DRH. Allez, sortez de mon bureau, j'ai ma réunion de 15 heures qui commence dans cinq minutes.
– C'est moi votre réunion de 15 heures.
– Et en plus vous êtes en retard ! Bon allez, on a bien bossé là. Au revoir Georges-Mich'.

C'était toujours comme ça. Une sorte de monologue. Bob était incapable de changer d'opinion, quand il en avait une. Prendre des décisions n'était pas son fort et souvent, le dernier qui parlait avait raison. Bon, c'était quasiment toujours lui le dernier qui parlait, ce qui simplifiait grandement les choses, tout du moins pour lui. Ce qui m'étonnait le plus, c'est à quel point Bob se pensait brillant et performant. Jamais de remise en question, jamais de doute.

– Mais vous ne remontiez pas l'information à Jessica ?
– Quelle information ?
– Comme quoi Bob n'était pas bon ?
– Ah, mais ce n'est pas mon métier ça. Mon métier, c'est de faire croire à toute personne supérieure à moi que toute autre personne supérieure à moi, en l'occurrence Bob, est formidable… Enfin, plus exactement, sauf très bonne excuse, j'ai tendance à trouver toute personne que j'ai recrutée formidable, c'est plus efficace pour garder mon travail, franchement. Qu'est-ce que vous croyez ? Si j'avais dis que Bob était nul, à votre avis, qu'en aurait dit Jessica ?
– Je sais pas.
– Comme vous le savez sans doute, on ne peut pas dire que Jessica soit la plus grande des humanistes que la planète

entreprise connaisse. À mon sens, elle dirait que c'est de ma faute puisque c'est moi qui l'ai recruté. Vous voyez ? En entreprise, en tout cas en France, on aime bien trouver des coupables plutôt que d'imaginer des solutions, c'est le principe. Trouver le coupable ne permet en rien de trouver une solution au problème, mais pour une raison, que je ne m'explique pas, ça soulage les hiérarchies. Bref, si Jessica pensait que Bob était nul et que c'était de ma faute, très clairement, ma tête aurait sauté.

– Et ça vous arrange qu'il soit mort, donc ?

– Je vous vois venir Monsieur l'inspecteur. Je pense que la mort de Bob est une formidable opportunité pour le Calbut Breton mais en aucun cas je n'aurais été capable d'un tel acte. Je suis DRH, je vous rappelle. Je suis payé pour prendre soin des humains, pas pour les faire disparaître. Je devais gérer l'incompétence de Bob et la rendre compatible avec les exigences de Jessica. Franchement, j'ai rarement vécu une situation aussi compliquée.

– Et donc, vous étiez entre le marteau et l'enclume, comme on dit ?

– Voilà, c'est exactement ça. Le DRH est toujours entre le marteau et l'enclume. Nous n'avons pas vraiment le pouvoir de changer les choses sans l'action de tiers.

– C'est qui ça, Tiers ? Il bosse où ?

– Non, pardon, c'est une expression pour dire que, sans l'action des autres salariés, nous ne pouvons absolument rien faire, vous voyez ?

– Ah OK. *Capito*. Et, pardonnez-moi, mais on vient de me dire qu'une certaine Véronika voulait me voir, vous la connaissez ?

– Véro… ?
– Nika… Véronika.
– Ah, vaguement. L'ex-femme de Bob si je ne me trompe pas.
– Elle pourrait avoir quelque chose à voir avec le crime ?
– Véro…
– Nika.
– Oui, Véronika. Je ne sais pas trop. J'aurais tendance à vous dire plutôt non, du peu que je la connaisse.
– Vous ne l'avez jamais rencontrée ?

Un petit peu gêné pour répondre, j'hésite, puis me lance.

– Une ou deux fois, à l'occasion de cocktails. Elle a l'air d'être une gentille femme, assez douce à vrai dire.
– Douce ?
– Vous savez Monsieur l'inspecteur, je ne suis pas policier, mais les choses humaines, ça me connaît, et il me semble que Véronika n'a rien d'une psychopathe.
– D'un autre côté, vous pensiez au départ que Bob avait tout du bon manager, n'est-ce pas ?
– C'est pas faux. Pertinente réflexion que voilà.
– Je peux vous poser une dernière question ?
– Je vous en prie.
– C'est un peu… gênant.
– Aucun problème, j'ai l'habitude dans mon métier.
– OK, je me lance. Ça n'a rien à voir avec l'enquête, mais on vous a déjà dit que vous ressembliez à…
– Jean Réno, oui, je sais.

– Ah non, j'allais dire Pascal Obispo.
– Non, jamais, désolé. Je vois pas bien le rapport avec ce à quoi je ressemble.
– Probablement la coupe de cheveux. Une sorte de ressemblance capillaire, comme on dit chez Franck Provost.
– Probable, oui.
– Une sorte de… de chauvitude.
– Nous n'allons peut-être pas y passer des heures, si ? J'ai le cuir chevelu qui désire prendre l'air et je ne vois pas bien quel est le problème. Vous voyez un problème à cela, Monsieur l'inspecteur ?
– Non, non, vous avez raison. Bon, bref, désolé. Merci Monsieur Hainhault. Restez dans les parages, nous nous reverrons.

NOTE D'ENQUÊTE

Ai discuté avec le DRH, Georges-Michel Hainhault. Bonne graine d'hypocrite celui-là. Il aime tout le monde en apparence et déteste tout le monde quand ça l'arrange, ce qui semble être souvent le cas.

Note personnelle :
C'est très perturbant sa ressemblance avec Pascal Obispo tout de même. À tout moment, je m'attendais à ce qu'il pousse la chansonnette. Il fait un mètre soixante et pense ressembler à Jean Réno ! Vérifier ses antécédents psychiatriques. Le côté mythomane peut avoir des conséquences graves sur le comportement.

Le truc avec lui, c'est que quand on sait ce qu'il fait, c'est plutôt lui qui pourrait être assassiné. Un DRH doit-il forcément être cynique et au service de son maître, aussi horrible soit-il ? C'est un petit peu comme un tueur à gages en fait. Son boss lui demande la tête de quelqu'un et il lui apporte sur un plateau.

Note personnelle :
Penser à vérifier ses relations avec Didier. Les deux me semblent être bien loyaux par rapport à leur hiérarchie. Bizarre qu'ils ne se soient jamais révoltés. Ce n'est tout de même pas la prison le Calbut Breton et ils font comme s'ils ne pouvaient pas bouger le petit doigt sans autorisation préalable.

Par contre, côté respect, ce n'est pas optimal. Et vas-y que je traite mon patron d'abruti. C'est dingue ça quand même. Je ne sais pas comment c'est possible de mépriser son boss et de rester correct avec lui. Aussi, très louche sa réaction quand on évoque l'ex-femme de son patron. Je parierais n'importe quoi qu'il y a baleine sous gravier sur ce coup-là. Je ne sais pas trop quoi, amant, complice, ex... Je ne sais pas, mais il y a quelque chose.

Note personnelle :
Je ne sais pas si ça tient à l'activité de cette entreprise, mais j'ai l'impression qu'il y a des histoires de cœur dans tous les coins. Rien d'officiel pour le moment, mais mon instinct ne me trompe jamais. Et ça, dans les histoires de meurtre,

les histoires sentimentales ou purement sexuelles, cela fonctionne toujours pour trouver la clé. Jalousies, vengeances. Encore mieux qu'à la télé.

Évaluation du suspect

Georges-Michel Hainhault. Soyons clairs, ce type est louche. Trop calme pour être honnête. Il est tiraillé entre son mépris pour son patron et sa peur de Jessica. En gros, si je devais résumer en une phrase : c'est un faux-cul que le meurtre arrange bien et il ne s'en cache pas !

Par contre, ce qui me pose un vrai problème, c'est qu'il avait l'air d'aimer gérer ce genre de chose. Un peu comme si se faire flageller par des orties fraîches par Jessica et bastonner par son boss lui plaisait. Il a l'air sûr de lui. Ce n'est pas rassurant ça, les gens trop sûrs d'eux. Le fait qu'on peut le penser coupable ne l'inquiète pas vraiment. Je me demande même si ça ne le flatte pas un peu... Bon, ce qui est sûr, c'est que comme les autres, il n'aimait pas son patron, mais d'une manière différente : il faisait avec.

Je n'ai jamais croisé de DRH avant lui et je me demande si le côté faux-cul n'est pas un prérequis pour faire ce métier. Je vais le revoir pour creuser, peut-être.

Note de mobile : 16/20
Note d'opportunité : 9/20
Note de compétence : 13/20
Note de culpabilité : 12,66/20

CHAPITRE 8

VÉRONIKA

– Bonjour Madame, qui êtes-vous ? Pourquoi êtes-vous ici ?
– Je suis Véronika Patelin, l'ex-femme de Bob. On m'a appelée pour m'avertir que mon ex-mari est mort, alors je suis venue. Il me semble que la nouvelle est d'importance, non ?
– Vous êtes son ex-femme ? !
– Tout à fait. Mariée dix ans avec Bob. Un exploit qui ne m'a même pas rapporté de médaille !
– Un exploit ?
– Écoutez, il paraît que de ne pas être communiste à vingt ans, c'est ne pas avoir de cœur et que d'être communiste à quarante, c'est ne pas avoir de tête. Être mariée à Bob, si je puis me permettre, c'est la même chose.
– Ah ouais, quand même. Bon, où étiez-vous hier soir entre 22 heures et 4 heures du matin ?
– Je suis suspecte ? Vous rigolez j'espère ? Vous êtes qui vous, d'abord ?

– Inspecteur Dargémont, police nationale française. Et tout le monde est suspect jusqu'à ce que je désigne un coupable car, je peux vous le garantir, il y a un coupable.
– Écoutez, soyons clairs. Je ne viens jamais dans ces bureaux et Dieu m'en préserve.
– Et pourtant vous êtes là… Étrange tout de même, Madame Patelin. Vous êtes prise en flagrant délit de mensonge à notre première rencontre.
– On m'a demandé de venir.
– Qui ça « on » ?
– Georges-Michel. Il a pensé que je devais être tenue au courant. Mon ex-mari est passé de vie à trépas tout de même.
– Il est mort avant de passer je sais pas où.
– Oui, c'est ce que je viens de vous dire Monsieur l'inspecteur. Il est donc normal que Georges-Michel, en tant que directeur des relations humaines, m'ait prévenue.
– Il a eu tort ?
– Je n'avais plus vraiment de relations avec Bob mais comme je suis l'une des actionnaires du Calbut Breton, il fallait que je vienne signer pour la transmission des actions.
– Quelle transmission ?
– Bob avait des *stock-options* qui vont être transférées à nos enfants. Plus vite nous signons ces papiers, plus vite nous serons tranquilles. Les petits pourront en profiter à leur majorité, si le Calbut ne fait pas faillite avant cette date !
– Vous aviez des enfants avec Bob ?
– Oui, deux. Philippe et Matthieu.
– Quel âge ?
– Dix et onze ans. Deux petits diables mais qui, heureusement, n'ont pas hérité du caractère de leur père.

– Vraiment ?
– Philippe passe son temps à faire des gribouillis et Matthieu est passionné de musique et de blagues Carambar.
– Ils sont au courant pour leur père ?
– Pas encore, je leur dirai après avoir signé les papiers. Ils sont jeunes, je ne veux pas les traumatiser, d'autant qu'ils ne voyaient leur père, pour ainsi dire, jamais.
– Et d'ici leur majorité, c'est vous qui avez la gestion de ces actions.
– Ah oui, je n'y avais pas pensé.
– Et, par simple curiosité, quel pourcentage de l'entreprise aurez-vous ?
– Écoutez, je n'ai pas fait le calcul.
– Vous pourriez le faire rapidement s'il vous plaît ?
– Euh oui… Alors, mon pourcentage plus celui de Bob… Un peu plus de 50 % je pense.
– Ah ben en voilà une bonne raison de tuer votre ex-mari !
– Vous plaisantez ? Vous croyez que j'aurais tué Bob, le père de mes enfants, juste pour une question d'argent ? Et puis, j'imagine que vous êtes déjà au courant de la situation catastrophique de l'entreprise, non ? Écoutez, s'il s'agit de vous entendre débiter des inepties, je ne suis pas certaine que cet entretien soit extrêmement utile.
– Débité, je sais pas, mais utile, c'est à moi d'en juger Madame.

Si seulement cet inspecteur savait à quel point je me moque du Calbut Breton. C'est plus important pour Georges-Michel que pour moi, pour être honnête. Avec cette majorité, il pourra faire passer des décisions qui sont bloquées depuis des mois par Bob. Je ne suis pas une femme d'argent mais je suis une femme d'honneur. Je ne supportais plus les humiliations quotidiennes que Bob imposait à ses salariés. C'était un mari charmant au début de notre relation pourtant. À croire que son supposé pouvoir lui a permis de révéler sa véritable personnalité. Mais je le connaissais bien Bob, il n'en était même pas conscient. Vous savez, être patron, c'est un peu comme être parent. Si vous demandez à un parent maltraitant s'il se considère comme un bon parent, dans 100 % des cas, il vous répondra que oui, il est un excellent parent. Nous n'avons pas conscience de nos travers les plus sombres, c'est cela qui est terrible. Bob était charmant avant, je vous assure. C'est devenu un connard, pardonnez-moi le mot, quand il est arrivé au Calbut. Comme si le fait d'être devenu patron lui avait fait endosser au même moment un costume d'abruti. Quasiment du jour au lendemain, il s'est pensé important et a fait passer son travail avant toute chose. Ça n'a pas pris des mois, cela a été quasiment instantané.

– Madame, l'argent est l'un des principaux mobiles d'assassinat. Cherchez où va l'argent et vous trouvez le meurtrier. Il semblerait que j'ai trouvé.
– Avec tout le respect que je vous dois, vous devriez arrêter la drogue, Monsieur Dargémont.
– Inspecteur.
– Vous devriez arrêter la drogue, inspecteur.
– Je vais vous demander de me respecter Madame.
– Je vous respecte Monsieur l'inspecteur, je souhaitais juste souligner que votre affirmation serait plus crédible si vous aviez pris une drogue, forte de préférence.

– Où étiez-vous hier soir ?

– Chez moi, avec mes enfants. Philippe gribouillait, Matthieu tapait sur son mini-piano, une soirée des plus classiques.

– Vraiment ?

– Non, vous avez raison, Matthieu a passé beaucoup de temps sur son iPad pour regarder des dessins animés, enfin, c'est ce qu'il me dit et je le crois. Il a tellement une petite bouille de gentil garçon que je ne remets jamais sa parole en cause. Quel amour celui-là. Vous n'imaginez pas comme il est innocent. On lui donnerait le bon Dieu sans confession.

– Madame, je ne m'intéresse pas à vos enfants.

– Oui, pardon. Bref, j'ai passé une soirée on ne peut plus normale.

– Des témoins ?

– Georges-Michel.

– Pardon ?

– Georges-Michel était avec moi, il pourra témoigner.

– Comment ça avec vous ? Il est venu dîner ?

– Il vit avec moi depuis longtemps. Vous n'étiez pas au courant ?

– Donc, si je résume, vous vivez avec Georges-Michel et allez hériter des actions de Bob ? Il était au courant Bob de cette liaison ?

– Vous plaisantez ? Bien sûr que non. Même séparés, Bob était un homme jaloux comme un pou. Jaloux et pas véritablement connaisseur de la psychologie féminine. Écoutez, Bob me pensait toujours follement amoureuse de lui et je dois dire que cela m'arrangeait à bien des égards.

– Il aurait pu en vouloir à Monsieur Hainhault ?

– Il l’aurait viré sur-le-champ, sans aucun doute.
– Crime passionnel ajouté à intérêts financiers, voilà qui est intéressant !
– Mais voulez-vous bien arrêter avec ça. Je serais bien incapable de tuer une mouche alors un cafard, je ne vous en parle pas.
– Vous ne l’aimiez vraiment pas du tout, Bob, hein ?
– Écoutez, c’était le père de mes enfants alors je faisais avec.

Et encore, quand je dis père de mes enfants, je n’en suis pas vraiment certaine… Mon histoire avec Georges-Michel dure depuis des années et quand je regarde Philippe et Matthieu, j’ai comme un doute, quoi que Matthieu ait tout de même un humour assez limite et Philippe une chevelure qui me fait me demander si Georges-Michel peut en être le père… Bref, il y a comme un doute. Bob n’a jamais été présent de toute façon. Seul son travail comptait. Il n’était jamais à la maison avant 23 heures ; pendant les week-ends et les vacances, il passait son temps sur ses mails. Il aimait clairement plus dédier son temps à son smartphone qu’à nous. On parle partout de l’équilibre vie privée/vie professionnelle, mais je vous assure que ce n’est pas une blague. Au début de notre histoire, je ne vais pas dire que Bob était parfait mais au moins il me donnait le sentiment que je comptais dans sa vie. Il n’arrivait jamais après 19 heures à la maison. Ce n’était pas tôt mais ça nous permettait d’avoir une soirée tous les deux. Le minimum. Et puis les enfants sont arrivés avec leur lot de contraintes. Bob n’était pas du genre papa poule. Plutôt du genre à bien aimer ses enfants quand ils étaient propres et silencieux, ce qui n'est pas la qualité première d'un enfant en bas âge. Il a vite compris qu'en arrivant plus tard du bureau, forcément, il n'aurait aucune tâche logistique à gérer. Et puis, pour les biberons la nuit, vous comprenez, le pauvre chéri était tellement fatigué par son travail qu'il ne pouvait se lever. Oui, Bob était un archétype qui a poussé sa femme à aller voir ailleurs. C'est tout de même incroyable à quel point la société nous met une pression de folie sur ces sujets. Pourquoi nous, les femmes, nous devrions porter les enfants, accoucher, supporter toutes les difficultés et, en petit bonus, voir notre mari se faire happer par son travail avant de disparaître sans que nous ne fassions rien ? Ah ça oui, j'en ai entendu des histoires d'hommes d'affaires infidèles sans que cela ne choque personne. Eh bien désolé, nous aussi nous pouvons l'être et ça n'a rien de choquant. Ce n'est pas moi qui ai été infidèle en premier. Bob m'a quittée pour son travail, tant pis pour lui !

Attention, je ne prétends pas être une victime, mais j'affirme que j'ai fait ce qu'il fallait pour survivre dans un premier temps ou pour vivre, tout simplement, dans un second. Déjà, être une femme, ce n'est pas simple mais une femme au foyer, je vous assure, ça l'est encore moins. Dans l'esprit de Bob, j'étais comme un robot ménager, bien utile. On entend souvent parler de la difficulté de garder la flamme dans un couple. Nous, la flamme s'est transformée en glaçon le jour où Bob s'est découvert des ambitions professionnelles. Je ne sais même pas si je peux lui en vouloir tant les hommes dans ce cas sont nombreux. J'en parle à mes amies et je vois bien que je ne suis pas la seule, mais loin de me rassurer, si les hommes accordent plus d'importance à leur travail qu'à leur famille, il ne faut pas qu'ils s'étonnent si nous, les femmes, nous nous transformons petit à petit en peuple d'Amazones.

– Mais, Madame Patelin, que je comprenne bien. Depuis quand dure cette histoire avec Georges-Michel Hainhault ?
– Comment ça ?
– Depuis quand fricotez-vous avec le DRH ?
– Quelle importance ?
– J'essaye de reconstituer une histoire, ça a de l'importance.
– Je ne sais pas moi, quelques années…
– C'est-à-dire ? Avant votre séparation avec Bob ?
– Peut-être…
– Peut-être ou oui ? Madame, chaque mot a son importance.
– Oui, avant la séparation. Ne me jugez pas trop vite Monsieur l'inspecteur, Bob était loin d'être parfait aussi, il…
– Je vous arrête là Madame, je ne suis pas conseiller conjugal moi. Tout ce que je constate, c'est que visiblement, Bob ne comptait pas énormément à vos yeux.

Tu m'étonnes qu'il ne comptait pas à mes yeux ! Ce qu'il est drôle cet inspecteur, quelle perspicacité. Enfin, ce n'est pas tout à fait exact. Je l'aimais Bob, c'est juste qu'on ne peut aimer à sens unique. Depuis bien des années, Bob n'a qu'une compagne : sa carrière professionnelle. Je crois bien qu'il ne s'est même jamais intéressé à mes passions, mes peurs, mes exigences ou mes problèmes. Le monde tournait autour de lui et de son satané travail ! Je me rappelle la dernière fois que nous avons eu une discussion, c'était en décembre dernier, à l'occasion de l'Arbre de Noël du Calbut Breton. Il avait insisté pour que je vienne avec les enfants parce qu'il voulait qu'ils voient à quel point papa avait réussi.

– Alors, alors ?
– Alors quoi ?
– Ben, ça claque non ? T'as vu le sapin ? La classe à Dallas, non ?
– Ah ça, acheter un sapin de six mètres de haut quand tu as une hauteur sous plafond de quatre, il faut avouer que c'est original.
– J'ai pas trouvé plus grand.
– Quel dommage…
– Eh oui, c'est le sapin qui doit plier, pas le Bob ! On a hésité à le couper mais bon, on s'est dit que ça ferait plus impressionnant comme ça. Tu sais, c'est comme si tu prends un nain et que tu le mets dans une pièce super petite.
– Eh bien ?
– Le nain paraît grand !
– Si tu veux.
– Pff, tu comprends vraiment rien au business toi !
– Bob, pardon de te dire cela de façon abrupte, mais c'est totalement stupide ton sapin.
– Pardon ?
– Mais enfin Bob, tu crois vraiment que les gens vont te trouver plus impressionnant parce que tu as un gros sapin ?
– Bien sûr que c'est le cas ! C'est important ça la taille, tu me l'as toujours dit !

– Ah, mais c'est différent alors. En fait, tu compenses certaines problématiques de taille personnelles avec un grand sapin.
– Je comprends pas. Tu parles de quoi là ?
– Rien Bob. Sinon, ça va comment toi ?
– Le top, vraiment le top. On cartonne, les équipes sont au top, le chiffre d'affaires est au top, je suis au top, Jessica me trouve top. Bref, c'est le top.
– Et ça se passe bien avec Georges-Michel ?
– Ouais, si on veut. Pourquoi ?
– Non, comme ça, histoire de parler.
– Tu sais, Georges-Michel ou les autres, je m'en fous un peu en fait. Si la boîte tourne, c'est quand même grâce à moi. Je décide, ils exécutent. Je suis, comment on dit déjà ? Ah oui, je suis l'alpha et l'oméga du Calbut Breton.
– Rien que ça.
– Rien que ça !
– Tu n'as pas peur que ça les frustre à la longue si tu décides de tout ?
– Ma chérie, je suis le boss, je décide, c'est le principe. S'il y en a un que ça défrise, il dégage. Simple, clair, efficace, du Bob dans le texte.
– Mais tu ne t'y connais pas dans tous les secteurs d'expertise de tes collaborateurs.
– Les secteurs de quoi ? Je vends des caleçons moi, c'est ma seule expertise.
– Ils pourraient te donner de nouvelles idées.
– Ils sont pas équipés pour. Tiens, ton Georges-Michel par exemple…

– Ce n'est pas mon Georges-Michel, je donnais un exemple parmi d'autres. Je te rappelle que je suis actionnaire aussi.
– Ouais, minoritaire, ce qui fait que tu as minoritairement le droit de parler et que j'ai majoritairement le droit de ne pas t'écouter. Bref, ton Georges-Michel, c'est un pion comme les autres et, pardon, mais je ne vois pas bien pourquoi tu me parles de boulot tout d'un coup.
– Ça m'intéresse.
– Ça... t'intéresse ? Ah bon ? C'est nouveau ça. Quand on était ensemble, ça n'avait pas l'air de te passionner les caleçons.
– Tu n'étais jamais à la maison, c'est pour ça. J'étais en compétition avec des caleçons pour te voir, c'était pas extraordinaire tout de même.
– Mouais. T'as surtout jamais compris que je donnais tout pour notre bonheur en fait.
– Pardon ?
– Qu'est-ce que tu crois ? Que je travaillais par plaisir jusqu'à 22 heures tous les jours ?
– Euh... oui.
– Ah ouais. Eh ben figure-toi que non, je me sacrifiais et toi, tu comprenais rien.
– Si tu veux Bob, si tu veux. Mais, par simple curiosité, quand tu parles de sacrifices, tu fais référence à quoi précisément ?
– Bosser comme un chien !
– Oui, ça, je l'ai bien intégré, mais ma question est plutôt : dans quel but ?
– Quoi ?
– Eh bien oui, Bob, si tu te sacrifiais comme tu dis, en travaillant comme un chien, cela avait bien un objectif.

– Un objectif ? Oui, bien sûr que cela avait un objectif.
– Oui, lequel ?
– Oh dis donc, regarde, Philippe fait un dessin sur les murs et Matthieu regarde encore sous la jupe de Caroline. T'inquiète pas, je m'en occupe. Hop hop hop, papa Bob est sur le coup.

Du Bob typique, ce genre de conversation. Dès qu'il s'agissait de creuser, de réfléchir ou de se remettre en question, il disparaissait avec un bon prétexte. Je n'ai pas véritablement de regrets pour tout vous dire. Le passé, c'est le passé. Et quand je regarde ma vie actuellement, je dois bien avouer que n'ai pas vraiment de raison de me plaindre.

– Alors donc, vous n'aimiez pas Bob ?
– Nos chemins de vie se sont éloignés, c'est plutôt ainsi que je décrirais les choses.
– Suffisamment pour que vous n'ayez pas envie de le zigouiller ?
– Quelle mère serait cruelle au point de priver ses enfants de leur père ? Ne soyez pas stupide Monsieur l'inspecteur.
– Je ne vous permets pas Madame.
– De ?
– Deux quoi ?
– Vous ne me permettez pas de quoi ?
– De me manquer de respect ! Moi, ce que je dis, c'est que vous aviez tout intérêt à tuer Bob, voilà ce que je dis.
– Vous avez raison…
– Quoi ?! Vous avouez ?

– J'avoue que vous avez raison, j'avais toutes les raisons de vouloir la mort de Bob et pourtant, je ne l'ai pas fait.
– Mouais, c'est ça.
– Vous voulez savoir pourquoi ?
– Mais avec grand plaisir.
– J'ai peur du sang, je déteste la violence et contrairement à ce que vous semblez penser, je ne cours pas après l'argent.
– Tout le monde court après l'argent ma bonne dame, c'est universel.
– Non Monsieur l'inspecteur, pas quand vous êtes une riche héritière qui ne compte plus ses millions. Bob, lui, courrait après mon argent.
– Vraiment ?
– Non mais comment pensez-vous que Bob a eu son poste au Calbut Breton ?
– Son talent ?
– Son… talent ? Ah ah, ce que vous êtes drôle Monsieur l'inspecteur. Non, son talent n'a rien à voir là-dedans. Je connaissais Jessica de longue date et je lui ai demandé de recruter Bob en échange d'un investissement loin d'être négligeable.
– Pourquoi avez-vous fait ça ?
– Dans le milieu d'où je viens, être marié à un vendeur de photocopieurs n'a rien de valorisant. D'une certaine manière, je lui ai acheté une carte de visite, voilà tout.
– Quitte à planter la boîte ?
– Ça, mon ami, ce n'est pas mon problème. Et encore moins depuis que nous sommes séparés.
– Mais sa mort vous permet de récupérer votre investissement.

– Vous vous y connaissez en comptabilité ?
– Pas vraiment, pourquoi ?
– OK. Je vais essayer de vous l'expliquer avec des mots que vous pourrez comprendre. Si j'avais assassiné Bob, c'est un peu comme si j'avais risqué de faire de la prison pour récupérer une Fiat Panda valorisée au prix d'une Ferrari.
– Ça n'a aucun sens.
– C'est ça, ça serait complètement idiot. Je récupère des dettes et une boîte au bord du désastre. Par ailleurs, maintenant que je suis majoritaire de cette satanée boîte, je vais devoir m'en occuper plus et, croyez-moi, je n'en ai aucune envie.
– Georges-Michel va vous aider.
– Vous me fatiguez, Monsieur l'inspecteur. Je n'y suis pour rien. Inculpez-moi si cela vous amuse, mais vous allez dans le mur.
– On verra bien. En tout cas, ne vous éloignez pas trop, je risque d'avoir besoin de vous prochainement.

NOTE D'ENQUÊTE

Je viens d'interroger Véronika Patelin. Jolie femme celle-là. Blonde, yeux bleus, très bien faite... Enfin bref.

Note personnelle :
Je me demande s'il n'y avait pas du recrutement au physique dans cette boîte, en tout cas pour les femmes parce que les mecs, il n'y a pas que des Brad Pitt et des Clooney comme on dit.

Elle est louche cette femme, très louche. Je n'aime pas les gens qui ont réponse à tout, tout le temps. Et cette histoire d'actionnaire majoritaire, si ce n'est pas un mobile en béton armé, je ne m'y connais pas !

Note personnelle :
Essayer de me renseigner sur la comptabilité et surtout, essayer d'y comprendre quelque chose. Quand elle dit qu'elle n'a aucun intérêt à récupérer ses actions, j'achète pas. Ça fait trop innocent cette affaire.

C'est un truc de dingue son histoire avec le DRH, non ? J'ai failli en tomber de ma chaise.

D'ici à ce que l'on découvre que les enfants de Véronika ne sont pas du père déclaré, il n'y a qu'un pas. Le truc qui serait logique, ça serait que l'ex-femme imagine le meurtre et qu'elle embobine le DRH pour passer à l'acte. Un grand classique du crime en quelque sorte.

Note personnelle :
Je me demande vraiment comment Georges-Michel faisait tous les jours pour regarder droit dans les yeux son patron, sachant que tous les soirs il allait retrouver son ex-femme. Une bonne graine d'hypocrite tout de même. Il faudra sans doute que je le revois pour l'interroger sur ce point.

Et puis, Jessica qui a choisi le patron de son entreprise en échange de l'investissement de Véronika : si ce n'est pas incroyable ça ! Bon, de ce que j'en comprends, ce serait plutôt Véronika que Jessica qui aurait pu avoir envie de tuer Bob, mais mine de rien, tout cela est très bizarre. Moi qui croyais que tout devait être transparent et clair dans une entreprise... En fait, il n'y a que des secrets, et pas des petits. Incroyable comme en si peu de temps, tout le monde se met à parler, de peur d'être accusé. Le plus compliqué, ce sont les menteurs.

Note personnelle :
Je sais, je radote, mais c'est vraiment lassant les menteurs.

Évaluation du suspect

Véronika Patelin. Grande première : j'ai trouvé quelqu'un qui aime le patron du Calbut Breton. Enfin, qui l'aimait parce que maintenant on ne peut pas dire que ce soit le grand amour. Son histoire d'actions est plus qu'intéressante, surtout quand on la cumule avec son fricotage avec Georges-Michel et le fait que c'est elle qui a organisé le Calbut Breton tel qu'il est aujourd'hui. Moi qui croyais que le monde de l'entreprise était affaire de compétences... En fait, l'argent et la séduction ont aussi leur place. Bon, je n'imagine pas Véronika se faufiler dans l'entreprise pour zigouiller le P.-D.G., mais elle pourrait parfaitement bien commanditer l'assassinat, c'est tout à fait possible ! Complice, grave possible aussi.

Note de mobile : 15/20
Note d'opportunité : 1/20
Note de compétence : 2/20
Note de culpabilité : 6/20

CHAPITRE 9

JEANNE

– Nom, prénom, fonction ?
– Michon, Jeanne, directeur de la communication.
– Pardon ?
– Michon, Jeanne, directeur de la communication.
– Vous voulez dire directrice, c'est ça, hein ?
– Non, directeur, et j'y tiens.
– Euh, je comprends pas. Vous êtes pas une femme ?
– Si, mais je préfère que l'on m'appelle directeur.
– Pourquoi ? Je suis inspecteur moi, je vois pas pourquoi je voudrais qu'on me dise Monsieur l'inspectrice, ça serait complètement bizarre, pour pas dire stupide.
– Question de point de vue. J'ai choisi de ne pas féminiser mon titre.
– Pourquoi ça ?
– Un titre est asexué.
– Ah ben non, justement, pas là. C'est un titre d'homme que vous avez.
– Il faut croire qu'en entreprise, le titre asexué soit masculin, que voulez-vous. Et si vous étiez une femme, vous

sauriez que si vous choisissez de dire Madame la directrice de la communication, on s'attend à voir débarquer une ancienne prof qui a eu une promotion. Beaucoup de personnes s'arrêtent à ce mot de directrice. Probablement un traumatisme enfantin.

– Une féministe à ce que je vois.

– Ah, parce qu'être réaliste, c'est être féministe, selon vous ? Monsieur est macho à ce que je vois.

– Pas particulièrement. Je dis juste que vous semblez attentive à ces questions.

– Question de survie voyez-vous. Que vous le vouliez ou non, quand on dit directeur, ça en impose plus que directrice me semble-t-il.

– Dans le cadre d'une enquête sur un meurtre, suis pas sûr que votre argument soit pertinent.

– J'avais presque oublié qu'il était décédé l'autre.

– À votre ton, j'imagine qu'il va pas vous manquer.

– Bob faisait partie de ces hommes qui n'avaient pas encore intégré qu'une femme a un cerveau tout à fait équivalent à celui d'un homme.

– C'est-à-dire ?

– Disons que Bob avait du mal à me regarder dans les yeux. Un peu comme vous le faites à cet instant d'ailleurs.

– Quoi ? Hein ? Pardon, désolé. Bref. Quelle relation vous aviez avec Bob ?

– Aucune, c'était un homme préhistorique doté d'un cerveau d'enfant prépubère. J'ai déjà du mal à supporter la vulgarité de certains hommes dans les transports en commun ou dans la rue, mais dans une entreprise, j'aurais pensé avoir le sentiment d'être à l'abri, pour ne pas dire protéger. Il me

semble qu'une entreprise doit être un endroit rassurant pour tout le monde.
– Vous ne l'aimiez donc pas.
– Nous sommes dans une entreprise ici. Il ne s'agit pas d'amour mais de respect et de travail. J'aimerais connaître un jour un monde professionnel où l'on est ni homme, ni femme, ni noir, ni blanc, ni valide, ni handicapé, ni musulman, ni juif, ni catho. Un monde où seuls nos cerveaux seraient pris en compte, ce qui me semble assez évident.
– OK... Mais vous êtes une femme que vous le vouliez ou non.
– Et ?
– Ben... Vous êtes une femme.
– Et ?
– Ben... C'est compliqué pour moi de pas voir que vous êtes très jolie.
– Et pourtant, moi j'arrive assez bien à oublier que vous n'êtes pas particulièrement séduisant. Si je vous avais rencontré dans un bar, il est fort probable que je ne vous aurais pas adressé la parole et pourtant, nous voilà, et je vous parle sans vous juger, si je puis me permettre. En entreprise, il me semble qu'on ne doit pas évaluer l'autre en fonction de sa séduction potentielle. Et Bob passait la limite du potentiel, quotidiennement.

Bob était surtout incapable de respecter une femme au travail. Il ne me parlait que pour me reluquer de la tête aux pieds. Je sentais son regard me déshabiller en permanence, c'était terriblement gênant. Certes, dans un autre lieu, je pourrais comprendre ; je suis une très, très jolie femme et je l'assume parfaitement. Mais au travail, c'était devenu insupportable. Sans cesse ce sentiment d'être envisagée comme partenaire sexuelle, quand moi j'essayais de parler d'un dossier important. À chaque rendez-vous, je savais comment cela allait finir : aucun avis sur le dossier du jour, mais une invitation à boire un verre, une remarque salace, un commentaire à la limite du grossier. J'ai appris à mes dépens que quand j'entendais « tu es bonne », c'était loin d'être un compliment sur mes compétences professionnelles. Je vous l'accorde, je ne fais rien pour être discrète, mais je ne vois pas de raison objective pour laquelle je devrais mettre un col roulé et un pantalon large histoire de me fondre dans la masse. Je suis moi et je veux pouvoir l'être. La schizophrénie professionnelle, ce n'est pas vraiment mon truc et il me semble que cela ne devrait être le cas pour personne. Une entreprise s'enrichit des différences des uns et des autres.

– Et Bob ne vous respectait pas ?
– Professionnellement, vous voulez dire ? J'ai comme un doute effectivement. Vous me trouvez comment, vous ?
– Vous voulez dire, physiquement ?
– Bien sûr, physiquement.
– Mais je n'en sais rien Madame, ça n'a aucun rapport avec le sujet du moment. Pardonnez que je sois franc mais ici, c'est moi qui pose les questions.
– Je ne suis pas jolie ? C'est ça que vous voulez dire ?
– Mais cela n'a aucun rapport, je veux juste savoir si vous avez tué Bob.
– Eh bien voilà, vous, vous avez un comportement professionnel même si je vois bien que vous luttez contre le naturel

masculin qui ne demande qu'à revenir au galop. Vous ne me parlez plus de mon physique, même si vos yeux ne disent pas la même chose, mais c'est déjà mieux que Bob. Pour lui, je n'étais qu'un corps et il ne s'en cachait pas. C'était insupportable.
– Que voulez-vous dire par-là ?
– Pas une journée sans un commentaire sur mon physique, pas une semaine sans une invitation qui ne laissait aucun doute sur ses intentions.
– Il était lourd avec vous si je résume.
– Lourd n'est pas vraiment le mot, il était… Comment pourrais-je dire ? Sale. Voilà le mot, il était sale.
– Et donc, vous l'avez tué ?
– J'aurais adoré.

Bon, je vous l'accorde, c'est un peu idiot de dire ça à un policier, mais c'est pourtant vrai. J'aurais adoré l'occire. Ce n'est pas que Bob était un porc, il ne m'a jamais mis de main aux fesses par exemple, mais chacune de ses petites remarques me faisaient exactement le même effet. Ce qu'il prenait pour un compliment venait me gifler telle une insulte. Ses « *bonjour ma jolie* » ou ses « *très en beauté ma directrice communication aujourd'hui* », l'air fier comme un coq, m'étaient devenus insupportables. La seule protection envisageable était de ne plus y prêter attention, de me convaincre que cela faisait partie d'une sorte de normalité. Mais plus je jouais l'indifférence, plus il insistait, comme si le fait que je sois insensible à ses avances ne faisait que le motiver encore plus. Et c'était devenu pire avec cette histoire de string breton, il me semble. Bob avait des idées arrêtées sur tout, absolument sur tout. Sa vision de la femme datait d'avant la Seconde Guerre mondiale. Je ne plaisante absolument pas quand je dis qu'à mon sens, pour Bob, une femme qu'il qualifiait de normale était une jolie femme sans opinion et qui, si possible, reste au foyer pour s'occuper des enfants.

– Ah, Jeanne, ma directrice communication préférée.
– Directeur, Bob, directeur, c'est lassant de vous le répéter chaque jour, je vous avoue.
– Jeanne, je ne comprendrais jamais comment, avec le corps de déesse que vous avez, vous pouvez vouloir vous faire appeler comme un camionneur.
– C'est mon choix et je ne pense pas devoir vous l'expliquer à chaque fois, si ?
– Ouais, OK. Enfin bref. Vous en êtes où avec cette histoire de string ? Ça avance ?
– Doucement pour être franche. Je vous l'accorde, cela pourrait être plus rapide, mais il y a des points de blocage, indéniablement.
– Comment ça doucement ? Ça vous plaît pas ?
– Ce n'est pas ça Bob, mais je trouve que l'approche qui a été choisie est trop… comment vous dire… masculine.
– Comment ça masculine ?
– Le string est un produit pour femme, qui n'est pas nécessairement le dessous le plus confortable du marché, contrairement à ce qu'imaginent beaucoup d'hommes. Il me semble qu'un peu de finesse s'impose pour le mettre en avant.
– L'idée, c'est que ça soit sexy, non ?
– Tout à fait. Mais il y a une grande différence entre le sexy et le vulgaire.

– Ben je sais. Par exemple, vous, vous êtes super sexy et vous êtes pas vulgaire.
– Je pourrai le devenir si vous continuez sur cette pente.
– J'adore quand vous faites votre petite rebelle. Bref, en quoi c'est vulgaire notre positionnement ?
– Bob, je vais être franche, tous les produits qui ont été choisis par Patrick pourraient être portés par des femmes de petite vertu.
– Oui et alors ?
– Une femme qui porte un string n'est pas forcément de petite vertu et il me semble que notre entreprise est plutôt axée sur des produits de grande consommation, destinés à un public large.
– Ah mais ça, je suis tout à fait d'accord Jeanne, tout à fait d'accord. Par contre, faut quand même qu'une femme aguiche un peu, c'est important, ça, qu'elle aguiche.
– Bob, avez-vous déjà porté un string ?
– Non, quelle question ! Bien sûr que non, je suis pas un… enfin une… Bref, vous me comprenez.
– Vous devriez essayer, juste pour comprendre.
– Comprendre quoi ?
– Que tout ce que fait une femme n'est pas forcément pour les autres et encore moins pour les hommes, mais parfois pour se plaire à elle-même !
– OK, peut-être, mais regardez, vous, vous portez quoi là ?
– Ça ne vous regarde pas, Bob.
– Vu que votre jupe est serrée et qu'on ne voit aucune marque, j'imagine un petit string tout mignon.
– Bob, changez tout de suite de sujet.
– On est là pour parler de strings ou bien ?

– Oui, mais pas des miens, si ça ne vous dérange pas.
– Ah ben un peu quand même. Mais pas au bureau, c'est ça ?
– C'est ça.
– Eh bien si on en parlait autour d'un verre plus tard ?
– Non Bob, pour la millième fois, non.
– Vous êtes pas vraiment arrangeante, vous savez Jeanne. Heureusement que le Bob est un mec sympa, j'en connais d'autres qui pourraient se lasser.
– Oui… Et ils feraient quoi ces autres ?
– Ben, être moins sympas.
– Bien, Bob, je vais vous laisser sur ces paroles tout à fait déplacées et vous fais un mail avec mes remarques. Je suis convaincue que si nous positionnons le produit sur le charme et le confort, cela fonctionnera nettement mieux que sur le positionnement actuel vulgaire et ringard.
– Ben non, Jeanne, restez, on n'a pas fini.
– J'y vais, bonne journée Bob.
– J'adore vous regarder partir, quelle démarche, quelle classe.
– Je vous préviens, vous dites « quel cul », je me retourne et vous gifle.

Voilà le genre de réunion que j'avais avec Bob. La seule chose qui le retenait un peu était que je suis représentante syndicale et que je lui faisais donc peur. Je ne suis pas syndicaliste par conviction mais plus par protection. C'est assez perturbant, en tant que femme, de se dire que le patron vous respecte plus pour votre carte syndicale que pour votre personne. Très perturbant, à vrai dire. Je vous l'accorde, je suis légèrement têtue, mais je crois profondément qu'il faut des femmes comme moi pour faire avancer les choses. Je suis belle, j'assume et j'exige que l'on me respecte pour mon cerveau ! Ce n'est pas compliqué, tout de même. Je n'ai rien contre les hommes en particulier, mais je dois bien avouer que j'ai rarement travaillé avec un homme qui me regardait dans les yeux avant de regarder mon décolleté.

Si nous, les femmes, nous nous permettions ne serait-ce que le quart des réflexions sexistes que s'autorisent les hommes, ils deviendraient dingues. « *Dites Bob, vous avez pas pris du bide dernièrement ? Hein ? Oh et puis dis donc, c'est quoi ce pantalon qui moule pas vos petites fesses, hein ? Faut pas faire son timide !* » Je déteste ces hommes qui râlent en disant qu'avec l'affaire #MeToo, on ne peut plus rien dire en entreprise. Ce n'est pas qu'on ne peut plus rien dire, c'est juste que lorsqu'on travaille, c'est notre cerveau qui est concerné, pas notre corps. Quand je regarde tous ces hommes bedonnants de plus de trente ans, si je devais faire attention à leur physique avant de faire attention à leur cerveau, il y aurait bien longtemps que j'aurais arrêté de travailler, par dégoût ! Non Messieurs, je ne prends pas comme un compliment ce que vous pouvez me dire, mais comme un retour en arrière, au temps où les femmes n'étaient rien d'autre qu'un physique. J'ai un cerveau, ne vous déplaise. Il faudra peut-être passer par une phase où les femmes traiteront les hommes comme des objets. Si un jour je deviens patronne, c'est peut-être ce que je ferais. Le rêve. M'entourer de petits mignons que je pourrais humilier comme bon me semble, sans risquer quoi que ce soit. Mais, surtout, pouvoir assumer pleinement ma féminité et pourquoi pas l'utiliser pour me sentir supérieure. Ce que je trouve incroyable, c'est que je puisse imaginer et trouver cela presque normal. Il me semble qu'en y mettant un peu du nôtre, nous pourrions éviter d'en faire une guerre des sexes.

Vous allez me dire que j'aurais pu démissionner. Ce n'est pas faux, je vous l'accorde, et ce ne sont pas les propositions qui manquent. Je l'ai fait dans le passé, démissionner plutôt que de continuer à supporter les lourdeurs d'un boss. Mais ça, c'est du passé, j'en ai marre. Pourquoi serait-ce à moi de partir ? Pourquoi ça ne serait pas à lui de partir voir ailleurs, mieux, rêvons un peu, de changer ? C'est très injuste. Il voit plus mes fesses que mon cerveau et ça serait à moi de partir ? Cette fois, j'ai décidé que je ne le ferai pas, rien que pour faire du bien à mon cerveau et à mon ego. Je préférais encore ce ridicule pseudo-conflit larvé et frustrer ce crétin que de partir, voilà. J'ai décidé de nourrir mon ego professionnel pour une fois. Ce n'était pas facile tous les jours, mais c'était important pour moi. S'il voulait que je parte parce que je ne cédais pas à ses avances, il aurait dû me licencier et là, bon courage pour trouver un motif de licenciement que Jessica aurait trouvé acceptable. D'une certaine manière, rester était un acte de résistance féministe.

– Et donc, envie de tuer Bob ?
– Aucun doute à ce sujet, mais de là à passer à l'acte…
– Vous avez un alibi en béton, c'est ça ?
– Exactement, en béton armé.
– Qui est ?

– Je buvais un verre avec quelqu'un. Quelqu'un qui m'a raccompagnée chez moi par la suite.
– Et ce quelqu'un pourrait témoigner ?
– S'il le faut, j'imagine que oui.
– Il me faut son nom donc.
– Georges-Michel.
– Pardon ?
– Georges-Michel, le DRH.
– Ah ouais… Georges-Michel, le DRH, quand même.
– Oui. Cela a l'air de vous surprendre. Ce qui se passe en dehors des horaires de travail ne regarde que moi.
– Et pourquoi buviez-vous un verre avec lui ?
– Je l'aime bien Georges-Michel. Alors je l'ai invité à boire un verre.
– Dîner ?
– J'aurais bien aimé mais il m'a dit qu'il était déjà occupé.
– Pardon d'être indiscret, mais c'est un peu mon métier. Vous êtes en train de me dire que vous draguiez le DRH et que lui n'a pas donné suite ?
– Je ne le draguais pas, enfin pas vraiment. C'est compliqué. Oui, d'accord, je vous l'accorde, il me plaît bien avec ses airs de j'y touche pas et sa ressemblance avec Bruce Willis. Et quand nous sommes en comité d'entreprise, je dois avouer que son côté strict, sans concession, limite sévère, m'excite beaucoup. On ne dirait pas comme ça, mais il peut être très viril !
– Ouais. Enfin bon, donc, après il vous a raccompagné chez vous ?
– Comme un gentleman, oui.
– Et vous n'êtes pas ressortie ?

– Non, et j'imagine que la caméra de surveillance de l'entrée de mon immeuble pourra vous le confirmer.
– Ah.
– Eh oui, Monsieur l'inspecteur, désolé mais sur ce coup, aucune chance de me garder dans la liste des suspects.
– Je vois ça. Restez tout de même dans le coin Mademoiselle, on ne sait jamais.
– Madame.
– Pardon ?
– Vous avez dit Mademoiselle, or moi, c'est Madame.
– Quoi ? Vous êtes mariée ?
– Non, mais je me permets de vous faire remarquer que le mot « mademoiselle » a été supprimé de la langue française.
– Stupide.
– Ah bon ? Vous êtes marié Monsieur l'inspecteur ?
– Non.
– Et vous aimeriez que je vous appelle Damoiseau l'inspecteur ?
– Vous êtes complexe vous, complexe. Au revoir.

NOTE D'ENQUÊTE

Je viens d'interroger Jeanne Michon, la directrice de la communication. Quelle femme splendide ! Elle pourrait sans aucun problème faire la couverture de *Vogue* ou de *Elle*. Et elle le sait, attention hein, elle n'est pas du genre à faire sa timide. Non, non, elle envoie du bois la dame ! Le seul problème, c'est qu'elle est féministe, et ça gâche un peu le tableau, tout de même. Ah, elle veut qu'on dise Madame le directeur de la communication. Rien que ça, je ne comprends pas.

Note personnelle :
C'est bizarre cette mode du féminisme. Hyper agressif tout de même. Leur truc du #MeToo, ça a mis dans l'embarras pas mal de gars dernièrement. Bon, pour certains, je ne dis pas que ce n'était pas mérité, mais tout de même, si nous ne pouvons plus rien dire aux femmes, c'est dur. Surtout avec des spécimens comme Jeanne.

Bon, il faudra que je vérifie son alibi mais elle a l'air très sûre d'elle. Par contre, que Georges-Michel se retrouve encore au milieu de cette histoire, ça me chafouine ça. Visiblement, elle le drague et lui, il résiste. Vraiment ? Le sosie officiel de Pascal Obispo qui se fait draguer par Miss Monde et il résiste ? J'achète pas. Si j'avais son physique, déjà, je trouverais louche qu'elle s'intéresse à moi mais si je pouvais en profiter, je me gênerais pas. À moins... À moins qu'ils ne soient complices. Ils se fabriquent un alibi chacun de leur côté pour pouvoir agir tranquillement quand le moment opportun se présente.

Note personnelle :
Je me demande si Véronika est au courant que son amoureux fricote dans son dos avec Miss Monde. Faudrait que je mette tout ce petit monde dans une salle pour voir ce qui se passe quand je révèlerai toutes les vérités. Cela pourrait être amusant à voir. Un peu dans le genre des films d'Agatha Christie où Hercule Poirot réunit les suspects pour démasquer le coupable. Oui oh, ça va, je sais qu'elle n'a pas fait de film, mais moi, je vous rappelle, je ne lis pas, alors je ne connais que les films tirés de ses bouquins.

Et si Georges-Michel avait utilisé Jeanne pour se construire un alibi ? Il est vraiment louche celui-là avec ses airs de je n'y touche pas et sa ressemblance avec Pascal Obispo.
Ce qui m'étonne, c'est qu'elle n'a pas l'air naïve, Jeanne. Je ne l'imagine pas vraiment se faire manipuler aussi facilement. Un couple secret et diabolique ? Ah ça, je pourrais acheter.
Et puis quand elle me sort son discours sur le côté sévère du DRH, de là à ce qu'il soit violent, il n'y a qu'un pas.

Évaluation du suspect
Jeanne Michon. Bon, eh bien comme les autres, elle n'aime pas son patron. Par contre, l'inverse ne me semble pas tout à fait exact. Il faut dire que c'est une très belle femme, cette directrice. Bref, elle avait l'air de s'être habituée à cette situation et limite d'en faire un jeu. Malgré ce qu'elle dit, je me demande si elle n'aimait pas cela, se faire draguer...
Elle a l'air de bien aimer les hommes, ce qui se confirme avec sa relation avec Georges-Michel. Je me demande si elle connaît bien son travail tout de même. Elle m'a dit qu'elle voulait faire d'un string un truc pas sexy... Jamais entendu un truc aussi idiot.

Note de mobile : 2/20
Note d'opportunité : 1/20
Note de compétence : 5/20
Note de culpabilité : 2,66/20

CHAPITRE 10

MIKE

– Nom, prénom, fonction ?
– Délarmo Mike, standardiste.
– Comment ça, standardiste ?
– Oui, je suis le mec à l'accueil, qui en plus de recevoir les gens avec un grand sourire, gère le standard et passe les appels. Standardiste quoi.
– Mais vous êtes un homme.
– C'est rassurant de constater qu'un représentant de la police soit aussi observateur, bravo !
– Je suis désolé, ne le prenez pas mal, mais j'avais cru comprendre que Bob ne voulait que des femmes à ce poste et que c'est pour cela qu'il a muté Didier.
– Oui, c'est le cas.
– Et ?
– En fait, ma collègue fait le matin et moi l'après-midi.
– Mais vous êtes un homme quand même.
– Oui, mais mis à part le café qu'il demande le matin à ma collègue sans même lui jeter un regard, il ne me voyait absolument jamais.

– Il ne sortait jamais de son bureau ?
– Ah, si, mais vous savez, Bob ne regardait jamais ceux qu'ils pensent être des petits gens. Il voyait, j'imagine, une forme humaine au standard, avec des cheveux longs, alors je suppose qu'il pensait que j'étais une femme.
– Un prétentieux ?
– Un mélange de prétention, de bêtise et un je-ne-sais-quoi d'aveuglement. Bob venait d'un autre temps.
– Et donc, vous ne l'aimiez pas particulièrement ?
– Il m'était indifférent pour être franc. La meilleure réponse face au mépris, c'est l'indifférence.
– Vous parlez bien pour quelqu'un au standard.
– Parce que selon vous, quelqu'un au standard est forcément un illettré, une sorte d'abruti qui n'aurait pu trouver un autre emploi que celui-là ?
– Non, mais…
– Ne vous fatiguez pas, je vous taquine. Nous avons toutes et tous ce genre de préjugés. En fait, je suis étudiant en philosophie et j'ai trouvé ce travail il y a deux ans, parfait pour moi.

Être au standard, c'est observer tout ce qui se passe. J'ai parfois le sentiment de ne pas avoir plus d'importance que la machine à café, mais c'est ainsi que les personnes se comportent en ma présence : telles qu'elles sont et pas telles qu'elles prétendent être. Ils portent des masques du matin au soir et je m'amuse à voir au-delà de ces masques, leur réalité humaine, sans artifices. Cela passe par un regard, une attitude, un mot qui est dit ou ne l'est pas. Le monde de l'entreprise est fascinant pour cela et je dois dire que je suis particulièrement bien tombé en arrivant au Calbut Breton. Je suis jeune et n'ai pas grande expérience de la vie, mais c'est la troisième entreprise que j'observe de l'intérieur et je dois dire que je n'avais jamais vu quelque chose d'aussi dysfonctionnel. Moi qui fais ce métier avant tout pour payer mon studio et mes études, je n'aurais jamais pensé y trouver mon sujet de thèse !

– Et vous le viviez comment ce mépris ?
– L'être humain a une incroyable capacité d'adaptation vous savez. Si je devais mal vivre chaque contrariété du monde dans lequel je vis, je serai terriblement malheureux.
– Vous ne répondez pas à ma question.
– Il m'amusait.
– Vraiment ?
– Vous savez, je suis là pour observer, pas pour me faire des amis, ni flatter mon ego. Bob était un archétype, voilà tout.
– Un arc et type ? C'est quoi ça ?
– Un archétype. Il avait en lui absolument tous les éléments négatifs qu'un être humain peut avoir en tant que manager. Si vous deviez imaginer tous les défauts potentiels d'un manager, Bob les avait.
– À ce point ?
– Je vous assure, je le voyais parler aux gens, je l'observais du coin de l'œil en permanence et il était exceptionnel. Vous savez, si vous me demandez de ne citer ne serait-ce qu'une seule qualité professionnelle de Bob, je serai bien gêné.

Grossier, insensible, en retard en permanence, irrespectueux, prétentieux, lâche, ringard ; la liste des adjectifs pourrait être longue. Je pense que je finirai par écrire un livre sur cet homme tellement il est unique. Était unique, j'oublie encore qu'il est décédé. Quel dommage cette mort, il aurait pu accomplir tant de choses dans sa spécialité et surtout, m'aider dans ma thèse. En philosophie, l'aspect empirique a son importance. Je ne plaisante pas ! Quand un être humain est sur la pente de la médiocrité, il y a peu de chance qu'il remonte, à moins d'un miracle. La médiocrité a quelque chose de confortable pour quelqu'un qui l'expérimente. Aucun doute là-dessus. Il est plus compliqué et moins confortable d'être exemplaire. Et si la satisfaction purement morale que cela apporte ne motive pas un individu, il préférera le confort simple de la médiocrité. À ma connaissance, ce n'est jamais arrivé, une véritable rédemption du médiocre. Peut-être aurait-il pu avec des années de formation. À moins que l'échec cinglant vers lequel il se dirigeait allait lui permettre de se remettre, enfin, en question. Il y a dans la vie deux catégories de personnes face à l'échec : celles qui ne se relèvent jamais et restent engluées dans leurs problèmes en ressassant l'injustice dont elles pensent être la victime ; et les autres, celles qui se relèvent, parfois avec l'aide d'une béquille, qui cherchent à comprendre ce qui leur a fait ce croche-patte et qui, finalement, comprennent que l'échec les a fait grandir. Je crois que c'est le fondement même de la vie, comprendre ses échecs, grandir, ne pas regarder en arrière pour avancer, progresser. Celles et ceux qui regardent trop souvent en arrière finissent toujours par se prendre le tapis. Et du haut de mes vingt-cinq petites années, je le sais déjà. Bob avait l'arrogance des médiocres, celle qui l'a empêché de devenir un être humain meilleur.

– Et vous qui passiez votre temps à observer, à votre avis, qui a assassiné Bob ?
– Je vais être franc avec vous, je ne vois que deux possibilités.
– J'écoute.
– Soit il n'est pas mort, soit il s'est fait assassiner par tout le monde. Une sorte de rituel libérateur pour le Calbut Breton.
– Ah ouais, vous partez loin vous.
– Je ne sais pas, j'aime à penser que la solution la plus simple n'est jamais la meilleure.
– Enfin, dans un meurtre, c'est souvent le cas quand même.
– S'il y a eu meurtre.
– Mais comment ça, s'il y a eu meurtre ?
– J'observe vous dis-je. Et je ne suis pas certain que Bob soit mort. J'ai d'ailleurs, pardonnez-moi, un doute sur votre qualité de policier.
– Vous vous droguez, c'est ça ?
– Ni plus ni moins que tout le monde.
– Et le cadavre ?
– Mise en scène.

Je n'en sais rien de ce qui s'est passé, mais la chose dont je suis absolument certain, c'est qu'il faut toujours regarder au-delà de ce que nous voyons. Certes, Bob est mort. Mais je ne sais que ce que l'on m'a dit. Je ne suis là que l'après-midi. Et si j'étais la victime d'un gigantesque canular ? Ne vous y trompez pas, je ne suis pas paranoïaque, juste réaliste.

Si chacun d'entre nous, nous posions plus de questions et si, surtout, nous questionnions plus le monde, il y aurait moins de place faite à la déprime, aux *fake news* et autres manipulations qui n'ont rien d'autre comme objectif que de nous asservir et nous maintenir dans l'état que nous connaissons depuis toujours : apathique. J'ai personnellement décidé, il y a bien longtemps, de douter de tout. Je suis loin d'être le premier à agir ainsi. Mon illustre ancêtre, Descartes, en a fait toute une philosophie, jusqu'à nous démontrer que le doute est la base même de notre liberté. Je veux être libre, rien de plus. Vous savez, quand je regarde toutes ces personnes au Calbut Breton, je ne peux que constater la longueur du chemin qui nous mènera jusqu'à cette liberté. Toutes et tous se plaignaient de Bob mais lequel a-t-il essayé de faire quelque chose, concrètement, pour changer ? Aucun. Finalement, chacun jouait son rôle en étant persuadé qu'aucun changement n'était envisageable. Certains en étaient même pleinement satisfaits, sans pour autant se l'avouer. Je suis assez effrayé de voir à quel point l'être humain est capable de se plaindre d'une situation sans pour autant se révolter contre celle-ci et essayer de la faire évoluer. Nous, êtres humains, nous pouvons changer les choses. La société, et l'entreprise, a simplement tendance à vouloir nous faire oublier que nous avons ce pouvoir. Les résignés sont plus malléables et exploitables que les révoltés, voilà tout.

– Bon, vu comme vous êtes visiblement barré, j'imagine que vous allez me dire que vous n'avez rien à voir avec ce meurtre ?
– De ce fait, je n'ai pu commettre un meurtre qui n'existe pas à mes yeux.
– Vous êtes fatiguant vous !

– Parce que je ne vois pas le monde avec les mêmes lunettes que vous ?
– Non, juste parce que vous racontez un paquet de conneries.
– Comme ?
– Le meurtre qu'existe pas à vos yeux, il existe aux yeux des autres salariés du Calbut et, encore mieux, il existe pour moi.
– Et selon vous, leur vérité a plus de valeur que la mienne, car celle-ci valorise votre supposé rôle dans la société ? C'est bien cela ?
– Je comprends rien à votre phrase.

Douter de tout, tout le temps, voilà une énergie formidable. Ne pas se contenter de ce que l'on nous sert sur un plateau. Les gens râlent sans cesse sur les chaînes d'info qui nous manipulent soi-disant, mais ils oublient leur super pouvoir : ne pas les regarder. Nous sommes devenus une société de feignasses. *Fast-food*, *fast-news*, *speed-dating*… Tout doit être rapide et préfabriqué. Mais il est vrai que c'est plus simple et confortable. Douter, c'est regarder au-delà des apparences pour, éventuellement, se faire sa propre opinion, appuyée sur des faits qui n'appartiennent qu'à nous. Douter, c'est, avec du temps, se donner la possibilité de développer des certitudes qui ne sont pas fondées sur l'opinion des autres.

– Bon, vous, je vais faire fouiller votre bureau parce que vous m'avez pas l'air très clair.
– Comme bon vous semble, je n'ai rien à cacher, contrairement à vous.
– Ouais, bon, OK. Laissez tomber.

NOTE D'ENQUÊTE

Je viens d'interroger Mike Délarmo. Comment dire... Eh bien je n'ai pas compris grand-chose à ce qu'il m'a raconté, mais il est louche, très louche. Probablement un de ces *beatniks* sous acide qui se croient plus malins que tout le monde.

Note personnelle :
Je ne comprends pas comment ce type qui a l'air intelligent peut se contenter d'un boulot au standard. Je ne sais pas moi, si j'étais intelligent, je voudrais être patron, non ?

Il n'est pas idiot du tout. La théorie du meurtre collectif est amusante. Et honnêtement, c'est vrai que ça serait logique. Il n'y a pas une seule personne qui aime ni même respecte le patron de cette boîte.

Note personnelle :
Cela ne doit pas être simple de vivre en étant détesté par tout le monde. Je me demande même comment c'est possible. Tout est faux autour de soi. Sans le titre de patron, je pense que tout le monde lui

mettrait des gifles à longueur de journée. Ça doit pas être simple à vivre, hein patron... ?

Évaluation du suspect

Mike Délarmo. Bon, c'est l'allumé de la boîte, lui. Il n'aime pas le patron, mais visiblement, il l'intéresse beaucoup. Il fait des études de philosophie. Pas un métier, ça. Faire des études pour finir standardiste, c'est dingue. Mais bon, il ne détestait pas son patron, je crois. Cela lui servait pour ses études. Le Calbut Breton était un cas d'étude pour lui. Ça, patron, ça doit vous faire plaisir qu'un suspect potentiel ait pu passer du temps à étudier la victime. Bon, ça ne va pas nous servir à grand-chose vu qu'il n'est que standardiste, mais le cas est tout de même intéressant.

Note de mobile : 0/20
Note d'opportunité : 0/20
Note de compétence : 0/20
Note de culpabilité : 0/20

CHAPITRE 11

LA CONFRONTATION

Nous y sommes. Il va falloir confronter tout ce petit monde. Je vais faire mon Hercule Poirot. Est-ce que je sais qui a commis le crime ? Je vais probablement vous surprendre, mais oui. Et non seulement je le sais, mais je n'ai aucun doute à ce sujet. Mytho, moi ? Ah ça non. C'est vrai que vous me connaissez peu finalement. Tout le monde a eu l'occasion de se présenter de long en large et moi, rien du tout, c'est très frustrant pour être honnête. Malheureusement, même si j'adorerai vous raconter ma vie, ce n'est ni le lieu ni le moment. Disons, pour faire court, que j'adore mon métier, surtout quand il me permet d'exercer mon art de façon aussi géniale. Oui, Mesdames et Messieurs, mon art, j'ose utiliser ce mot.

Si vous croyez que c'est facile de passer pour un bon flic aux yeux de tous, vous vous trompez ; c'est extrêmement dur. Je sais bien que je ne suis pas toujours une lumière, mais l'âge aidant, je fais avec, je m'adapte au lieu de me morfondre. Je sais que je n'ai pas de jolis mots ni de belles manières comme Jean-Jacques ou Georges-Michel, mais je n'en suis pas moins intéressant. Cela m'a toujours fait de la peine que l'on évalue l'intelligence de quelqu'un au nombre de mots de plus de deux syllabes qu'il connaît. Vous savez, je peux aussi faire des phrases compliquées pleines de mots complexes. Mais je n'en ai pas envie, voilà tout. N'y voyez pas une frustration latente ou un complexe narcissique mal digéré du fait d'un traumatisme qui aurait été un élément constitutif d'une personnalité instable… Non, rien de tout ça, juste, ça m'agace.

Pendant longtemps, j'ai souffert qu'on me prenne pour un abruti, mais j'ai fini par comprendre qu'on était toujours le con de quelqu'un et que ça n'était pas très grave. Qu'un Jean-Jacques me méprise ne me mine pas le moral comme ça aurait pu être le cas il y a quinze ans. S'il me méprise, c'est qu'il doit être bien triste dans sa vie pour avoir besoin de ça pour exister. Je ne le juge pas, moi. En tout cas, pas en tant que personne. En tant que pro, c'est différent parce que là, c'est mon métier. Mais je ne fais pas de complexe d'infériorité alors que lui, clairement, si. Bref, il est complexé, pas moi. Je préfère ma position car au moins, moi, je ne peux avoir que de bonnes surprises dans ma vie.

Et je dois bien dire qu'en plus, je suis plutôt heureux dans mon job. Vous l'êtes, vous, heureux dans votre job ? Je sais que cette question du bonheur au travail est un grand débat. Personnellement, je n'ai jamais cru que l'on pouvait être heureux au travail. Si je gagnais le gros lot au Loto, croyez-moi, je changerais de travail à la minute même ! C'est la preuve que l'amour que j'ai de mon taff est tout de même limité. Faut bien manger comme on dit. Depuis que j'ai compris que je ne serai pas une super star, je vous assure, je suis parfaitement bien dans mes baskets.

Depuis quelques jours, je ne rencontre que des personnes qui ne sont pas heureuses au travail. Et pourquoi ? Parce que leur quotidien est pourri par un boss qui n'a de boss que le titre. Il leur a tout fait subir. Je comprends pourquoi j'ai eu à venir ici après avoir vu ce que j'ai vu. D'ailleurs, je suis bien content de penser ce que je pense et de vous dire ce que je vous dis quand je repense à tout ce que j'ai appris. Le pire dans cette histoire, c'est que je ne suis pas certain que qui que ce soit dans cette entreprise ait tiré le moindre enseignement de tout ce qui s'est passé. Tout le monde regarde son petit univers et son nombril, rien de plus. Bob est mort ? Qu'est-ce que ça va changer ? Ils imaginent que s'il est remplacé, ça sera mieux après ? Je vais vous dire, on sait exactement ce que l'on a, on a aucune idée de ce qu'on pourrait avoir à la place. Imaginez qu'il existe pire que Bob ? Attention, je ne dis pas qu'ils auraient dû trouver Bob génial, mais vu qu'ils ont l'air tous d'accord, ils auraient peut-être pu le faire changer…

Bref, je crois que vous êtes au courant de tout. Enfin, de presque tout. Je ne vous ai rien caché puisque vous étiez là à chaque instant. Vous savez qui a commis le crime ? Même pas une petite idée, non ? Bon, venez avec moi en salle de réunion, histoire de voir. J'ai très hâte. C'est la scène finale où tout le monde va tomber à la renverse en se disant « *Mais bien sûr, je suis trop bête de ne pas y avoir pensé ! C'était sous mes yeux et je ne l'ai pas vu !* » J'adore. Allez, on y va !

– *L'inspecteur :* Bonjour tout le monde. J'espère que vous allez bien. Je vous ai tous réunis pour faire un point et vous révéler la vérité sur cet atroce crime. Oui, vous allez tout savoir, et je pense que vous allez être légèrement surpris. Asseyez-vous autour de la table, s'il vous plaît.
– *Patrick :* Vous voulez dire qu'il y a un coupable parmi nous ?
– *L'inspecteur :* Asseyez-vous, je vais tout vous raconter.
– *Jessica :* Et vous faites ça devant tout le monde ? Vous croyez que c'est un *game*, c'est ça ? Vous vous faites votre petit *kiff* en nous torturant ?
– *L'inspecteur :* S'il vous plaît, asseyez-vous.
Bien. Comme vous le savez, je vous ai tous rencontrés lors d'interrogatoires et je dois dire que cela a été particulièrement instructif. Vous êtes une bonne bande de gens bizarres. Vous essayez tous de vous convaincre que ce que vous faites est normal, mais croyez-moi, ça l'est pas. Vous avez tous des secrets les uns pour les autres, certains sont amants, d'autres ennemis, beaucoup s'ignorent, mais vous avez toutes et tous quelque chose en commun. Vous savez quoi ? Alors, quoi ? Lâchez-vous !
– *Caroline :* Nous travaillons tous au Calbut Breton ?
– *L'inspecteur :* OK, merci Caroline, c'est évident. Mais autre chose… de plus précis, je dirais.
– *Patrick :* Nous kiffons tous travailler au Calbut Breton.
– *L'inspecteur :* Faudrait que vous parliez plus souvent avec vos collègues, Patrick. Vous êtes sérieux en disant ça ? Non, ce n'est pas ça. Alors ?
– *Jessica :* Ils vont bientôt tous être au chômage ?
– *Tous en cœur :* Quoi ?

– *Jessica :* Oh, ça va, c'est une *joke*. Sans Bob, la boîte va aller nettement mieux.
– *Georges-Michel :* Ah oui, vraiment ?
– *Jessica :* D'après Patrick, ça ne fait aucun doute.
– *Jeanne :* Ça c'est sûr, on pourra vraiment se concentrer sur notre travail au lieu d'avoir à écouter les idioties de Bob. Enfin, il me semble…
– *Véronika :* Je vois que les remords vous étouffent.
– *Patrick :* Oh ça va la veuve éplorée, j'ai pas l'impression que tu sois étouffée par le chagrin non plus !
– *Véronika :* Mais moi, je ne l'ai pas assassiné bande de lâches.
– *Mike :* Si je puis me permettre, moi non plus chère Véronika.
– *Brouhaha :* Mais moi non plus…
– *L'inspecteur :* Silence ! Ce que vous avez en commun, c'est que vous n'en avez strictement rien à faire de Bob. Pour beaucoup, vous le détestiez même. Je ne veux même pas savoir si c'était pour de bonnes ou de mauvaises raisons, ce n'est pas la question. J'ai passé beaucoup de temps avec vous pour comprendre la nature de vos relations avec votre patron et vous étiez unanime, vous ne l'aimiez pas, pas du tout, même vous Véronika.
– *Véronika :* Pardon ?
– *L'inspecteur :* Oui Véronika, même vous qui devenez actionnaire majoritaire et pouvez tranquillement faire ce que vous voulez de l'entreprise avec votre DRH d'amant.
– *Jessica : What* ? Oh *fuck*, j'y avais pas pensé ! T'es maline, dis donc. J'aurais dû me méfier, *I knew it*.

– *Véronika :* Non mais ça va pas, Jessica ? Tu crois quand même pas que j'aurais pu tuer quelqu'un ?
– *Jessica :* Toi non, mais ton *lover*, je sais pas trop.
– *Georges-Michel :* Pourriez-vous me laissez en dehors de tout ça, s'il vous plaît ? L'amant assassin, c'est un peu facile, d'autant plus que, d'un point de vue tout à fait technique, je n'ai pas le statut d'amant caché, je ne vois pas bien ce que j'aurais eu comme intérêt à occire Bob.
– *Jean-Jacques :* Votre entreprise est décidément plus proche du Veaudeville que d'une entreprise industrielle.
– *Patrick :* Ah toi, la princesse, ferme-la, t'a été viré.
– *Jean-Jacques :* Pas encore officiellement, cher ami.
– *Patrick :* Forcément, tu l'as tué avant même qu'il ait pu confirmer la fin de ta période d'essai. Malin Monsieur le comte.
– *Jean-Jacques :* Mais que vous êtes perspicace. Je vais risquer vingt années d'emprisonnement pour pouvoir garder un poste que je déteste dans une entreprise que je méprise, entouré de collègues incultes qui me semblent souvent être plus proches du règne animal que d'êtres humains. Vous avez tout à fait raison, quel talent, quelle perspicacité, Patrick. Alors que vous, sachant que maintenant Bob a disparu et que vous allez avoir une promotion, forcément, vous n'avez rien à voir dans cette affaire…
– *Patrick :* Tu sous-entends quoi ?
– *Jean-Jacques :* Je ne sous-entends absolument rien, juste qu'il n'y a aucun doute que le crime vous profite directement, contrairement à moi.
– *Patrick :* Et ma main dans ta gueule, tu veux voir à qui elle profite ?

– *L'inspecteur :* Un peu de calme, s'il vous plaît.

– *Patrick :* Ouais enfin, l'autre vient quand même de m'accuser de meurtre.

– *L'inspecteur :* ON SE CALME. Georges-Michel, Véronika, Patrick, Jessica ou Jean-Jacques n'ont absolument rien à voir dans cette affaire. Ils sont blancs comme neige, aucun doute.

– *Mike (s'adressant à Caroline et Jeanne) :* Eh bien Mesdames, on dirait que le harcèlement moral et le harcèlement sexuel peuvent mener loin…

– *Caroline :* Mais je n'y suis pour rien moi ! J'ai besoin de ce travail !

– *Jeanne :* Et moi, j'ai un alibi en béton.

– *L'inspecteur :* Votre alibi avec Georges-Michel n'est pas tant en béton que cela, mais comme le DRH est innocent, effectivement, vous êtes innocente.

– *Véronika :* Quel alibi avec Georges-Michel ? C'est quoi cette histoire ?

– *Georges-Michel :* Rien du tout poussinou, je t'expliquerai.

– *Véronika :* Poussinou ? Tu vas voir dans quel état il va te mettre le poussinou !

– *Jeanne :* Et pourquoi ça ne serait pas toi, Mike ? Avec tes airs de j'y touche pas et ton look de Jésus-Christ ?

– *Mike :* Bob ne m'adressait pas la parole et ignorait même mon existence.

– *Jeanne :* Justement, t'en as eu marre d'être ignoré.

– *Mike :* Il est certain que j'étais moins proche de Bob que vous de Georges-Michel.

– *Véronika :* Mais je vais…

– *L'inspecteur :* Du calme, s'il vous plaît. Vous laverez votre linge sale en famille plus tard, OK ? Caroline, vous inquiétez pas, vous y êtes pour rien non plus. Mike, vous auriez pu être coupable pour des raisons philosophiques et ça aurait été assez *fun* mais non, vous ne pouviez pas, matériellement, le faire.

Tous les regards se retournent vers Didier qui visiblement n'a pas compris la situation. Il est assis, tranquillement, sans vraiment réagir. Un silence pesant se met en place pendant quelques secondes, jusqu'à ce que Didier s'en rende compte.

– *Didier :* Quoi ?
– *Georges-Michel :* Comment ça, quoi ?
– *Didier :* Ben oui, quoi ? Pourquoi vous me regardez tous ?
– *Patrick :* Non mais tu le fais exprès ou bien ?
– *Didier :* Quoi ?
– *Jean-Jacques :* Didier. Si je ne suis pas coupable, que Véronika, Patrick, Jeanne, Jessica, Caroline, Mike et Georges-Michel sont innocents, selon vous, qui est coupable ?
– *Didier :* Moi ?
– *Jean-Jacques :* Et ça ne vous fait pas plus d'effet que ça ?
– *Didier (comprenant enfin ce qui se passe) :* Hein ? Mais j'ai rien fait moi ! Ça va pas ? Si Bob est mort, il y a de fortes possibilités que je sois viré. Pourquoi je l'aurais tué ? Mais non, non, non, c'est pas moi. Arrêtez de me regarder comme ça, j'ai rien à y gagner.
– *L'inspecteur :* Effectivement, ce n'est pas vous. En fait, le responsable de toute cette affaire n'est pas dans cette salle au moment où je vous parle.

– *Jessica :* Je vous demande pardon ?
– *L'inspecteur :* Personne dans cette salle a fait quelque chose. La personne qui a tout organisé va arriver dans quelques instants. Ce qui est formidable dans cette histoire, c'est que vous connaissez toutes et tous l'assassin, mais que vous n'avez rien vu venir. Vous ne vous doutez de rien. Quand je suis arrivé ici, je me suis dit que le coupable serait découvert au bout de cinq minutes tellement le plan élaboré était gros, pour ne pas dire stupide…

À ce moment précis, la porte s'ouvre brusquement, une silhouette apparaît et s'avance… Bob.

– *Bob :* Hey, salut bande de taches ! Alors, comme ça, on me pensait mort ?
– *Jessica :* Mais…
– *Bob :* Eh ouais Jessica, désolé, mais t'es pas débarrassée du Bob. Ça vous défrise tous, hein ? Immortel le Bob !
– *Georges-Michel :* Mais…
– *Bob :* Désolé aussi Monsieur l'ex-DRH qui se tape ma femme dans mon dos, l'officiel est pas encore mort. Eh oui les gars, j'ai monté tout ça pour savoir ce que vous pensiez de moi. Tous vos interrogatoires étaient filmés et j'ai tout vu. Je dois dire que c'est pas joli tout ça.
– *Patrick :* Génial, trop fort Bob.
– *Bob :* Eh ouais, trop fort. Pas trop déçu de pas avoir de promotion le gros faux-cul ? J'aime pas les faux-culs. Viré le Patrick. Moi qui ai tout fait pour vous, c'est comme ça que vous me remerciez ? C'est même pas que vous me décevez, c'est pire !

– *Jean-Jacques :* Pire que déçu, pardonnez mon souhait de vouloir être précis, mais qu'est-ce ?

– *Bob :* Bon, il va sans dire que la lettre de rupture de ta période d'essai est signée hein, Monsieur le comte.

– *Jeanne :* Mais vous êtes un grand malade !

– *Bob :* Peut-être, mais je suis un grand malade qui a un job, contrairement à toi petite prétentieuse sans cœur.

– *Jessica :* Mais comment ? *How* ?

– *Bob :* Comment ? C'est simple. Je vous présente Gregory Lafouine, très vieil ami, acteur et grand spécialiste de caméra cachée. Tout était faux et surtout, tout était filmé.

– *Jessica :* Mais… Pourquoi ?

– *Bob :* Juste pour savoir ce que tout le monde pense de moi. Je suis un bon boss, figurez-vous, et je m'intéresse à vous. Je dois dire que je suis déçu. Je pensais que vous m'aimiez bien, c'est vrai quoi, je donne tout à la boîte. Mais dites donc, il regrette pas le voyage le Bob.

– *Jessica :* Vous ne pouvez pas virer tout le monde.

– *Bob :* Mais je ne vire pas tout le monde. Caroline et Didier sont pas virés. Ils sont nuls, mais ils sont pas virés. Ils sont utiles, eux. Contrairement à tous les autres qui ne pensent qu'à me piquer mon poste, ma femme ou mes actions.

– *Véronika :* Je ne suis plus ta femme, Bob, depuis des années.

– *Bob :* Ça va hein, joue pas sur les mots. Tu vaux pas mieux que les autres. Bref, Mesdames et Messieurs, prenez vos cliques et vos claques, sauf toi mon Didier et vous, ma Caroline, et dégagez. D'ailleurs Caroline, si vous êtes libre, on pourrait fêter ça devant un petit dîner, hein ? C'est important, ça, de dîner.

– *Georges-Michel :* Bob, vous ne pouvez procéder ainsi.
– *Bob :* Et qu'est-ce qui m'en empêche Monsieur-je-sais-tout, hein ?
– *Georges-Michel :* Pour être concis, je dirai la loi.
– *Bob :* Je l'emmerde la loi. Ici, au Calbut Breton, la loi, c'est moi et je vous dis que vous êtes tous virés du Calbut. Ce qui se passe au Calbut reste au Calbut. Vous êtes virés. Point final.
– *Georges-Michel :* Sur quelle base je vous prie ?
– *Bob :* Sur la base que votre gueule me revient pas, la voilà la base. C'est important, ça, que la gueule de mon équipe me revienne, non ?
– *Georges-Michel :* Je n'en doute à aucun instant mais ce n'est pas légal.
– *Bob :* Tu sais que tu me saoules Pascal Obispo ?
– *Jessica :* Stop !
– *Bob :* Non parce que…
– *Jessica :* J'ai dit STOP ! Jusqu'à preuve du contraire, je suis actionnaire majoritaire de cette entreprise et maintenant, ça suffit. Bob, ce que vous avez fait est, comment vous le faire *understand* clairement… Génial ! C'était génial ! Bravo ! Ça, c'est du *team building* !
– *Bob :* Vous… vous trouvez ?
– *Jessica :* Mais *yes yes yes* ! Brillant ! Vous avez fait vivre une expérience unique à votre équipe, et c'est quoi être un boss si on ne fait pas vivre une expérience à son équipe ?
– *Bob :* C'est important, ça, l'expérience.
– *Jessica :* Donc, bravo à toutes et à tous, vous allez reprendre vos postes et faire en sorte que la boîte soit enfin rentable.
– *Bob :* Mais…

– *Jessica :* Encore *one word* et je vous fusille en place publique.
– *Bob :* Ah, OK. Fusillé en place publique.
– *Jessica :* C'est ça.
– *Bob :* Ah.
– *Jessica :* Comme vous le savez, il nous reste un peu de travail pour que le Calbut Breton soit au top, *right* ? Alors je vous propose un truc tout simple. Dès que le Calbut Breton devient numéro un du marché, je multiplie le salaire de tout le monde par deux. *Right* ?
– *(Silence)*
– *Jessica : What* ? Georges-Michel, c'est pas OK ? Pas motivé ?
– *Georges-Michel :* Mais, Bob ?
– *Jessica : What* Bob ?
– *Bob :* C'est ça, *what* Bob ?
– *Jessica : Shut up you, stupid thing.*
– *Bob :* Ah… OK.
– *Georges-Michel :* Il reste au Calbut Breton ? Vous le confirmez dans son poste ?
– *Jessica :* Pas le choix, son contrat m'obligerait à lui verser un *golden* parachute trop important. Ça coulerait le Calbut tout de suite.
– *Patrick :* Et donc ?
– *Jessica :* Et donc Bob reste votre boss, mais à partir de demain, tous les jours, vous allez le noter.
– *Bob :* Pardon ?
– *Jessica : Shut the fuck up, please.*
– *Bob :* J'oubliais, pardon.
– *Jeanne :* Le noter ?

– *Jessica :* Oui, vous le noterez, sur ses qualités en tant que patron. Dès qu'il aura une journée en dessous de la moyenne, il perdra un pourcent de sa potentielle future augmentation.
– *Bob :* Mais… Je suis un bon patron…
– *Jean-Jacques :* Doux Jésus !

Et c'est ainsi que la vie recommença au Calbut Breton. Chaque jour, Bob, plein de certitudes, dut se remettre en cause, noté qu'il était par les membres de son équipe.

L'histoire ne dit pas si le Calbut Breton est devenu leader sur son marché. En revanche, elle raconte que nous avons tous un regard subjectif sur la personne que nous sommes en entreprise. Sommes-nous Bob ? Chaque jour ? Cela serait inquiétant. Une fois de temps en temps sans même nous en rendre compte ? C'est plus probable, malheureusement. Mais, que vous soyez Bob, Jeanne, Caroline, Patrick, Georges-Michel, Jessica, Mike, Jean-Jacques, l'inspecteur ou un peu de chaque, au travail, rien n'est immuable, même pas soi. La vie professionnelle est faite de progrès. Le jour où ce ne sera plus le cas, il sera certainement temps de se remettre en cause ou de partir à la retraite.

La vie en entreprise n'est pas toujours rose. Le bonheur est une illusion. Le bien-être, en revanche, est un état concret que vous pouvez travailler et faire grandir, chaque jour. Quel que soit votre métier, quelle que soit votre position hiérarchique, vous pouvez arriver le matin sans avoir la boule au ventre et passer des soirées sans penser au travail. Oui, votre bien-être au travail dépend de vous. Les personnages de ce livre sont bien tristes mais si vous y regardez à deux fois, ils n'ont pas fait grand-chose pour que cela change. Aussi mauvais soit Bob, il est loin d'être le seul responsable. Nous avons tous le choix de nous exprimer, de refuser certaines situations, d'en parler afin de trouver un compromis. Vous allez me dire que ce n'est pas toujours facile, qu'il est des situations où se taire semble la seule option. Pourquoi ? Peur de vous faire licencier ? C'est vrai, c'est une option. Mais il faut faire preuve de courage. Si toutes les bonnes volontés se réunissaient pour faire de l'entreprise un endroit où il fait bon vivre, aucun doute que la France ne compterait pas 10 % de ses salariés en *burn-out* ou proches de l'être.

Heureusement, il n'existe pas que des Bob en entreprise… Beaucoup forment leurs managers et font en sorte que la culture managériale soit plus orientée vers la libération de la parole. Nous sommes responsables en premier lieu de notre propre bien-être au travail. Quelle que soit notre situation, nous pouvons avoir un impact positif dessus, même si notre boss nous fait penser à Bob. Manager son propre manager n'est pas une illusion, mais ça, c'est une autre histoire…

SOMMAIRE

79745 - (I) - BOU 80° - NOC - MPN
Dépôt légal : mars 2020
Imprimé en Italie par Grafica Veneta S.p.A., Trebaseleghe (PD)

11-M. Pudo evitarse

FERNANDO REINARES

11-M. Pudo evitarse

Galaxia Gutenberg

Publicado por
Galaxia Gutenberg, S.L.
Av. Diagonal, 361, 2.º 1.ª
08037-Barcelona
info@galaxiagutenberg.com
www.galaxiagutenberg.com

Primera edición: marzo de 2024

Preimpresión: Fotocomposición gama, sl
Impresión y encuadernación: Romanyà-Valls
Sant Joan Baptista, 35, La Torre de Claramunt-Barcelona
Depósito legal: B 2728-2024
ISBN: 978-84-10107-42-7

En memoria de las víctimas de los atentados del 11 de marzo
de 2004 en Madrid y del posterior 3 de abril en Leganés

A Marián Aguilar-Eguílaz

Índice

Prólogo

Para que ocurran atentados terroristas como los del 11 de marzo de 2004 en Madrid, el 11-M, tiene que haber terroristas con voluntad de llevarlos a cabo. Ahora bien, esta es una condición necesaria pero no suficiente para que se produzcan. Si aconteció una matanza terrorista de las características que tuvo la perpetrada en los trenes de Cercanías fue también porque los terroristas consiguieron sortear el sistema español de lucha contra el terrorismo.

En línea con lo que era y es común en los sistemas de lucha contra el terrorismo propios de las democracias liberales, España contaba entonces con secciones especializadas de las fuerzas policiales y de los servicios de inteligencia que actuaban de acuerdo con la legislación existente y bajo supervisión judicial, de tal modo que esas agencias e instituciones pudiesen beneficiarse de la cooperación internacional e incluso de la colaboración ciudadana.[1]

A diferencia de otros países de nuestro mismo entorno europeo, sin embargo, cuando ocurrieron los atentados del 11-M España contaba con un sistema de lucha contra el terrorismo muy desarrollado y eficaz, resultado de décadas de experiencia en hacer frente principalmente –aunque no sólo– al terrorismo de Euskadi ta Askatasuna (ETA).

¿Qué es, entonces, lo que pasó? ¿Qué es lo que falló? ¿Cómo

fue posible que los terroristas del 11-M eludieran los múltiples controles atribuibles a un sistema de lucha contra el terrorismo tan desarrollado y eficaz como lo era ya en aquellos momentos el español?

Se ha postergado demasiado tiempo una reflexión nacional serena y rigurosa sobre las circunstancias que permitieron a los terroristas del 11-M preparar y ejecutar los atentados sin más impedimentos que el alcance de sus habilidades. Cabe pensar en esa demora como resultado de la fractura política y de la división social que siguieron a la matanza en los trenes de Cercanías, añadiéndose a los 192 muertos y los más de 1.800 heridos que ocasionaron los atentados, así como –aunque no se trate de valores comparables en magnitud a la pérdida y menoscabo de vidas humanas– a su impacto emocional sobre la población y a sus costes económicos.[2]

Hubo una Comisión de Investigación sobre el 11-M en el Congreso de los Diputados, entre mayo de 2004 y julio de 2005, pero sus sesiones se vieron seriamente afectadas tanto porque al mismo tiempo se estaba instruyendo el sumario por la matanza en los trenes de Cercanías como porque el desencuentro acerca del tema era entonces muy intenso entre los partidos y desde estos se proyectó entre la ciudadanía.

Como explico y documento en las páginas que siguen, el hecho de que los principales terroristas del 11-M fueran bien conocidos de antemano en distintas unidades de las Fuerzas y Cuerpos de Seguridad del Estado (FCSE), que incluso estaban siguiendo a un buen número de quienes prepararon y ejecutaron los atentados de Madrid, explica que estos últimos fuesen un fallo policial.

Ese conocimiento policial permitió impedir que los terroristas cometieran nuevos atentados tras el 11-M, pero no evitó que los terroristas llevaran a cabo su voluntad de matar en los trenes de Cercanías. Se ignoró el «efecto bumerán», es decir, se ignoró que una actuación contra el terrorismo de especial significación o de gran envergadura puede motivar una reacción de venganza por parte de terroristas relacionados con el grupo o la organización a la cual se ha asestado un serio golpe.[3]

En el caso del 11-M, la actuación contra el terrorismo que desencadenó deseos de venganza fue la Operación Dátil, cuya fase primera y principal se desarrolló en noviembre de 2001 en Madrid. Esta actuación policial supuso el mayor golpe asestado a las estructuras de Al Qaeda en los países de Europa occidental tras los atentados del 11 de septiembre de 2001 en Nueva York y Washington.

Entre los individuos que no pudieron ser detenidos y encarcelados en el marco de esa actuación policial estuvieron, no por casualidad, el instigador de la venganza contra España y quienes, siguiendo sus instrucciones, se movilizaron para formar, entre marzo de 2002 y agosto de 2003, la red terrorista del 11-M.

Pero hubo otros actores y otras instituciones del sistema español de lucha contra el terrorismo cuyas deficiencias y cuyo malfuncionamiento impidieron que el Cuerpo Nacional de Policía (CNP) y la Guardia Civil (GC), o ambos cuerpos actuando conjuntamente y en coordinación con otros organismos competentes, frustraran las intenciones de los terroristas.

El 11-M supuso un fallo policial que se vio favorecido por una legislación inadecuada para perseguir yihadistas y un desatino judicial que hasta los reforzó, por la descoordinación

y desconfianza entre los servicios antiterroristas, por la visión desenfocada de una agencia de inteligencia que estaba en proceso de adaptación, por una cooperación internacional decepcionante que no ayudó y por determinados entornos permisivos de los que se beneficiaron los terroristas. En el trasfondo, una sociedad que no había definido ese terrorismo como problema y unas élites políticas que no lo habían incorporado a sus agendas. En ese sentido, puede afirmarse que el 11-M fue un fallo sistémico, un fallo del sistema español de lucha contra el terrorismo en su conjunto.

Así pues, el 11-M pudo haberse evitado si el conocimiento policial previo que se tenía sobre distintos terroristas implicados hubiera sido bien interpretado, si la legislación y el entendimiento judicial del terrorismo yihadista hubiesen sido adecuados, si no hubiese faltado coordinación y confianza entre servicios antiterroristas, si se hubiese contado con una agencia de inteligencia adaptada a la amenaza, si algunos países de nuestro entorno hubiesen cooperado más o mejor y si quienes, en las colectividades musulmanas o al margen de ellas, sospecharon de allegados o conocidos hubiesen antepuesto la lealtad cívica a otro tipo de lealtades. A todo ello habría coadyuvado una apropiada concienciación política y social sobre la evolución del yihadismo en España.

En suma, cuando tuvieron lugar los atentados del 11-M, España contaba con un sistema de lucha contra el terrorismo muy desarrollado y eficaz. Pero muy desarrollado y eficaz en la lucha contra el terrorismo de ETA, al igual que contra otras expresiones nacionales del fenómeno terrorista.

Ahora bien, el sistema no estaba igualmente preparado para hacer frente a los desafíos de un terrorismo internacional, rela-

cionado de manera directa o indirecta con Al Qaeda, que se había configurado y extendido globalmente como amenaza durante los años noventa del pasado siglo.

Laguardia, Rioja Alavesa
Enero de 2024

I

Una doble voluntad de venganza: Amer Azizi, Al Qaeda y el «ajuste de viejas cuentas» con España

Hay suficiente evidencia para concluir que el marroquí Amer Azizi fue el ideador primigenio y el inductor principal de los atentados del 11 de marzo de 2004 en Madrid. Es decir, quien primero pensó ejecutar en España una matanza terrorista que finalmente ocurrió como la conocimos aquel infame día. Y también quien destacó por encima de cualquier otra persona en la movilización de los individuos necesarios para materializarla.

Pero Azizi no fue el único que concibió una atrocidad semejante en y contra España, pues asimismo lo hizo públicamente, aunque con posterioridad, Osama bin Laden, entonces máximo dirigente de Al Qaeda. Además, es verosímil pensar –enseguida se entenderá la razón– que algunos dirigentes de esta organización yihadista, vinculados a su mando de operaciones externas, compartieron la condición de inductores del 11-M.

La evidencia sobre Azizi deriva no solo de la documentación policial y judicial disponible en la Audiencia Nacional, que contiene valiosa información sobre personas relacionadas con el entramado terrorista que preparó y perpetró los atentados de Madrid.[4] Esa evidencia sobre Azizi deriva asimismo de los hallazgos de mi propia investigación académica, desde que

el 19 de diciembre de 2008 encontré, durante una estancia en Londres, el primer indicio al respecto en una sentencia contra miembros británicos de Al Qaeda dictada el día anterior por un tribunal de Manchester.[5]

Este veredicto imponía prisión permanente a un británico de origen paquistaní por sus actividades como lugarteniente de Al Qaeda entre 2003 y 2005. Entre los argumentos se subrayaba que dicho individuo tuvo varios contactos del mayor nivel en la jerarquía de la organización yihadista. El más importante era el de jefe de operaciones externas de Al Qaeda en ese tiempo, un egipcio llamado Hamza Rabia. Pero otro correspondía a un tal Ilyas *the Spanish*, es decir, Ilyas el Español.[6] Había pues un español o alguien relacionado con España en el mando central de Al Qaeda cuando ocurrió el 11-M.

Este y otros hallazgos están contenidos y documentados en el libro *11-M. La venganza de Al Qaeda*.[7] Aquí solo resumo algunos sobre dónde y con quién estaba Azizi cuando decidió atentar en España, cuándo y cómo transmitió instrucciones a unos allegados yihadistas asentados en Madrid sobre quienes tenía un gran ascendiente para que iniciasen el embrión de la red del 11-M, o en qué circunstancias y contexto logró que los líderes de Al Qaeda aprobaran y facilitaran los atentados de Madrid.

Al Qaeda asumió la responsabilidad de estos atentados el mismo 11 de marzo de 2004, hacia las 20:30, hora peninsular española, mediante un comunicado remitido a *Al Quds al Arabi*, conocido diario en lengua árabe que se publica en Londres. El director de este diario venía siendo destinatario preferente de los comunicados de Al Qaeda desde el primero emitido por la organización yihadista en 1996.

En ese comunicado, Al Qaeda justificaba la matanza en los trenes de Cercanías como «parte de un ajuste de viejas

cuentas con la cruzada España».[8] Una referencia, esta última, a la persecución policial y a la acción judicial emprendidas en España, desde noviembre de 2001, contra individuos relacionados con la célula que Al Qaeda había mantenido en España durante siete años. Su desmantelamiento fue el objetivo de la Operación Dátil, llevada a cabo por el CNP y, más concretamente, por su Unidad Central de Información Exterior (UCIE), parte de la Comisaría General de Información (CGI).

La Operación Dátil fue la más transcendental intervención contra el terrorismo yihadista en España hasta ese momento y la mayor actuación policial contra Al Qaeda desarrollada en Europa occidental tras los atentados del 11 de septiembre de 2001 en Nueva York y Washington, los atentados del 11-S.[9]

Antes de que, en julio de 2006, terminase la instrucción del sumario del 11-M, lo que se sabía de Azizi es que, nacido en 1968 cerca de Casablanca, donde cursó estudios universitarios, emigró a España a finales de los ochenta o inicios de los noventa, hizo suya una versión fundamentalista y excluyente del islam, conoció a una española con la que contrajo matrimonio después de que ella se hubiera convertido al islam, se radicalizó en el yihadismo y para mediados de esa década fue incorporado por Imad Eddin Barakat Yarkas –más conocido como Abu Dahdah– a la célula de Al Qaeda que este último lideraba ya entonces en Madrid.[10]

Azizi destacaba en esta célula como agente de radicalización y reclutamiento. Recibió entrenamiento terrorista en Bosnia y –al menos en dos ocasiones, 2000 y 2001– en Afganistán, a cuyos campos enviaba marroquíes residentes en España.[11] Era el miembro más reverenciado de la célula después de su lí-

der, para quien ejercía como hombre de confianza. Incluso estuvo entre los facilitadores del notorio encuentro que Mohamed Atta y otro destacado miembro de la célula de Hamburgo tuvieron en julio de 2001, para ultimar detalles de los atentados del 11-S, entre las localidades tarraconenses de Salou y Cambrils.[12]

En el curso de la Operación Dátil que desmanteló la célula de Al Qaeda a la que pertenecía Azizi, se detuvo a la mayoría de los integrantes de la célula de Abu Dahdah. Pero no a todos. Azizi no estuvo entre los detenidos porque se encontraba en Irán ocupado en asuntos relativos al tránsito hacia Afganistán de yihadistas radicalizados y reclutados en España.

Cuando resultó obvio que Azizi estaba huido, el 23 de noviembre de 2001 se emitió contra él una orden de búsqueda, detención e ingreso en prisión por pertenencia a banda terrorista. Entre los documentos que la policía halló en su domicilio de Madrid había uno, expresamente marcado por el propio Azizi, en el cual se define la yihad como «una de las acciones más elevadas a las que puede entregarse un musulmán en su vida».[13]

El 17 de septiembre de 2003, el Juzgado Central de Instrucción número 5 de la Audiencia Nacional dictó auto de procesamiento contra Azizi.[14] Para entonces, este llevaba tiempo encuadrado en la matriz de Al Qaeda, a la que se había incorporado apenas llegado a Pakistán huyendo de la persecución policial que sobre los seguidores de Abu Dahdah se había iniciado en España. Pero determinado a vengarla.

Incorporarse a esa matriz de Al Qaeda en Pakistán no fue difícil para Azizi, con sobradas credenciales de su compromiso yihadista no sólo por sus actividades en España sino también por sus estancias en campos de entrenamiento de la propia organización yihadista y del Grupo Islámico Combatiente Libio

(GICL) en Afganistán, al igual que por sus estrechos vínculos con integrantes del Grupo Islámico Combatiente Marroquí (GICM).[15]

Ya estaba concluido el sumario sobre el 11-M cuando se empezó a conocer bastante más sobre Azizi, incluyendo su papel como cerebro de los atentados de Madrid. A raíz del impacto de un misil lanzado el 1 de diciembre de 2005 desde un dron estadounidense contra un edificio en la localidad de Haisori, en el noroeste de Pakistán, para matar al antes mencionado Hamza Rabia, pudo averiguarse que desde 2003 su adjunto era Azizi, pues falleció asimismo como consecuencia del ataque. Es decir, Azizi ocupaba la posición de adjunto al entonces jefe del aparato de operaciones externas de Al Qaeda –el dedicado principalmente planificar atentados en países occidentales– cuando tuvieron lugar los atentados de Madrid.

A las autoridades estadounidenses les llevó algún tiempo confirmar la identidad de Azizi. Hasta septiembre de 2006 no compartieron con las españolas esa información. Entonces lo hicieron mediante un mensaje en el que se leía lo siguiente: «Nos complace informar a sus servicios que Amer Azizi, buscado por su Gobierno por tener vínculos con Imad Eddin Barakat Yarkas, fue identificado recientemente como Jafar al Maghrebi, alias Ilyas, activista de Al Qaeda con base en Pakistán. Jafar trabajó directamente a las órdenes de Hamza Rabia, anterior jefe de operaciones exteriores de Al Qaeda. Ambos individuos fueron abatidos en diciembre de 2005».[16] Ilyas. Ilyas *el Español.*

Un mes después, en octubre de 2006, las autoridades estadounidenses aportaban a las españolas algo más: «En el mo-

mento de su muerte, Azizi estaba estrechamente vinculado al entonces jefe de operaciones externas de Al Qaeda, Hamza Rabia. Nuestra valoración actual es que Azizi estaba íntimamente involucrado con Rabia en la planificación de operaciones globales en muchos frentes».[17]

La trayectoria de Azizi desde 2002 sugiere, desde luego, que era un importante y muy valorado miembro de Al Qaeda, con experiencia y conocimiento para ejercer de director de operaciones terroristas en países occidentales en general y europeos en particular.

En septiembre de 2007 –un mes antes de que la Audiencia Nacional dictara sentencia por los atentados de Madrid– las autoridades norteamericanas trasladaron a las españolas nueva información, en esta ocasión aportada por cuatro destacados miembros de Al Qaeda que habían sido capturados en Afganistán y Pakistán dos años después del 11-M. Las primeras expresaban su deseo de que esta nueva información fuese a las segundas «de ayuda en su investigación en curso sobre los responsables de los atentados de marzo de 2004».[18]

Pero los servicios estadounidenses de inteligencia no son la única fuente que contrastar respecto a Azizi o su trayectoria en Afganistán y Pakistán desde finales de 2001. Un cronista de la propia Al Qaeda proporcionó en 2009 datos que corroboran en gran medida la información obtenida por las autoridades norteamericanas tras abatir a Rabia. Lo hizo mediante un documento diseminado por Tauhid Press a través de varios importantes portales y foros yihadistas de Internet, en el cual se elogia la labor de Azizi instruyendo a los «leones» de Al Qaeda que se preparaban para «transformar la tranquilidad de los cruzados en un infierno».[19] Como infierno fue el 11-M.

El proceso de movilización terrorista que culminó con la matanza en los trenes de Cercanías se inició en diciembre de 2001 en la ciudad paquistaní de Karachi, donde Azizi, decidido a instigar una venganza contra España, como consecuencia de las actuaciones policiales y judiciales españolas frente al terrorismo yihadista –especialmente de la que desmanteló la célula de Abu Dahdah a la que el propio Azizi pertenecía– se confabuló para ello con otro yihadista igualmente marroquí llamado Abdelatif Mourafik.

La revelación de ese encuentro aparece entre los contenidos de un importante y esclarecedor documento del National Counterterrorism Center (NCTC, de acuerdo con sus siglas en inglés, o Centro Nacional Contra el Terrorismo) de Estados Unidos, entidad coordinadora de las agencias estadounidenses de inteligencia en su lucha contra el terrorismo. Este informe oficial, fechado en agosto de 2008, se titula «The Case for Al-Qai'da Links to the 2004 Madrid Bombings: A Key Assumptions Check» o, en castellano, «El caso de los vínculos de Al Qaeda con los atentados de 2004 en Madrid: comprobación de supuestos clave».[20]

Cuando Amer Azizi ideó atentar en España no era aún miembro de la matriz de Al Qaeda, que estaba reubicando su base en las zonas tribales del noroeste de Pakistán. Era alguien que acababa de perder la célula de Al Qaeda a la que hasta poco antes pertenecía en España, la mayoría de cuyos miembros –pero, recuérdese, no todos– habían sido detenidos y encarcelados, incluyendo a su líder.

En marzo de 2002 empezó a configurarse en Madrid, siguiendo las instrucciones que Azizi –en esos momentos ya incorporado a Al Qaeda– daba a través de Mourafik, el embrión de la red del 11-M.[21] Azizi se sirvió para ello de los lazos de confianza y el ánimo de venganza que le unían a exmiembros

de la célula de Abu Dahdah que tampoco fueron detenidos en noviembre de 2001 y que seguían en libertad dentro de España, como Mustafa Maymouni y Driss Chebli, al igual que Serhane ben Abdelmajid Fakhet, *el Tunecino*, Said Berraj y Jamal Zougam.

Mientras este núcleo se consolidaba y ampliaba, al mismo se añadió un segundo componente, introducido por el GICM a partir de las estructuras que esta organización yihadista tenía en Europa occidental. El GICM, entidad asociada con Al Qaeda, se había reorientado operativamente después de perder sus bases en Afganistán tras el 11-S y optó por priorizar la práctica de la yihad allí donde residieran sus adeptos. Como en Marruecos. O en España.

Un elenco de individuos con amplia trayectoria en el tráfico ilícito de drogas y otras manifestaciones de delincuencia violenta, radicalizados en el salafismo yihadista, sumó en el verano de 2003 el tercer –imprevisto y último– componente de la red del 11-M. Además de sus antecedentes criminales, los miembros de este componente tenían otro rasgo distintivo respecto a los otros dos: estaban enardecidos por el afán de venganza que les suscitaba la participación española en la contienda de Irak.

Azizi se mantuvo en contacto con los nodos de estos tres componentes: con el Tunecino, que acabó siéndolo del inicial –el que procedía del remanente de la desarticulada célula de Abu Dahdah– tras ser detenido Maymouni en Marruecos y Chebli en España; con Youssef Belhadj, quien lo fue respecto al del GICM y quien plasmó por escrito y por primera vez conocida la fecha del 11-M, en la localidad belga de Molenbeek-Saint-Jean donde residía, el 19 de octubre de 2003, exactamente al día siguiente de que Osama bin Laden emitiera una proclama señalando públicamente a España como país donde

atentar en venganza por su presencia militar en Irak[22]; y, finalmente, con Jamal Ahmidan, *el Chino*, que a su vez lo era del constituido por delincuentes radicalizados.

Azizi consiguió, muy probablemente hacia mediados de 2003, cuando ocupaba ya un puesto de responsabilidad en el mando central de Al Qaeda, que el directorio de esta organización yihadista asumiera y apoyase su plan, al encajar este en la estrategia general de la organización yihadista en el contexto de la guerra de Irak.

Siete meses después de iniciado este conflicto, el 18 de octubre de 2003, Osama bin Laden, entonces todavía máximo dirigente de Al Qaeda, señaló públicamente a España como país donde atentar en venganza por su presencia militar en Irak. Así pues, la matanza en los trenes de Cercanías se ejecutó por venganza –uno de los más potentes motivos para el terrorismo–[23] y por venganza añadida a la venganza. Por una doble voluntad de venganza.

Entre las más sobresalientes conclusiones sobre el 11-M del informe elaborado por el NCTC se encuentra la siguiente: «Azizi estaba bien situado en 2003 –cuando estarían desarrollándose los preparativos de los atentados con bomba en Madrid– para actuar de conducto entre el jefe de operaciones externas Hamza Rabia y otros líderes de Al Qaeda y los activistas en Madrid. A través de Azizi, Al Qaeda contaba con un vehículo para transmitir la aprobación de la operación en Madrid o para proporcionar instrucciones detalladas».[24]

Ese mismo documento del NCTC desvela además un episodio de extraordinaria trascendencia en la crónica de los hechos que precedieron a lo sucedido el 11 de marzo de 2004: «a fina-

les de 2003, Azizi regresó a España, posiblemente para la planificación de Madrid. Podría haber empleado esta oportunidad para transmitir instrucciones o la aprobación a Fakhet de los líderes de Al Qaeda».[25] Fakhet –a no olvidar– era el apellido del Tunecino.

Azizi fue quien ideó una matanza terrorista que se concretó en los atentados del 11-M. Fue también quien movió y motivó a otros exmiembros de la célula con que Al Qaeda contó en Madrid desde mediada la década de los noventa del pasado siglo hasta noviembre de 2001, los cuales no fueron detenidos en el curso de la Operación Dátil, para constituir la célula que se convirtió en primero de los tres componentes que tuvo la red del 11-M.

Pero no fue el único que pensó en ello al modo de lo que en ocasiones se considera un autor intelectual, puesto que Osama bin Laden también lo hizo. Asimismo, de lo antedicho resulta verosímil que el jefe de operaciones externas de Al Qaeda y otros líderes de la organización yihadista colaboraron con Azizi desde 2003 adquiriendo así su misma condición de inductores de los atentados de Madrid.

No se conoce cómo hubieran sido los atentados de Madrid antes de que los líderes de Al Qaeda los aprobaran e hicieran suyos, pero una vez asumida la iniciativa de Azizi estamparon el estilo terrorista de dicha estructura yihadista global en su ejecución.[26] Los atentados del 11-M no fueron suicidas porque –como se verá más adelante– los terroristas que intervinieron en su preparación y ejecución tenían todavía planes de yihad por completar.

Por lo demás, el Tunecino había dejado expresado en un manuscrito en lengua árabe lo que ello implicaba: «Estamos

yendo a la yihad. No hemos venido a quedarnos. Para conseguir ser mártires hemos venido».[27] Y de esta voluntad quedó constancia en otras inequívocas cartas de despedida en forma de testamento que dejaron tras de sí los terroristas del 11-M.[28]

2

«Algo falló»: distintas unidades policiales conocían de antemano a buena parte de los terroristas del 11-M

«Algo falló, si no, no se hubiesen producido los atentados, está claro». Así de sencilla y rotundamente lo afirmó quien ejercía como director en funciones de Europol –la Oficina Europea de Policía, con sede en La Haya– cuando ocurrió la matanza en los trenes de Cercanías.[29] Es decir, que el 11-M tuviese lugar, que los terroristas consiguieran ejecutar semejante acto de terrorismo en Madrid, puso de manifiesto un fallo. Un fallo policial, aunque no sólo se trató de un fallo policial.

¿Por qué cabe hablar de un fallo policial? Sencillamente porque en distintas unidades, tanto del CNP como de la GC, conocían de antemano e incluso estaban siguiendo a un buen número de quienes prepararon y ejecutaron los atentados de Madrid. Pese a lo cual, los funcionarios adscritos a esas unidades no evitaron que los terroristas llevaran a cabo su voluntad de perpetrar una matanza en los trenes de Cercanías.

Empezaré este análisis del conocimiento policial que con antelación al 11-M se tenía de los terroristas que ejecutaron los atentados de Madrid por el primero de esos dos cuerpos policiales –es decir, el CNP–, pues es el que había llevado a cabo una gran mayoría de las investigaciones sobre terrorismo yihadista en España durante la década previa a la matanza en los trenes de Cercanías.

Lo haré, en concreto, por el desempeño de los funcionarios adscritos a la que se denominaba Sección de Asuntos Árabes e Islámicos, perteneciente a la unidad especializada en terrorismo internacional dentro de la CGI del CNP, esto es, la UCIE.

El conocimiento acumulado en esta unidad policial sobre buena parte de los terroristas del 11-M se remontaba a cuatro, cinco e incluso más años antes de que cometieran los atentados de Madrid. Y es que esos policías de la UCIE especializados en terrorismo yihadista estuvieron al corriente de las reuniones mantenidas en Madrid, a partir de marzo de 2002, por algunos de aquellos. Eran varios exmiembros de la célula de Abu Dahdah, la desarticulada en noviembre de 2001 con la Operación Dátil.

Ninguno de esos individuos que comenzaron a reunirse en marzo de 2002 había resultado detenido cuando se desarrolló la primera y principal fase de esa Operación Dátil. Pero, en vez de huir del país o de abandonar su actividad yihadista para sustraerse al interés policial, permanecieron en Madrid y pocos meses después comenzaron a reagruparse. Será el comienzo del proceso que a lo largo de ese y el siguiente año condujo a la formación de la red terrorista del 11-M.

Inicialmente se reagruparon tres exmiembros de la célula de Abu Dahdah: Mustafa Maymouni y Driss Chebli con Serhane ben Abdelmajid Fakhet, *el Tunecino*.[30] El primero es quien convocó a los otros dos siguiendo las órdenes que para reestablecer una célula yihadista en España le trasladaba Amer Azizi desde Pakistán, a través de un intermediario, el yihadista de nacionalidad igualmente marroquí cuyo nombre era Abdelatif Mourafik. Este utilizaba una dirección de correo electrónico para comunicarse con Maymouni, a quien había facilitado una clave de acceso.[31]

A esos tres exmiembros de la célula de Abu Dahdah se unieron enseguida otros dos con su mismo origen: Said Berraj y

Jamal Zougam. En conjunto, estos cinco individuos estaban transitando de una experiencia relativamente breve pero intensa como integrantes de dicha célula, a la que se habían incorporado entre 1999 y 2000, a participar de un modo decisivo en la configuración del primer componente de lo que terminará siendo la red del 11-M.

Ocurre que, mientras se reagrupaban, esos cinco individuos continuaban siendo investigados por funcionarios de la UCIE, en el marco de la Operación Dátil, que permaneció abierta hasta octubre de 2003. El afán de estos funcionarios de la UCIE era el de obtener la evidencia incriminatoria que, de acuerdo con la legislación antiterrorista y el entendimiento judicial sobre el yihadismo entonces existentes en España, permitiese prenderlos y encarcelarlos. Haberlo conseguido a tiempo hubiese muy probablemente impedido que se articulara el entramado terrorista del 11-M.

Los funcionarios de la UCIE lo lograron con Chebli, quien pudo ser detenido, acusado de implicación en la desarticulada célula de Abu Dahdah y puesto en prisión preventiva aunque tarde, en una tercera fase de la Operación Dátil, en junio de 2003. Mientras, Maymouni, que había estado en Kenitra en febrero y en Tánger en abril de 2003 –tratando de activar una célula yihadista en la primera de esas ciudades–, viajó otra vez de España a Marruecos en mayo, coincidiendo su estancia en este último país con los atentados suicidas que ese mismo mes tuvieron lugar en Casablanca y un acto de terrorismo de mucho menor relevancia que su propia célula perpetró en Larache. Maymouni fue detenido en ese contexto y acusado de delitos de terrorismo por los que finalmente resultó condenado en su propio país, Marruecos. Por el contrario, tuvo que ser declarado en rebeldía en España.[32]

Con Maymouni preso en Marruecos y Chebli encarcelado en España, el Tunecino pasó a ser el imprevisto –aunque ya definitivo– cabecilla local de los terroristas que cometerán la matanza en los trenes de Cercanías. Para entonces, el Tunecino y Maymouni habían fortalecido sus lazos de fidelidad mutua. El primero había contraído matrimonio con una hermana del segundo, convirtiéndose así en cuñados.[33] Desde que se convirtió en imprevisto gestor local dentro de la red del 11-M, el Tunecino insistía a menudo en el cumplimiento de la yihad como obligación de los creyentes en el islam y en la idea de atentar en España.[34]

Entre tanto, todavía durante 2002, a los cinco individuos que he mencionado antes se sumaron otros que no habían estado implicados en la célula de Abu Dahdah pero que terminarán por pertenecer a la red del 11-M, como el argelino Allekema Lamari y Rabei Osman Es Sayed Ahmed, conocido como Mohamed el Egipcio. También se unieron, ese mismo año, Mohamed Afalah, Mohamed Belhadj, Rifaat Anouar Asrih o Mohamed Bouharrat.[35] Estos últimos lo hicieron como miembros del componente que el Grupo Islámico Combatiente Marroquí (GICM) aportó a lo que será la red del 11-M.

Los funcionarios de la UCIE sabían sobre esas reuniones –que tenían lugar en una vivienda del barrio de San Cristóbal de Los Ángeles, en el distrito de Villaverde, en la zona sur de Madrid, aunque esporádicamente se fueron celebrando en otros lugares de la ciudad como el barrio de Lavapiés y el mercado de Chamberí–, al igual que sobre quiénes participaban en tales encuentros, porque a lo largo de 2002 contaron con al menos dos informantes que acudieron a varias de las convocatorias.[36]

Por eso sabían que eran encuentros en los que se leían textos de los fundadores de Al Qaeda –es decir, de Osama bin

Laden, Abdullah Azzam y Ayman al Zawahiri–, se recitaban edictos religiosos que aprobaban las matanzas indiscriminadas de infieles, se ensalzaba la yihad en zonas de conflicto que afectaban a poblaciones musulmanas y se vitoreaba a Amer Azizi por, precisamente, haberse ido a «hacer la yihad a Afganistán».[37]

Los funcionarios de la UCIE también sabían que en esas reuniones se apelaba al islam para justificar que los actos de yihad pudieran llevarse a cabo también en países como Marruecos y España.[38] Marruecos era el país en el que había nacido una amplia mayoría de los que se congregaban. España era el país donde todos ellos residían y en cuya capital se reunían.

Otro informante de los que se tiene noticia proporcionó a los mismos funcionarios de la UCIE, aunque ya al año siguiente, concretamente en la segunda mitad de 2003, noticias sobre otro individuo que se había incorporado a la red del 11-M, el argelino Allekema Lamari.[39] Este informante era alguien cercano a yihadistas de origen argelino establecidos sobre todo en la provincia de Valencia y relacionados con los miembros de una célula que el denominado Grupo Salafista para la Predicación y el Combate (GSPC) había reconstituido en España en 2002 tras haber sido desmantelada en una operación del CNP llevada a cabo el año anterior.

Algo más adelante, ya a finales de 2003 o primeros días de 2004, es decir, una vez incorporado a la red del 11-M el tercero y último de sus componentes –el de los miembros de la banda de delincuentes que tenían como cabecilla al Chino–, la Unidad de Drogas y Crimen Organizado (UDYCO) del CNP contó con un confidente más en Madrid. Ese nuevo confidente llegó a informar sobre magrebíes que traficaban con droga y hablaban de atentar en trenes.[40] Este confidente de la UDYCO supo de eso a través de un narcotraficante marroquí con el cual

estaba emparentado y que tras los atentados de Madrid incluso le indicó, por cierto, que quien había organizado los atentados era Amer Azizi.[41]

Al recibir noticia de que el Tunecino había empezado a frecuentar a Maymouni y Chebli, que como él mismo habían sido seguidores de Abu Dahdah, los funcionarios de la UCIE solicitaron y obtuvieron autorización judicial para intervenir su teléfono.

Las escuchas realizadas permitieron a esos funcionarios de la UCIE comprobar que, sólo entre junio y octubre de 2002, el Tunecino se comunicaba asiduamente con los individuos ya antes mencionados y algunos otros hasta ahora no referidos como, por ejemplo, Fouad el Morabit Amghar, al igual que, a través de este, con Mohamed Larbi ben Sellam.[42] Todos ellos tenían en común el hecho de que se iban incardinando en lo que será el sustento que sobre el terreno tendrá la red del 11-M.

Esas escuchas que llevaron a cabo los funcionarios de la UCIE también les permitieron averiguar otros hechos, como que Maymouni había alquilado una finca en Morata de Tajuña, en el término municipal de Chinchón, al sureste de Madrid. Aunque la venía utilizando desde marzo de 2002, su alquiler se formalizó en octubre de ese año y fue renovado en enero de 2004, siempre con la intervención del Tunecino, quien se servía para ello de la agencia inmobiliaria en la que estaba empleado, Arconsa.[43]

La finca de Morata de Tajuña fue el recinto que usarán como base operativa los terroristas del 11-M.[44] En relación con ese recinto hay además un dato particularmente interesante, que corrobora la continuidad entre el remanente de la célu-

la de Abu Dahdah y la red yihadista del 11-M. La finca era propiedad de un individuo detenido en la Operación Dátil y que en 2005 fue condenado por pertenecer a la célula de Abu Dahdah.[45]

Otro teléfono, el que usaba Mohamed el Egipcio, estuvo igualmente en observación por los funcionarios de la UCIE desde enero de 2002 hasta mayo de 2003.[46] A partir de su llegada a Madrid en el otoño de 2001, este individuo, que acabará formando parte de la red del 11-M, desarrollaba tareas de proselitismo y distribución de propaganda yihadista en torno a lugares de culto como la mezquita de Abu Bakr, por lo que se había judicializado una investigación policial sobre sus actividades.

Además, en enero de 2003 los funcionarios de la UCIE intervinieron dos números de teléfono correspondientes al negocio que Zougam regentaba en el madrileño barrio de Lavapiés y en enero de 2004, dos meses antes de los atentados de Madrid, otro teléfono que era utilizado por Berraj.[47]

Más aún, funcionarios de la UDYCO estuvieron investigando, en los meses previos a la matanza en los trenes de Cercanías, a varios de los delincuentes radicalizados que formaron parte de la red del 11-M, incluyendo a su cabecilla, el Chino, y a uno de sus subalternos, Othman el Gnaoui. Juzgados de Parla y Alcalá de Henares, en la Comunidad de Madrid, les autorizaron la intervención de los teléfonos que se conocía usaban regularmente. En el caso del primero, la intervención se extendió desde el 12 de diciembre de 2003 hasta el 5 de marzo de 2004 y en el del segundo, desde el 12 de diciembre de 2003 hasta el mismo 11 de marzo.[48]

En lo que atañe a la GC, el teniente coronel que dirigía la Unidad Central Especial 2 (UCE 2), dedicada al terrorismo inter-

nacional dentro del Servicio de Información del cuerpo, sostuvo tras el 11-M, hablando sobre España y el terrorismo yihadista: «Teníamos la idea de que era un sitio de descanso, de aprovisionamiento logístico o de tránsito».[49]

Sin embargo, en la UCE 2 tuvieron noticia del Tunecino desde al menos el inicio de 2002, mientras investigaban a un notable y adinerado miembro de Al Qaeda, Ahmed Brahim, detenido en abril de ese año por agentes de esa unidad de la GC en la localidad barcelonesa de Sant Joan Despí, a donde se había mudado tras permanecer domiciliado varios años en Palma de Mallorca.

En la sentencia de la Audiencia Nacional que lo condenó se describe cómo Brahim desarrollaba un proyecto para diseminar propaganda yihadista por Internet. Esto lo hacía en estrecha relación con altos responsables de Al Qaeda –por ejemplo, Mahmoud Mahmoum Salim, conocido como Abu Hajer al Iraqi, en aquel tiempo uno de los cinco integrantes del Majlis Shura o consejo consultivo de la organización, que había contribuido a fundar y en la que desarrollaba diversas funciones– y en contacto con prominentes doctrinarios yihadistas de la península arábiga –como el yemení Abdulmajid al Zindani o el saudí Salman al Ouda, mentor y colaborador de Osama bin Laden, respectivamente–.[50]

Pero el contacto de Brahim en Madrid era, desde aproximadamente 1998, el Tunecino.[51] Este último aparecía, en la agenda informática que la GC incautó a Brahim, «con sus datos personales, bajo la categoría de Islamic friend».[52] El Tunecino y Brahim hablaban regularmente por teléfono. Sólo en noviembre de 1998, el segundo llamó al primero en cuatro ocasiones de las que se tenga constancia.[53] También se encontraban en persona, en Madrid, precisamente en la mezquita de la M-30.[54] Su relación era muy estrecha. Prueba de ello es que,

cuando Brahim estaba en prisión, su esposa y su hija aparecían censadas en el domicilio madrileño del Tunecino.[55]

Para entonces, aproximadamente la primavera de 2000, el Tunecino llevaba ya dos años al menos enlazado con Abu Dahdah y los suyos. Acudía a sus reuniones, en las cuales mostraba siempre su conformidad con lo que decían Abu Dahdah y Amer Azizi, el miembro más respetado de la célula después de su líder.[56] El Tunecino se comportaba, desde al menos ese año, con un rigorismo tal que en Madrid amonestaba a personas de su mismo origen magrebí por escuchar música o buscar empleo en cafeterías, justificaba el robo a no musulmanes, únicamente tenía por buen creyente en el islam «al que hace la yihad» y repartía fotocopias con discursos de Bin Laden.[57]

A lo largo de 2001, el Tunecino estuvo en numerosos encuentros con allegados de Abu Dahdah, alguno de los cuales tuvo lugar en su propio domicilio, donde solían visionar vídeos sobre Chechenia, Palestina y otros conflictos que implicaban a musulmanes.[58] Así fue estrechando lazos con individuos que se habían acercado hacía no demasiado tiempo a la célula de Abu Dahdah, como Maymouni, Chebli o el también ya aludido Berraj. Pero la tardía integración de estos nuevos adeptos a los seguidores de Abu Dahdah se vio abruptamente suspendida en noviembre de 2001, con la Operación Dátil. Sin embargo, el modo en que continuó desenvolviéndose el Tunecino no sugería alejamiento alguno de sus adhesiones ideológicas previas. Al contrario.[59]

Pese a que el Tunecino no estuvo entre los detenidos, es reseñable que esperaba estarlo más pronto o más tarde. Según una de las tres personas con quienes entonces compartía domicilio, un día, «meses después de la detención del grupo de Abu Dahdah», el Tunecino les dijo que estuviesen tranquilas aun cuando por la noche «seguramente vendría la policía a detenerle, porque habían detenido a un amigo suyo en Barcelona».[60]

Se trataba de la detención que se produjo el 2 de enero de 2002, en Hospitalet de Llobregat, en la provincia de Barcelona, de Najib Chaib Mohamed, miembro de la célula de Abu Dahdah que había eludido ser aprehendido en la primera fase de la Operación Dátil.[61] La policía finalmente no fue a buscar al Tunecino, pero, por si acaso, «Serhane se había cortado el pelo, la barba y había cambiado mucho físicamente».[62]

En cualquier caso, pese a que, como he señalado, la UCE 2 tuvo noticia del Tunecino como «amigo islámico» de Brahim desde al menos inicios de 2002, en la GC «no sabíamos quién era. Se ataron cabos después del 11-M», tal y como admitió uno de sus especialistas en terrorismo internacional tres meses después de la matanza en los trenes de Cercanías, cuando expertos de la UCE 2 investigaban, a posteriori, las relaciones entre Brahim y el Tunecino.[63] Pero en la GC habrían atado cabos dos años antes, de haberse interesado debidamente por este último y de haber compartido sus pesquisas con el CNP.

3

Por qué conocer previamente a numerosos terroristas no evitó el 11-M: el ignorado «efecto bumerán»

Es un hecho que tanto unidades del CNP como, si bien en menor medida, de la GC conocían de antemano a un buen número de los individuos que integraron la red terrorista del 11-M. A algunos de ellos los siguieron a lo largo de 2002 y 2003 por su pasada relación con la célula de Abu Dahdah desmantelada en noviembre de 2001 y a otros por su repentina aparición en círculos yihadistas de Madrid o de Valencia.

Pero eso no significa, claro está, que en esas unidades policiales supieran lo que esos individuos estaban de verdad preparando. En buena medida, como se verá algo más adelante, porque los terroristas fueron en general notablemente hábiles a la hora de ocultar los auténticos propósitos de sus movimientos. Pero también, como quiero subrayar ahora, porque los expertos policiales nunca llegaron a imaginar lo que estaban tramando.

En el curso de las operaciones contra el terrorismo yihadista llevadas a cabo por la UCIE del CNP con anterioridad al 11-M hubo numerosas detenciones, incluyendo las de algunos yihadistas llegados del exterior de quienes se temía que «iban a llevar a cabo acciones terroristas en España».[64] Pero los funcionarios de la Sección de Asuntos Árabes e Islámicos de la UCIE no previeron que quienes en realidad se estaban movilizando para llevar a cabo actos de terrorismo en España fuesen los

otrora integrantes de la célula de Al Qaeda que ellos mismos habían desmantelado en noviembre de 2001, después de una larga investigación que duró siete años.

Los funcionarios de la UCIE no imaginaron que quienes se estaban movilizando para atentar en España fueran aquellos allegados de Abu Dahdah que no pudieron ser aprehendidos en noviembre de 2001, a los cuales continuaron siguiendo durante 2002 y 2003, mediante confidentes e intervenciones telefónicas. Ni consta un análisis de tal escenario realizado, en la CGI, por una unidad más apropiada para una tarea así, como la Unidad Central de Inteligencia (UCI), creada en 1994.

El empeño de los funcionarios de la UCIE consistía básicamente en recabar más pruebas sobre los allegados radicalizados de Abu Dahdah que seguían en libertad, a fin de presentarlas ante la Audiencia Nacional para así proceder a su detención y encarcelamiento. Mientras perseveraban en ello no llegaron a imaginar que esos individuos estaban inmersos en un plan para perpetrar atentados en España.

En suma, se ignoró el «efecto bumerán». En el campo interdisciplinar de los estudios sobre el terrorismo y las respuestas al terrorismo, hablar de «efecto bumerán» es hacerlo del probable impacto que una actuación contra el terrorismo de especial significación o de gran envergadura –mensurable en atención al número de terroristas detenidos y encarcelados o a la relevancia simbólica de sus resultados, por ejemplo– puede tener sobre otros terroristas relacionados con el grupo o la organización a la cual se ha asestado un serio golpe, motivándolos a llevar a cabo algún plan terrorista como venganza, siempre que dispongan o puedan disponer de las capacidades operativas necesarias para ello.[65]

En este marco adquieren especial sentido las palabras con que uno de los confidentes de la UCIE aludidos en el apartado anterior se refería a lo tratado en las reuniones que a partir de marzo de 2002 se celebraban por lo común en una vivienda del distrito de Villaverde, en el sur de la ciudad de Madrid. Ese informante, que pudo asistir a varias de las citas, observó que «nunca en las reuniones se hablaba de los pilares del islam, sino de venganza», y apuntó además que el grupo formado por los asistentes a esas reuniones «no era como los otros» que había conocido hasta entonces, puesto que «este era peligroso».[66]

Sin embargo, la posibilidad de que exmiembros de la célula de Abu Dahdah se hubieran movilizado para atentar en España no figuraba entre los hechos relevantes en función de los cuales la CGI del CNP elaboró en noviembre de 2003 su informe sobre el aumento del grado de amenaza que suponía el «terrorismo islámico» para España. Aun a pesar de que la conclusión de dicho documento respecto a esta amenaza era esta: «España podría ser objetivo, bien en nuestro territorio, bien contra intereses españoles en otro país, en fechas próximas».[67]

El aumento de la amenaza se atribuía en ese informe de la CGI a una serie de acciones y sucesos registrados durante ese mismo año, como pronunciamientos de dirigentes de Al Qaeda, comunicados del Grupo Salafista para la Predicación y el Combate (GSPC), atentados en Irak y Turquía, o informaciones que otros cuerpos policiales occidentales habían transmitido acerca del reclutamiento por parte de Ansar al Islam (AI, Partidarios del Islam) –filial de Al Qaeda que tenía su base en el Kurdistán iraquí– de terroristas dispuestos a actuar en España.

Esto último se incluía en el informe de la CGI mientras esa organización –es decir, AI– terminaba un proceso de reorganización que estuvo caracterizada precisamente por la ampliación de sus criterios de reclutamiento para incorporar a árabes

no iraquíes –incluyendo árabes norteafricanos en general y magrebíes en particular– y por la adopción como nuevo nombre del de Ansar al Sunna (AS, Partidarios de la Tradición), que mantuvo desde esos momentos –hacia finales de 2003– hasta 2007.[68]

Si detallo lo anterior es porque se da la circunstancia de que AS no era una entidad extraña para los miembros de la red del 11-M. Bien al contrario. En los ordenadores que manejaban tenían vídeos de dicha organización. Uno de ellos estaba dedicado al atentado cometido el 29 de noviembre de 2003 en Latifiya, al sureste de Bagdad, contra dos vehículos en que viajaban ocho miembros del CNI español que se encontraban en Irak. Sólo uno de los ocho sobrevivió. AS reclamó su responsabilidad mediante un comunicado difundido a través de la web de contenido yihadista del Global Islamic Media Group (GIMGG), que estuvo activa desde 2001 hasta mayo de 2004.[69]

En otro de los vídeos hallados en los ordenadores utilizados por los terroristas del 11-M, igualmente producido por AS, se mostraba documentación perteneciente a uno de aquellos miembros del CNI asesinados en Irak.[70] Más aún, en el borrador incompleto de uno de los comunicados emitidos por el núcleo operativo local de la red del 11-M, cuya letra corresponde a Jamal Ahmidan –aunque el manuscrito definitivo fue redactado por el Tunecino–, llegan a referirse a ellos mismos como «Ansar al Sunna en Europa – Brigadas de la Muerte en las Tierras de Al Andalus».[71]

Otro vínculo entre AS y la red terrorista del 11-M remite a la denominada casa Al Kalaa, en Santa Coloma de Gramanet, un inmueble que servía como centro yihadista de apoyo logístico, donde se llevaban a cabo actividades de mucha importancia para casi todos los integrantes de dicha trama que huyeron de España. Al Kalaa, que funcionaba desde 2003 en un

edificio de esa localidad barcelonesa, tuvo inicialmente a su cabeza un miembro destacado de la estructura del GICM en Europa occidental, quien se trasladó expresamente desde Bélgica.[72]

Este individuo y sus colaboradores operaban en permanente contacto con miembros de AI –luego, como he indicado, temporalmente AS– establecidos en Damasco, que atendían en el último de sus desplazamientos a los aspirantes a terroristas suicidas en Irak procedentes de España y de otros países europeos. Al Kalaa formaba, por consiguiente, parte de las tramas con que AS contaba en Europa occidental para movilizar recursos humanos y materiales que trasladar a su propia organización yihadista en Irak y otras con las que cooperaba en este país.

Los expertos de la CGI no llegaron a apreciar como presagio de interés específico la información de que AI hubiese reclutado terroristas dispuestos a actuar concretamente en España, de acuerdo con la información que, como figura en el aludido informe de la CGI, les fue transmitida por algún servicio policial de países occidentales. Ni pudieron relacionaron con los movimientos de exmiembros de la célula de Abu Dahdah y otros yihadistas que estaban observando en Madrid.

Pero su informe de noviembre de 2003 incluía, asimismo como hecho relevante, las numerosas investigaciones sobre Al Qaeda, el GICM y el GSPC que la UCIE tenía por entonces abiertas. Y entre esas investigaciones sí se encontraba la correspondiente al Sumario 35/2001, en el marco del cual se continuaba indagando a individuos que habían estado relacionados con la célula de Abu Dahdah pero que no habían podido ser detenidos ni en la primera ni en las sucesivas fases de la Operación

Dátil. Individuos entre los cuales se encontraban, cuando las investigaciones por dicho sumario concluyeron en septiembre de 2003, el Tunecino, Said Berraj o Jamal Zougam, tres de los terroristas del 11-M.

Para cuando se elaboró el aludido informe de la CGI –en noviembre de 2003–, estos individuos, junto con otros de sus mismas actitudes y creencias que asimismo eran objeto de investigación en más procedimientos de los que también se ocupaban los funcionarios de la UCIE, caso de Mohamed el Egipcio, habían articulado la red del 11-M y estaban preparando la matanza en los trenes de Cercanías. Sin que esos especialistas en terrorismo yihadistas lo vislumbraran. En suma, se ignoró el ya mencionado «efecto bumerán».

Así pues, la valoración de la amenaza yihadista que hicieron los servicios antiterroristas del CNP apenas cuatro meses antes del 11-M fue desacertada, al no apreciar dónde radicaba su verdadera y más inmediata fuente, pese a que los funcionarios de la UCIE habían investigado o estaban investigando a buena parte de cuantos iban a materializarla tan cruentamente en Madrid.

Se subestimaron las capacidades de estos individuos y no se discernieron sus motivaciones de venganza después de la Operación Dátil. Quien era comisario general de Información cuando tuvieron lugar los atentados de Madrid, al considerar «muy alto» el grado de la amenaza yihadista para España después el 11-M, apostilló: «No quiere decirse que antes del 11-M no lo fuese, pero no lo sabíamos».[73]

Lo que el comisario general de Información adujo es que se apreció una elevación de la amenaza «desde el punto de vista estratégico» en 2003, «entre la guerra de Irak y el atentado de Casablanca».[74] El jefe de la Sección de Asuntos Árabes e Islámicos en esos momentos señaló en el mismo sentido que, antes

del 11-M, existía «una amenaza genérica», para luego admitir esto: «a pesar de mi experiencia, nunca creí que pudiera pasar algo semejante en España».[75] El comisario jefe de la UCIE, en los momentos que siguieron a los atentados del 11-M, admitió que en su unidad «pensamos que era ETA».[76]

Aunque no fue como resultado de haber asumido la importancia del «efecto bumerán», a partir de los atentados del 11-M se estableció un consenso entre, por una parte, fiscales, magistrados y jueces de la Audiencia Nacional, y por otra las FCSE, sobre la conveniencia de anticipar operaciones contra el terrorismo yihadista, una vez que en las investigaciones en curso haya indicios de un posible paso a la acción violenta, para evitar atentados cuya preparación no hubiese sido detectada. Lo que, sin embargo, afecta a la obtención de pruebas incriminatorias.

En los cuatro años de la legislatura que se inició unas semanas después del 11-M, las unidades centrales y provinciales del CNP y de la GC incrementaron en más de un millar el número de funcionarios que debían centrarse en el terrorismo yihadista. Eso supuso multiplicar por entre seis o entre diez, dependiendo del criterio que se utilice, el total de policías y guardias civiles dedicados a esa amenaza. Esto vino acompañado de otras iniciativas para fomentar las capacidades de información e inteligencia policial.[77]

Tanto las actuaciones policiales de anticipación como la mejora de las capacidades de información y análisis policial, esto último como resultado de las medidas tomadas tras el 11-M para adaptar las estructuras estatales de seguridad interior ante las amenazas asociadas al yihadismo global, contribuyeron decisivamente a evitar otros actos de terrorismo yiha-

dista en España durante más de trece años, concretamente hasta agosto de 2017, cuando tuvieron lugar los atentados en Barcelona y Cambrils.[78]

En otro sentido, es también verosímil que la equívoca visión general sobre Al Qaeda y el terrorismo global tras el 11-S que con anterioridad a los atentados de Madrid se tenía en la UCIE incidiera en la minusvaloración efectiva de la amenaza yihadista.

Más de un año después del 11-M, mientras que el comisario jefe de la UCIE hablaba de Al Qaeda como de «una organización muy poderosa con gente con conocimientos de geopolítica y de estrategia mundial», el jefe de su Sección de Asuntos Árabes e Islámicos lo hacía así: «No existe una estructura, no existe una organización, no existe una jerarquía, que son precisamente las características para definir una organización terrorista».[79]

En realidad, entre el 11-S y el 11-M, Al Qaeda continuó existiendo como organización con estructura, liderazgo y estrategia, aunque empezasen a surgir células independientes, únicamente inspiradas por la ideología común del yihadismo global.[80]

4

Habilidades que los terroristas del 11-M mostraron para preservar sus intenciones y movilizar recursos

Los integrantes de la red terrorista del 11-M fueron en general notablemente hábiles a la hora de ocultar los verdaderos propósitos de sus movimientos, evitando de ese modo que las distintas unidades policiales donde eran conocidos supieran lo que realmente estaban urdiendo. Las destrezas que mostraron para preservar la naturaleza de sus intenciones dificultaron en concreto el empeño que los funcionarios de la UCIE tenían por detener y encarcelar a los exmiembros de la célula de Abu Dahdah y otros allegados que, sin que estos expertos policiales pudieran imaginarlo, se estaban preparando para atentar.

Algunas de esas habilidades mediante las que los terroristas del 11-M consiguieron preservar sus verdaderas intenciones derivaron del entrenamiento que varios de ellos –Said Berraj y Allekema Lamari, por ejemplo, además de quien los instigaba, Amer Azizi– habían adquirido, en los años que precedieron a los atentados del 11 de septiembre de 2001 en Estados Unidos, en campos de entrenamiento de Al Qaeda en Afganistán.

Otras de las habilidades que, como a la postre quedó de manifiesto, exhibieron los terroristas del 11-M procedían de la experiencia que asimismo no pocos de ellos –por ejemplo, Jamal Ahmidan, *el Chino*, y los demás integrantes de la banda de delincuentes radicalizados en el salafismo yihadista que encabezaba– tenían acumulada como resultado de sus pro-

longadas trayectorias individuales en ámbitos de la criminalidad violenta.

Está comprobado que, cuando una célula o red yihadista cuenta entre sus miembros con individuos que han estado en zonas de conflicto para recibir entrenamiento o como combatientes extranjeros, se incrementa significativamente la probabilidad de que materialice con éxito los planes de atentar que tengan. Y lo mismo ocurre cuando la célula o red incorpora individuos radicalizados y reclutados que con anterioridad han estado inmersos en actividades de criminalidad violenta.[81]

A fin de no comprometer la clandestinidad de los encuentros que el núcleo inicial de lo que será la red del 11-M empezó a mantener, desde marzo de 2002, en un inmueble del barrio de San Cristóbal de los Ángeles, en el sur de Madrid, algunos de los individuos relacionados con esa incipiente movilización yihadista, calculadores y conscientes de que estaban siendo objeto de especial atención policial –en tanto que exmiembros de la célula de Abu Dahdah–, se abstenían de acudir.

Jamal Zougam, por ejemplo, cuya vivienda y local comercial habían sido registrados en junio de 2001 por funcionarios del CNP, quienes habían hallado entre sus pertenecías abundante propaganda yihadista, no iba a esos incipientes encuentros «por motivos de seguridad».[82] Con esa decisión se trataría de evitar comprometer la continuidad de dichos encuentros.[83] Otro caso similar es el de Mohamed el Egipcio, quien tampoco asistía a las reuniones que durante 2002 promovían Mustafa Maymouni, Driss Chebli y el Tunecino porque, desde su llegada a Madrid procedente de Francia a finales de 2001, decía sentirse «muy controlado».[84]

Instruido o no al respecto por el Egipcio, Mohamed Larbi

ben Sellam se mostraba muy consciente de qué medidas de seguridad tomar en reuniones dedicadas al tema de la yihad, en el curso de las cuales se sabe además que destacaba entre quienes solían insistir en no circunscribir su práctica a Afganistán u otras zonas de conflicto, sino llevarla a cabo también en países como Marruecos o España.[85]

Las actividades del entramado yihadista que se fue desarrollando a lo largo de 2002 llegaron a suspenderse temporalmente a fines de ese año, por decisión de quien en ese momento ejercía el papel de emprendedor asignado por Azizi, es decir, Maymouni. Este y sus más próximos temían que entre los individuos a quienes estaban reuniendo se hubiese introducido alguien que estuviera proporcionando información a la Policía.[86]

Las sospechas en modo alguno eran infundadas, pues un inmigrante de origen marroquí había contactado por teléfono con la UCIE, hacia septiembre u octubre de 2002, manifestando su disposición a colaborar con la CGI, para informar sobre unos individuos de ideas yihadistas que le invitaban a sus encuentros. No sin pretender alguna compensación económica y ayuda cuando le correspondiera renovar su permiso de residencia en España.

Es además reseñable que el Tunecino se mantenía en contacto asiduo con la esposa y los hijos de Abu Dahdah desde que este ingresó en prisión en noviembre de 2001, a espera de la vista oral que iba a celebrarse al concluir la investigación desarrollada en el marco del Sumario 25/2001. Pero era un íntimo amigo y compañero de trabajo del Tunecino quien lo visitaba regularmente en el centro penitenciario de Soto del Real donde Abu Dahdah estaba recluido. Entre junio de 2003 y marzo de 2004 lo hizo en no menos de catorce ocasiones. La última de ellas sólo cinco días antes del 11-M.[87]

Por otra parte, los más notorios integrantes de la red del 11-M emplearon numerosos móviles y múltiples tarjetas prepago que combinaban de manera habitual en sus comunicaciones telefónicas. Una forma de actuar premeditada cuya finalidad era la de obstaculizar cualquier intervención policial efectiva de cuantas comunicaciones telefónicas mantenían entre sí.[88]

El Tunecino, por ejemplo, cambiaba constantemente de terminales de teléfono y de tarjetas prepago, como medida de seguridad, lo que dificultaba el control policial de sus contactos por ese medio.[89] En el momento de su detención, Zougam portaba al menos un terminal telefónico cuya tarjeta prepago no correspondía al número que por entonces tenía intervenido, dato indicativo de las medidas de seguridad que adoptaba en sus comunicaciones.[90] Extremando aún más las medidas de seguridad, Allekema Lamari no usó teléfonos móviles y recurría a teléfonos públicos situados en bares o locutorios.[91]

Mohamed el Egipcio utilizaba también locutorios, además de distintos teléfonos celulares y numerosas tarjetas prepago que igualmente cambiaba con frecuencia. Además, como usuario de Internet, sabemos que recurría a sofisticados programas informáticos para, por ejemplo, comunicar un ordenador personal con varios terminales de telefonía móvil sin que al enviar un mensaje quedase rastro alguno del origen de la emisión.[92]

Por otra parte, los principales miembros de la red del 11-M se comunicaron entre sí, desde el primer momento, mediante un uso del correo electrónico hasta entonces desconocido para la policía o los servicios de inteligencia españoles, al igual que para el resto de los occidentales, que impedía la interceptación y la trazabilidad de los mensajes.

Se trata de la fórmula que Azizi utilizó para comunicarse con Maymouni y otros destacados miembros de la red terrorista a comienzos de 2002, inicialmente a través de un intermediario –Abdelatif Mourafik–. Más tarde, para comunicarse con otros destacados miembros de la red del 11-M, quienes luego la utilizaron para comunicarse entre sí.

Un testigo protegido, que entre la segunda mitad de 2002 y el primer trimestre de 2003 compartió residencia en Madrid con Maymouni, el Tunecino y algún otro sujeto de convicciones afines –como Mouhannad Almallah Dabas–,[93] reveló a la Policía y en sede judicial detalles sobre el tipo de comunicaciones que los dos primeros mantenían con Azizi, quien les hacía llegar notificaciones por correo electrónico mientras desarrollaba sus actividades yihadistas a ambos lados de la frontera entre Afganistán y Pakistán.[94]

La argucia a que recurrieron Azizi y los principales miembros de la red del 11-M consistía en que, ya fuese desde Afganistán y Pakistán o desde España, el uno y los otros accedían con el mismo nombre de usuario y la misma contraseña a una única cuenta, la misma para todos ellos, de correo electrónico. En esta cuenta escribían mensajes que guardaban en la carpeta de borradores, de modo que otro individuo podía leerlos, eliminarlos y responder de igual manera, es decir, guardando un mensaje en dicha carpeta, sin que existiera tráfico convencional de mensajes.[95] La misma fórmula era también utilizada por los miembros más destacados del componente introducido por el GICM en la red del 11-M, incluyendo a Hassan el Haski.[96]

En realidad, ese método de compartir información operativa a través del correo electrónico, de modo secreto, esto es, evitando una transmisión de mensajes susceptible de ser interceptada –lo que en inglés se conoce como *dead drop email*–, era utilizado, exactamente los mismos años en los que se planifica-

ron y prepararon los atentados de Madrid, por líderes de Al Qaeda implicados en la planificación de grandes atentados terroristas y por mandos intermedios de esta organización activos en Europa occidental.[97]

Llama la atención, por lo demás, que el 4 de febrero de 2004, cinco semanas antes del 11-M, Mohamed el Egipcio abrió y activó a través del servidor Yahoo una cuenta de correo electrónico, kishkmohammed@yahoo.com, proporcionando para ello datos ficticios de filiación entre los que se incluían como día y mes de su nacimiento la siguiente fecha: 11 de marzo.[98] Cuando el juez de la Audiencia Nacional que instruyó el sumario abierto por los atentados de Madrid le preguntó acerca de esa aparente coincidencia, Mohamed el Egipcio se excusó diciendo que cierta persona con quien durante un tiempo compartió piso en Milán le abrió una cuenta de correo electrónico y no recordaba la fecha de apertura ni la identidad utilizada para ello.[99]

Es asimismo muy verosímil que Azizi, como cerebro del 11-M, recurriese a otras herramientas para mantenerse en contacto con sus allegados de la red terrorista en Madrid, como la zona reservada de la antes aludida plataforma Global Islamic Media Group (GIMG).

Establecida en junio de 2001 como lista de distribución y convertida luego en comunidad de internet a cuyos materiales sólo podía accederse mediante contraseña, desapareció en mayo de 2004, dos meses después de los atentados de Madrid. Existe sobrada evidencia de que los miembros del núcleo operativo en la red del 11-M tenían acceso al foro privado de GIMG, donde recibían información restringida.[100]

En sus ordenadores se hallaron ficheros extraídos de ese es-

pacio privado.[101] Sólo pudieron disponer de ellos mediante claves de acceso facilitadas por el administrador de GIMG a través de un listado exclusivo de direcciones de correo electrónico. Eran ficheros sobre temas como «preparación para la yihad», «bases para la lucha contra los enemigos de Alá», «guerra urbana», «guerra de guerrillas», «preparación militar para musulmanes», «lecciones sobre armas», «lecciones de seguridad para muyahidines», «materiales explosivos», «métodos para ocultar y camuflar material explosivo» o «emboscadas».[102]

Una vez que el Chino y otros individuos de su banda de delincuentes se incorporaron a la red del 11-M en el verano de 2003 por mediación del Tunecino –ambos se conocían desde 1996–,[103] el segundo se avino a que aquel asumiese la responsabilidad de distintas facetas operativas relacionadas con la preparación y la ejecución de los atentados en los trenes de Cercanías.

Entre las responsabilidades operativas que asumió el Chino sobresalían, por un lado, aquellas destinadas a cubrir las necesidades de infraestructura y logística que garantizasen el éxito de los planes terroristas. Entre ellas, acondicionar la finca de Morata de Tajuña para que cumpliera con diferentes propósitos, hacerse con documentos de identidad fraudulentos o procurar vehículos –propios o sustraídos incluso a punta de pistola– y placas de matrícula falsificadas.[104]

Por otro lado, entre las responsabilidades operativas asumidas por el Chino se encuentran las referidas a su financiación mediante el tráfico de drogas y, en estrecha relación con ello, la adquisición de las sustancias explosivas y demás elementos con que confeccionar bombas. Efectivamente, el componente de delincuentes comunes convertidos en yihadistas fue el que

se ocupó, dentro de la red del 11-M, de asegurar la viabilidad financiera de los planes y obtener las sustancias explosivas y demás útiles imprescindibles para materializarlos.

Se estima que el coste de los elementos utilizados para preparar y ejecutar la matanza en los trenes de Cercanías se situó en alrededor de 105.000 euros, aun cuando esta cifra no incluya todos los posibles gastos en que pudieron incurrir los individuos implicados en la red del 11-M desde el inicio de su formación.[105] Después de ejecutados los atentados de Madrid, los terroristas contaban todavía con una reserva financiera de casi 1.500.000 euros.

Esta cantidad resulta de llevar a cabo una tasación, de acuerdo con el valor que tenían en aquellos momentos, de las diferentes sustancias estupefacientes intervenidas a individuos relacionados con el 11-M.[106] Es además muy verosímil que distintos integrantes relacionados con la célula local aportasen dinero de su propio bolsillo.[107] En cualquier caso, es preciso mencionar que, entre los efectos recogidos en el inmueble donde, el 3 de abril de 2004, algunos miembros de la red del 11-M llevaron a cabo un acto de terrorismo suicida, había fajos con docenas de billetes de 500 euros y otros tantos de 200, 100, 50, 20 y 10 euros.[108]

A partir de septiembre de 2003, el Chino había iniciado las gestiones encaminadas a la consecución de explosivos a cambio de droga. Rachid Aglif, miembro de su banda, tenía relación con otro marroquí llamado Rafa Zouhier, asimismo inmerso en el mundo de la delincuencia. Durante un periodo de internamiento por tráfico de estupefacientes en la prisión de Villabona, Zouhier conoció a Antonio Toro Castro, dispuesto a comerciar ilícitamente con explosivos.

Estos últimos dos actuaron de intermediarios entre Jamal Ahmidan y José Emilio Suárez Trashorras, antiguo trabajador

de la cantera Caolines de Merilles que facilitó al Chino y sus secuaces la adquisición de dinamita. Acompañado habitualmente por el propio Aglif y los hermanos Oulad Akcha, el Chino mantuvo distintas reuniones en Madrid con esos traficantes españoles a partir de septiembre de 2003.[109]

Así pues, su común historial criminal había permitido, con la mediación apropiada, que se encontraran unos delincuentes ordinarios, procedentes sobre todo de Marruecos y convertidos al salafismo yihadista, con sus homólogos españoles motivados no por ideología política o religiosa alguna, sino por mero afán de lucro económico.[110] Para los delincuentes comunes convertidos en yihadistas, el incentivo de la transacción consistía en disponer de medios con que cumplir, de la manera más cruenta posible, el imperativo religioso de la yihad tal y como entendían tanto esa obligación como este último término.

La provisión de explosivos y otras responsabilidades operativas eran tareas para las cuales tanto el Chino como los miembros de su banda y algún otro allegado que se unió estaban bien capacitados, debido a su historial como delincuentes comunes en España y a las relaciones especializadas, por ejemplo, con traficantes de explosivos o falsificadores de documentos, facilitadas por contactos que se remontaban a esa trayectoria previa y en particular a sus estancias en prisión.

5

El restante «plan de yihad» que un conocimiento policial previo sobre los terroristas sí permitió evitar

Es cierto que el conocimiento previo que los funcionarios de la UCIE habían acumulado sobre buena parte de los implicados en la red del 11-M no bastó para desbaratar a tiempo este entramado. No sirvió para evitar que se prepararan y ejecutaran los atentados de Madrid, lo que convirtió el 11-M en un fallo policial.

Y ello pese a que, en los años previos, esos funcionarios estuvieron «en alerta permanente», haciendo «un trabajo enorme», desarrollando «tantísimas operaciones» y «más servicios antiterroristas que ningún otro país occidental», según su entonces comisario jefe, para quien fue «prácticamente imposible hacer más».[111] Antes del 11-M la Sección de Asuntos Árabes e Islámicos tenía más de cuarenta investigaciones abiertas, aunque contaba con poco más de cincuenta expertos, una cuarta parte incorporados tras los atentados de septiembre de 2001 en Nueva York y de mayo de 2003 en Casablanca.[112]

Por una parte, se ignoró el «efecto bumerán», es decir, la posibilidad de que los miembros de la célula de Abu Dahdah que por una u otra razón no pudieron ser detenidos en noviembre de 2001, al iniciarse la Operación Dátil, estuviesen movilizándose para vengarse de España atentando en suelo español. Por otra parte, los individuos que configuraron la red terrorista cuyos integrantes prepararon y ejecutaron los atentados de Madrid escondieron con notable habilidad la natura-

leza de sus intenciones, pese a que se desenvolvían en Madrid sin ocultar sus actitudes y creencias yihadistas.

Pero es igualmente cierto que ese conocimiento previo sobre no pocos de quienes integraron la red del 11-M permitió a los funcionarios de la UCIE detener a Jamal Zougam tan sólo dos días después de los atentados de Madrid, concretamente el 13 de marzo de 2004 a las 16:40 horas.[113]

Apenas cuatro horas antes de esta detención, la UCIE había asumido definitivamente las diligencias sobre los atentados de Madrid: «Hay un elemento determinante, y es cuando se nos confirma que una de las tarjetas intervenidas ha sido vendida a un locutorio de Lavapiés. Entonces entiendo que ya estamos en la pista cierta», en palabras del entonces comisario jefe de la unidad.[114]

Una tarjeta telefónica de prepago extraída del terminal móvil que, a modo de detonador, apareció conectado a una bomba fabricada por los terroristas y hallada en la estación de El Pozo –en el tramo de vía férrea por el que circulaban los cuatro trenes de Cercanías que fueron blanco de los terroristas–, pero que no llegó a estallar y pudo ser desactivada por la policía, procedía del negocio de telefonía móvil que regentaba Zougam. Correspondía a un lote de tarjetas prepago de telefonía móvil, buena parte de las cuales fueron utilizadas para activar las demás bombas o por otros implicados en el 11-M.[115]

El entonces comisario jefe de la UCIE diría después, acerca de la tarjeta prepago de telefonía móvil intervenida y de la línea de investigación sobre el 11-M a que definitivamente se dio preferencia: «Más que la tarjeta es el trabajo previo de muchos años que se tiene desarrollado. Una vez que sabemos el sitio, automáticamente ya se conoce *grosso modo* quiénes pue-

den estar implicados y si nos dicen que uno se llama tal, el otro tal y el otro tal, son nombres propios: blanco y en botella, prácticamente».[116] Una alusión a los múltiples hechos y los numerosos vínculos que subrayan la continuidad entre la célula de Abu Dahdah y la red del 11-M.

Es también cierto que ese mismo conocimiento previo acerca de los terroristas del 11-M permitió a los funcionarios de la UCIE, el 3 de abril de 2004, dar con el piso de Leganés donde varios de aquellos se ocultaron. Esa guarida fue trabajosamente localizada gracias a la aludida intervención de un teléfono móvil utilizado por Berraj con anterioridad al 11-M, que estaba intervenido por la Comisaría General de Información desde enero de 2004 y seguía intervenido el día de los atentados de Madrid.[117] Esta intervención se relacionaba con las investigaciones que funcionarios de la UCIE continuaban desarrollando, para ese momento ya diez años después de iniciadas, sobre la célula de Abu Dahdah y sus miembros.

Este dato es en sí mismo revelador, una vez más, de la continuidad entre lo que quedó de esa célula tras su desarticulación en noviembre de 2001 y quienes colocaron las bombas en los trenes de Cercanías en marzo de 2004. Pero lo es aún mucho más porque, debido a que el teléfono del cual era usuario Berraj estaba bajo observación cuando se cometieron los atentados de Madrid, pudo localizarse el piso de la localidad de Leganés donde se habían refugiado algunos de los integrantes de la célula operativa del 11-M.

Unos diez días después del 11-M, el mismo comisario del CNP que trabajaba sobre sospechosos de haber pertenecido a la célula de Abu Dahdah advirtió, en una relación de números de teléfono compilada por otros miembros de la UCIE dedica-

dos a investigar el 11-M, un número de teléfono cuyos últimos tres dígitos variaban en 12 guarismos respecto al que utilizaba Berraj. Eso significaba que podía haber sido adquirido en el mismo lugar y por alguna persona relacionada.

Un minucioso análisis de las llamadas entrantes y salientes de dicho número, así como el rastreo de una tarjeta SIM activada bajo la misma BTS de Morata de Tajuña que la tarjeta SIM localizada en la mochila cuya bomba no llegó a detonar y pudo ser desactivada, desveló una llamada, recibida a fines de marzo de 2004, de un administrador de fincas que llamaba desde la barriada de San Cristóbal de los Ángeles.

El testimonio de esta persona permitió a la policía saber que unos hombres de origen norteafricano le habían alquilado a inicios de ese mes un piso en la calle Carmen Martín Gaite de Leganés. Cotejado el NIE (número de identificación de extranjeros) facilitado por el arrendatario, resultó ser de Mohamed Belhadj, un individuo asimismo inmerso en la red del 11-M.[118]

A primeras horas de la tarde del 3 de abril fue cuando se empezaron a confirmar los detalles. El piso que los terroristas del 11-M habían alquilado en Leganés como refugio temporal estaba a punto de ser localizado. Algunas horas más tarde, siete de ellos, los que esa tarde se encontraban en el interior de dicho inmueble, provocaron una explosión como consecuencia de la cual fallecieron todos y además ocasionaron la muerte a un policía, miembro del Grupo Especial de Operaciones (GEO). Berraj, sin embargo, no estuvo entre quienes protagonizaron el episodio de terrorismo suicida.

Al morir en una explosión suicida los siete integrantes de la red del 11-M que en el atardecer de ese día se encontraban en el inmueble y emprender la huida de España otros tantos, quedaron frustrados el resto de los cruentos planes que el Tuneci-

no, Youssef Belhadj y Jamal Ahmidan el Chino, como nodos de cada uno de los tres componentes de la red del 11-M, habían pergeñado en conexión con Amer Azizi, el destacado miembro de la célula de Abu Dahdah que tampoco fue detenido en la Operación Dátil por hallarse fuera de España y desde mediados de 2003 ejercía, desde Pakistán, como adjunto al jefe de operaciones externas de Al Qaeda.

En el comunicado mediante el que Al Qaeda reivindicó los atentados del 11-M poco más de doce horas después de su ejecución se justificaba la matanza en los trenes de Cercanías como «parte de un ajuste de viejas cuentas con la cruzada España».[119] Es decir, parte de algo más extenso. Y en una grabación que los más destacados miembros de la célula operativa constituida en el seno de la red del 11-M hicieron pública la tarde del 13 de marzo se escuchaban, en relación con los atentados de Madrid, frases como estas: «Tendremos más de lo mismo [...]. Estos ataques son sólo una pequeña muestra y un aviso que os hacemos como parte de nuestro plan de yihad».[120]

Este «plan de yihad» previsto por los terroristas del 11-M quedó asimismo plasmado en el manuscrito que el Tunecino remitió por fax en la mañana del 3 de abril de 2004 a un diario de ámbito nacional, en el cual se lee: «Tenemos la fuerza y la capacidad, con permiso de Alá el Altísimo, de atacaros cuando queramos y como queramos» y, dando de plazo al Gobierno de España hasta el mediodía del 4 de abril para decidir «la inmediata y completa retirada de vuestras tropas de Afganistán y de Irak», añadía la siguiente advertencia, en caso de no satisfacerse dichas demandas: «Juramos por Alá, el Altísimo y Sublime, que convertiremos vuestro país en un infierno y que haremos fluir vuestra sangre como ríos».[121]

Está comprobada la intención que los terroristas del 11-M tenían de hacer descarrilar un tren de alta velocidad entre Madrid y Sevilla, entonces con capacidad para algo más de trescientos pasajeros, a su paso por la provincia de Toledo. El 2 de abril de 2004, unos operarios que se ocupaban del mantenimiento de la vía férrea descubrieron, en el término municipal de Mocejón, una bomba colocada junto a los raíles.

Especialistas de la GC neutralizaron el artefacto explosivo, elaborado con unos doce kilogramos de dinamita y dispuesto para ser activado mediante un largo cable conectado a un detonador eléctrico. La sustancia explosiva y el detonador eran idénticos a los utilizados en los atentados del 11-M.

Por otra parte, además del piso que los terroristas del 11-M habían arrendado en Leganés, alquilaron también una casa en Albolote, muy cerca de Granada, el 4 de marzo, es decir, siete días antes de los atentados de Madrid.[122] Hay, asimismo, razones sólidas para concluir que no habían previsto hacer uso del inmueble de Leganés más allá de un mes o de un mes y medio.[123]

¿Acaso tenían en mente llevar a cabo después un espectacular acto de yihad relativamente cerca de la Alhambra, en un entorno tan emblemático de lo que fue Al Andalus, teniendo en cuenta no sólo el significado que Al Andalus adquiere en la ideología del salafismo yihadista, sino también lo evocadora que Granada resulta para el mundo islámico en general? No es posible responder con certidumbre a esta pregunta, pero sí reiterar que miembros del núcleo operativo de la red del 11-M se ocuparon de arrendar un inmueble exactamente junto a la ciudad de Granada y no en cualquier otro emplazamiento dentro del territorio español.

Además, los integrantes de la célula local dentro de la red del 11-M habían recopilado información sobre posibles nuevos blancos contra los que atentar en Madrid y alrededores. Por ejemplo, una finca recreativa de la comunidad judía próxima a la localidad de Hoyo de Manzanares, al norte de Madrid, un colegio británico en el barrio de La Moraleja o incluso la sede de la Agencia Española de Cooperación Internacional, en el distrito igualmente madrileño de Moncloa.[124]

Además, aproximadamente un año antes del 11-M, Berraj fue fotografiado por agentes del servicio de seguridad de la Embajada de Estados Unidos en Madrid mientras llevaba a cabo una observación atenta y minuciosa de la sede diplomática.[125] Los terroristas también habían rastreado otros posibles blancos en Segovia y Ávila, en particular lugares con algún tipo de significación judía.[126]

A fin de llevar a cabo nuevos atentados, además de los inmuebles alquilados contaban con armas y aún les quedaban explosivos. Su reserva financiera, como ya he anticipado, se aproximaba al millón y medio de euros, más de catorce veces el coste de la matanza en los trenes de Cercanías, estimado en alrededor de 105.000 euros.[127]

Los planes de atentar de los terroristas tras el 11-M, y con los cuales amenazaron de manera explícita mediante un comunicado difundido la mañana del 3 de abril de 2004, fueron desbaratados no tanto por las primeras detenciones efectuadas por el CNP en la tarde del 13 de marzo en Madrid como por lo ocurrido en Leganés aquel 3 de abril. Siete terroristas, los que se encontraban en el interior del piso donde se escondían y cuya localización habían conseguido ese mismo día los expertos de la CGI, dejaron muy claro hasta dónde estaban dispuestos a llegar en su común adhesión a la ideología yihadista del martirio.

6

La legislación no era adecuada para perseguir yihadistas y un desatino judicial reforzó a los terroristas

La legislación antiterrorista vigente en España a fecha del 11-M, es decir, las disposiciones sobre delitos de terrorismo que contenía el Código Penal de 1995, estaba pensada para tratar el terrorismo de ETA y, por extensión, otras expresiones nacionales del fenómeno conocidas hasta entonces. Sus limitaciones para abordar jurídicamente el terrorismo yihadista y para que las FCSE persiguieran yihadistas eran manifiestas.

Esa inadecuación legal no facilitó el empeño que los funcionarios de la UCIE tenían por acumular evidencias con el fin de detener y encarcelar a exmiembros de la célula de Abu Dahdah como el Tunecino, Said Berraj o Jamal Zougam que seguían en España en 2002 y 2003, tras la Operación Dátil. Exmiembros de esa célula, desarticulada en noviembre de 2001, que, sin que esos expertos policiales llegasen a imaginarlo, terminarán estando entre los terroristas que prepararon y ejecutaron la matanza del 11-M.

Sin embargo, en el auto de procesamiento derivado de la Operación Dátil, hecho público en septiembre de 2003, ya aparecían Zougam y Berraj –este último por su sobrenombre de Said el Mensajero– entre los allegados de Abu Dahdah.[128] En el documento se lista, por ejemplo, la serie de libros y cintas de vídeo utilizados en procesos de adoctrinamiento o radicalización yihadista que fueron intervenidos a Zougam en

julio de 2001, durante un registro efectuado en su domicilio de Madrid.[129]

Además, el Tunecino participaba desde la primavera de 2000 en reuniones que, precisamente con propósitos de radicalización, llevaba a cabo la célula de Al Qaeda que lideraba Abu Dahdah y, para captar nuevos adeptos, repartía fotocopias con discursos de Bin Laden en torno a la mayor mezquita de Madrid.[130] En el otoño de 2000, Berraj se trasladó, en compañía de Azizi y otros yihadistas marroquíes que residían en España, a un campo de entrenamiento terrorista en Afganistán.

Pero ni las actividades de adoctrinamiento y radicalización, ni las de captación, ni tampoco las de adiestramiento o entrenamiento terrorista, estaban tipificadas como delitos de terrorismo en el Código Penal de 1995 entonces vigente. Sus disposiciones –insisto, pensadas fundamentalmente para el tratamiento de ETA– no eran aplicables con igual eficacia a otro fenómeno terrorista con importantes diferencias en su estructuración, composición, alcance transnacional y modalidades de implicación.

Eran necesarias reformas en la delimitación de conceptos como los de grupo y organización terrorista, al igual que en la tipificación de ciertas conductas preparatorias de radicalización violenta, reclutamiento y adiestramiento terrorista, que magistrados y jueces –si acaso, con alguna excepción– no consideraban como formas de colaboración con banda armada, o de la financiación del terrorismo internacional como delito autónomo.

Todo ello sin entrar en otros importantes aspectos en los que las reformas resultaban asimismo imprescindibles para que el sistema español de lucha contra el terrorismo contase con unas herramientas legales adecuadas para el tratamiento

jurídico del terrorismo yihadista: protección de testigos, judicialización de fuentes de inteligencia y escuchas telefónicas administrativas, por ejemplo.

Pues bien, nueve meses después del 11-S, o, dicho de otro modo, un año y ocho meses antes del 11-M, la Unión Europea (UE) había instado a sus Estados miembros, mediante una decisión marco que entró en vigor el 13 de junio de 2002, a que introdujesen en sus respectivas legislaciones nacionales una serie de actos que deben considerarse delitos de terrorismo; lo que debe entenderse como grupo terrorista y los delitos relacionados con su dirección o con la participación en sus actividades; la tipificación de delitos ligados a actividades terroristas, incluidos delitos considerados como de delincuencia común pero con finalidad de índole terrorista; y la inducción, complicidad o tentativa de cometer un delito de terrorismo.[131]

Incorporar a la legislación española las obligaciones impuestas en esa decisión marco sobre lucha contra el terrorismo hubiera solventado a tiempo, en buena medida, algunas importantes limitaciones para perseguir yihadistas que eran inherentes al Código Penal de 1995. Es más, la UE establecía que antes del 31 de diciembre de 2002 «a más tardar» se adoptasen las medidas necesarias para que los países comunitarios incorporasen en el Derecho nacional la serie de obligaciones impuestas en dicha decisión marco.

España no cumplió, pese a que ocupaba la presidencia de la Unión Europea durante el primer semestre de 2002, cuando se aprobó y entró en vigor esa decisión marco sobre lucha contra el terrorismo, y pese a que la lucha contra el terrorismo fue la «prioridad de prioridades» del Gobierno durante la presidencia española.[132]

Pasaron ocho años hasta que el 23 de junio de 2010 se publicó una reforma del Código Penal, que además entró en vigor en diciembre de ese año, recogiendo una diferenciación entre grupo y organización terrorista que solventaba la limitación de la regulación hasta entonces existente para enjuiciar a los grupos terroristas de orientación yihadista activos en España, al igual que para sancionar tanto a quienes los promuevan, constituyan, organicen o coordinen, como a quienes participen activamente en ellos, formando o no parte de los mismos.[133]

En ocasiones, la discrepancia entre expertos de la UCIE a quienes constaban esas actividades yihadistas de individuos que se incorporaron a la red del 11-M a lo largo de 2002 y magistrados o jueces de la Audiencia Nacional resultó ímproba, como revela el caso de Mohamed el Egipcio.

En enero de 2002, pocos meses después de que este llegara a Madrid, se judicializó una investigación policial por las actividades de proselitismo yihadista que desarrollaba en torno a lugares de culto como la mezquita de Abu Bakr y por sus relaciones con Maymouni, Chebli y el Tunecino.[134]

En la UCIE se consideraba a Mohamed el Egipcio «un individuo peligroso para la seguridad de cualquier país donde se encontrara».[135] Pero el magistrado de la Audiencia Nacional que asumió el caso de este individuo no entendió que hubiera indicios suficientes para proceder a su detención ni a la de otros individuos con los que se reunía, en realidad inmersos en la constitución de lo que será el componente inicial de la red del 11-M. En cambio, sorprendentemente, Mohamed el Egipcio, pese a haber llegado a Madrid a finales de 2001, consiguió un permiso de residencia temporal por arraigo.[136]

Esa discrepancia entre funcionarios de la UCIE y tanto jueces como fiscales del tribunal español competente en delitos de terrorismo no era nueva. Así, quien era jefe de la Sección de Asuntos Árabes e Islámicos de dicha unidad policial cuando se produjeron los atentados de Madrid, refiriéndose al reclutamiento sistemático que Abu Dahdah hacía –entre mediados de 1995 y noviembre de 2001, mientras lideró la célula que Al Qaeda tuvo en España– de individuos a los cuales enviaba a Bosnia, a Chechenia o a Afganistán, se preguntaba: «¿Esa actividad es delictiva en España? ¿Reclutar muyahidines y enviar a un conflicto de este tipo donde se preparan como terroristas es delictivo?».

Y dando por descontado que lo razonable era contestar afirmativamente a ese interrogante y considerar delictivo ese comportamiento, precisó cuál era la realidad que su desempeño policial encontraba antes del 11-M: «Pues durante años los hemos estado investigando, durante años eso ha sido controlado por varios jueces y por muchos fiscales, y ninguno se ha atrevido a dictar una orden de detención. Solamente cuando aparecieron indicios de su posible conexión –que luego resultaron realidades– con el 11 de septiembre es cuando se produjeron detenciones».[137]

El hecho es que las disposiciones sobre terrorismo del Código Penal se revisaron de nuevo en 2015 para encajar facetas del terrorismo yihadista como la de viajar a una zona de conflicto como combatiente terrorista extranjero.[138]

Añádase a lo anterior que, en los años previos al 11-M, los jueces de las salas de lo Penal de la Audiencia Nacional cuestionaban o rechazaban que en España fuera posible condenar a alguien por pertenecer a una banda terrorista de orienta-

ción yihadista si esta no cometía actos de terrorismo dentro del territorio nacional.[139] Es decir, no bastaba que un individuo, como miembro de una organización yihadista, llevase a cabo en España actividades como la radicalización, el reclutamiento, la financiación o incluso la capacitación con fines terroristas.

Hubo, eso sí, un precedente con anterioridad a los atentados de Madrid: el de la sentencia que en 2001 condenó, por pertenencia a organización terrorista, a seis miembros de una célula que el Grupo Islámico Armado (GIA) –entidad asociada con Al Qaeda[140]– había establecido en la provincia de Valencia y que fue desarticulada en 1997. Se trataba precisamente de la célula a la cual perteneció Allekema Lamari. Pero este precedente no dejó de ser una excepción que confirmaba la norma respecto al tratamiento del terrorismo yihadista en la Audiencia Nacional, hoy impensable pero normal antes del 11-M.

Así recordaba ese precedente quien entonces era fiscal jefe en ese tribunal: «fue un caso muy interesante para nosotros, porque contra todo pronóstico obtuvimos una condena por pertenencia a banda terrorista, y digo contra todo pronóstico porque hasta entonces la Audiencia Nacional no había estimado que hubiese pertenencia a banda terrorista de grupos que no habían actuado directamente en España; es decir, la Audiencia Nacional decía: si ETA actúa en España es terrorismo y es pertenencia a banda terrorista; si GRAPO actúa en España es terrorismo y es pertenencia a banda terrorista; pero si el GIA o el grupo salafista para la Predicación y el Combate se predica como terrorista pero no comete atentados en España, nosotros no podemos condenar por delito de pertenencia a banda terrorista».[141]

Para cuando ocurrieron los atentados de Madrid, en la Audiencia Nacional habían visto casos de yihadismo desde hacía

nueve años. Pero cuatro meses después del 11-M, quien fuera fiscal jefe en dicho tribunal entre 1997 y 2006 reconoció que, con anterioridad a los atentados de Madrid, calificaba de «auxiliar o marginal» al terrorismo yihadista, «porque no era un terrorismo que tuviera implantación en España y que se dedicara a cometer atentados en España, sino que era un terrorismo que tenía por objeto auxiliar, por eso lo digo, a los terroristas islamistas en Francia».[142]

También admitió que siempre le pareció un terrorismo «de segunda categoría» y que «a partir del 11 de marzo me encontré con que mis teorías estaban equivocadas, a partir del 13 de marzo para ser exactos».[143] Es en esta segunda fecha, dos días después del 11-M, cuando la investigación sobre los atentados de Madrid pasó definitivamente a la unidad especializada en terrorismo internacional dentro de la Comisaría General de Información del CNP.

En sus propias palabras, para el fiscal jefe de la Audiencia Nacional, que cuando fueron ejecutados los atentados en los trenes de Cercanías llevaba siete u ocho años en el cargo, el terrorismo yihadista no era «una cosa que a mí personalmente me llamara la atención como fenómeno que luego se desató en la terrible masacre del 11 de marzo. Yo nunca habría podido imaginar que los terroristas islamistas pudieran cometer un atentado de estas características, y sobre todo con estos resultados» en España.[144] También en la Audiencia Nacional se ignoró el «efecto bumerán».

Un magistrado de la Audiencia Nacional con más de una década de experiencia en procedimientos en los cuales se había investigado a individuos y redes yihadistas en España antes del 11-M –que era considerado como «punta de lanza» en las actuaciones contra el terrorismo internacional por parte de responsables policiales en el tema, persona «que siempre ha en-

tendido el problema» y «de referencia»–[145] realizó tras los atentados de Madrid unas significativas reflexiones sobre la falta de especialización y de coordinación en aquel órgano jurisdiccional único en España.

Respecto a la especialización en el ámbito judicial, dicho magistrado afirmaba tras los atentados de Madrid: «Esa especialización es necesaria, la especialización por parte de personas expertas. El juez puede tener los conocimientos que tiene, pero necesita un equipo inmediato, próximo. No me refiero al policial, donde hay especialización, y cada vez más, sino a otro más amplio en distintos campos, no solamente el policial, ya digo, sino el financiero, el económico, de transacciones exteriores y de todos aquellos ámbitos que nos puedan afectar».[146]

Acerca de la coordinación judicial, ese mismo magistrado decía: «No es comprensible que jueces y fiscales especializados en la Audiencia Nacional no tengan conocimiento de todo aquello que supone el terrorismo internacional. Si estamos hablando de un fenómeno complejo, amplio, global, lo menos que podemos hacer para hacerle frente, respetando, por supuesto, el ámbito de cada una de las investigaciones que está marcado en la Ley de Enjuiciamiento Criminal, para todo lo demás, es tener una puesta en común para estos temas»; y entonces mencionaba una carencia fundamental que existía antes del 11-M: «Hay algo que yo siempre he demandado y es la ubicación en la propia Audiencia Nacional de un sistema informático que cruce todos los datos y que establezca una realidad virtual ante cada una de las personas sometidas a investigación en temas de terrorismo, crimen organizado, etcétera».[147]

Junto a todo ello, hubo un asombroso desatino judicial que benefició a la red del 11-M, como el que permitió a Lamari

unirse a ese entramado terrorista cuando estaba en constitución. Lamari había sido detenido en abril de 1997, procesado por su vinculación con el GIA, y condenado en 2001 a un total de catorce años de prisión por pertenencia a banda armada, tenencia ilícita de armas y falsificación de documentos.[148]

Lamari interpuso un recurso de casación y la Sección Tercera de la Sala de lo Penal de la Audiencia Nacional acordó prorrogar su prisión preventiva primero hasta el 9 de abril de 2002 y después hasta el 29 de junio de 2002. Ninguna de estas fechas correspondía al límite legalmente posible, es decir, la mitad de la suma de las penas de privación de libertad que había recibido. Esa mitad eran siete años y la prórroga no tendría que haber llegado hasta 2004.

Mientras, la Sala Segunda del Tribunal Supremo –a la cual no se dio cuenta de lo anterior– resolvió el recurso pendiente y dictó nueva sentencia el 7 de junio de 2002 –por cierto, reduciendo el conjunto de la pena a algo más de nueve años–. Esta sentencia de casación llegó a conocimiento de la Audiencia Nacional con posterioridad al 29 de junio de 2002 –se tardó un mes en remitir del Tribunal Supremo a la Audiencia Nacional esa sentencia– cuando ya se había hecho efectiva la libertad de Lamari.

Ese día, el 29 de junio de 2002, el director del Centro Penitenciario de A Lama, en la provincia de Pontevedra, recibió el Exhorto 142/2002 –a instancias de la misma Sección Tercera de la Sala de lo Penal de la Audiencia Nacional que había juzgado a Lamari– por el que se le urgía a poner en «inmediata libertad» al yihadista argelino, que se encontraba interno en dicho establecimiento.

Lamari incumplió desde el inicio la obligación de personarse ante la autoridad judicial, pero además la Sección Tercera de la Sala de lo Penal de la Audiencia Nacional tardó más de

un año, hasta julio de 2003, en dictar orden de busca y detención.[149] Para entonces, Lamari se preparaba secretamente, junto a otros yihadistas, para atentar en Madrid.

El presidente del Tribunal Supremo abrió una investigación para averiguar por qué se tardó un mes en que la sentencia firme llegara a la Audiencia Nacional y en el Consejo General del Poder Judicial se abrieron diligencias informativas previas a los jueces de la Sección Tercera de la Sala de lo Penal de la Audiencia Nacional, al objeto de depurar la eventual existencia de responsabilidades disciplinarias por la excarcelación del terrorista.

Respecto a la primera investigación, poco más se hizo que llevar a cabo una inspección para comprobar el estado general de la tramitación de procedimientos. El segundo expediente fue archivado sin sanciones «por prescripción de la infracción». El 25 de octubre de 2004, transcurridos siete meses desde el 11-M, la Audiencia Nacional emitió un informe en el cual se admitía un error en la excarcelación de Lamari.

Este caso sugiere, en otro sentido, apuntar que las prisiones españolas fueron ámbitos de radicalización y reclutamiento yihadista para algunos miembros de la red del 11-M, como Rachid Oulad Akcha y Mohamed Bouharrat. Para el propio Lamari, al igual que para el Chino, fueron ámbitos en los que se acentuó su radicalización violenta.

Más aun, cuando ocurrieron los atentados de Madrid existía un grupo yihadista cohesionado, estable y con liderazgo, autodenominado «Mártires por Alá», extendido en varios centros penitenciarios de España. Este grupo, en el que llegó a participar Lamari mientras estuvo encarcelado, se inició en 2000 en la prisión de Topas, en la provincia de Salamanca,

donde a sus integrantes se les permitía ocupar el polideportivo para celebrar reuniones supuestamente religiosas que no eran sino de adoctrinamiento y captación.

Si algún miembro del grupo estaba en otra prisión, se recurría al intercambio epistolar con el mismo propósito. Pero también planificaron atentados, entre ellos uno suicida contra la Audiencia Nacional, que perpetrarían miembros del grupo que ya hubieran sido excarcelados. Estos planes y el grupo mismo fueron desbaratados en otoño de 2004, en la Operación Nova.[150]

Quedó de manifiesto que, antes del 11-M, bajo el marco normativo entonces vigente –la Ley General Penitenciaria que databa de 1979 y el Reglamento Penitenciario de 1996– no existían suficientes protocolos penitenciarios de detección y seguimiento de internos yihadistas, o susceptibles de radicalización yihadista, ni un adecuado programa de intervención con ellos.

7

Evidencias de descoordinación y desconfianza entre los servicios antiterroristas antes del 11-M

La preparación y la ejecución de los atentados del 11-M mostraron que tanto dentro del CNP y de la GC como en las relaciones entre sus respectivas unidades de lucha contra el terrorismo yihadista –esto es, la UCIE y la UCE 2, respectivamente– existió descoordinación.

Y también pusieron de manifiesto que en el servicio español de inteligencia –es decir, el CNI– estuvieron convencidos de que los datos y las sugerencias que trasladaban al CNP y a la GC en los meses previos al 11-M no recibían la debida consideración.

La descoordinación, tanto dentro del CNP y de la GC como entre ambos cuerpos policiales, propició que los terroristas del 11-M se hicieran, en España, con los explosivos que necesitaban. Quienes se los facilitaron directamente, es decir, los malhechores José Emilio Suárez Trashorras y Antonio Toro Castro, eran parte de un pequeño grupo de delincuentes, todos ellos españoles nativos, dedicados al robo de vehículos y al tráfico de estupefacientes, al igual que, desde 2001, al tráfico de armas y de explosivos.

Sus actividades de narcotráfico fueron objeto de una operación del CNP –la Operación Pipol– desarrollada en Asturias en julio de 2001, en el curso de la cual se detuvo a Suárez Trasho-

rras y a Toro Castro. En el registro de un garaje que ambos tenían alquilado en Avilés se hallaron, junto a importantes cantidades de cocaína y de hachís, 16 cartuchos de Goma 2 y 94 detonadores eléctricos.[151]

Aunque en el CNP y en la GC se sabía de un comercio ilegal de dinamita en y desde Asturias, al igual que de la implicación en este de Suárez Trashorras y de Toro Castro, ningún cuerpo policial fue capaz de investigarlo, o de hacerlo con resultados positivos, en los dos años previos al del 11-M.

Tampoco intercambiaron información ni se coordinaron a ese respecto.[152] El CNP no informó sobre la Operación Pipol a la GC, pese a que este cuerpo tiene la competencia en materia de control de explosivos. El jefe de la Comandancia de la GC en Asturias entre 2001 y junio de 2004 se enteró dos años después de que en esa operación aparecieron cartuchos de dinamita y detonadores.[153]

Tampoco la GC informó al CNP sobre la Operación Serpiente, iniciada en febrero de 2001 y cerrada meses más tarde sin resultados, en la que los sospechosos de traficar con explosivos eran igualmente Suárez Trashorras y Toro Castro. Tras el 11-M, al que era jefe superior de Policía de Asturias desde 1999 le sonaba el asunto de dicha operación por «haberlo leído en los medios de comunicación».[154]

La consecuencia fue que Toro Castro y un delincuente marroquí con quien había coincidido en prisión pusieron en contacto a Suárez Trashorras y al Chino en septiembre de 2003. Así, la red del 11-M obtuvo, a cambio de veinticinco kilos de hachís y cierta cantidad de dinero, la Goma 2 que, transportada a Madrid sobre todo entre enero y febrero de 2004, fue utilizada en los atentados del 11-M, en el fallido intento de hacer descarrilar un AVE (Alta Velocidad Española), y en la explosión suicida de Leganés.

Prevaleció la descoordinación entre cuerpos policiales y hubo, por añadidura, episodios tan inauditos como el ocurrido el 29 de febrero de 2004, once días antes del 11-M, cuando agentes de la Agrupación de Tráfico de la GC pararon al Chino, al volante de un Toyota Corolla, por circular a una velocidad superior a la permitida por la carretera N-623, cerca de la ciudad de Burgos.[155] El coche era robado, las placas de matrícula no le correspondían y el Chino, que mostró un pasaporte falso, no pudo aportar documentación del automóvil. Sin embargo, fue autorizado a proseguir la marcha tras pagar en metálico una multa, sin que se cotejaran los antecedentes del conductor ni los del coche que conducía.[156]

El vehículo conducido por el Chino transitaba en realidad de Avilés a la finca de Morata de Tajuña, poco por delante de un Volkswagen Golf, ocupado por Mohamed Oulad Akcha y por Abdenabi Kounjaa, que transportaba unos doscientos kilos de dinamita. Sea cual fuere la razón, el caso es que dentro de la GC no se transmitió una información que pudo haber sido crítica para evitar el 11-M.

En relación con este mismo episodio quedó también de manifiesto la descoordinación dentro del CNP. Al menos un funcionario de la Unidad de Drogas y Crimen Organizado (UDYCO) de dicho cuerpo supo, a fines de 2003 o primeros días de 2004, por medio de un confidente, que individuos de origen magrebí dedicados al suministro de sustancias estupefacientes hablaban de poner bombas en trenes.[157] Más aún, funcionarios de la UDYCO estuvieron investigando, con anterioridad a los atentados de Madrid, a varios de los delincuentes radicalizados que formaron parte de la red del 11-M, incluyendo a su cabecilla, el Chino, y a Othman el Gnaoui.

Juzgados de Parla y Alcalá de Henares, en la Comunidad de Madrid, les autorizaron la intervención de los teléfonos que

utilizaban, en el caso del primero, desde el 12 de diciembre de 2003 hasta el 5 de marzo de 2004, y en el del segundo, desde el 12 de diciembre de 2003 hasta el mismo 11 de marzo.[158] En una de las grabaciones que realizaron se escucha cómo el Chino instruye a Gnaoui para que haga uso de una furgoneta, recoja con ella a otro miembro de la banda y acudan al encuentro de unos vehículos que trasladaban explosivos desde Asturias.[159] Se trataba del episodio ocurrido el 29 de febrero de 2004 al cual acabo de hacer referencia unas líneas más arriba.

A las muestras de descoordinación dentro de los cuerpos policiales y entre sus unidades de lucha contra el terrorismo yihadista que precedieron al 11-M hay que sumar los problemas de colaboración de las FCSE con el CNI.

A lo largo del año previo a los atentados de Madrid, el CNI desarrolló una línea de acción preventiva precisamente en torno a Allekema Lamari, el yihadista argelino que fue excarcelado por un error judicial en junio de 2003. El CNI informó inicialmente al secretario de Estado de Seguridad, en el Ministerio del Interior, sobre la peligrosidad e intenciones de Lamari mediante un documento elaborado con fecha 6 de noviembre de 2003, poco más de cuatro meses antes del 11-M.[160]

Este documento del CNI atribuía a Lamari un comportamiento inquietante y mencionaba fuentes fiables de información según las cuales el argelino estaba en disposición de preparar y perpetrar actos de terrorismo en España, incluso con carácter inminente. El documento del CNI situaba a Lamari en Madrid, lo que resulta congruente con el hecho de que era donde para entonces estaba ya formada la red del 11-M, a la cual se había sumado.

El CNI llegó a señalar dos teléfonos públicos que habían

sido utilizados por Lamari en octubre de 2003 en Madrid, uno de los cuales correspondía a un locutorio sito en la calle Capitán Blanco Argibay y otro a un bar ubicado en la calle Estébanez Calderón. Asimismo, el CNI comunicó al Ministerio del Interior el modelo del coche y la matrícula con que Lamari se había desplazado entre Valencia y Madrid, así como copia de documentación falsificada a nombre de Lamari. Con estos y otros datos, desde el servicio español de inteligencia se reiteró la necesidad de localizar y detener a Lamari, sugiriendo al CNP su búsqueda, una actuación que no se llegó a realizar porque, según explicó el propio secretario de Estado director del CNI, el CNP «nunca» dio a ese asunto «la credibilidad suficiente, privilegiando sus líneas de investigación propias».[161]

El 8 de marzo de 2004, esto es, tan solo tres días antes del 11-M, el CNI convocó en su sede a miembros de la CGI del CNP. Además de comentar la situación del islamismo radical en España, los miembros del CNI alertaron una vez más sobre la peligrosidad y fanatismo de Lamari, así como sobre el hecho de que había decidido cometer un acto de terrorismo en España –en realidad, sin que pudieran precisarlo, se estaba preparando para contribuir a los atentados de Madrid y a otros planes terroristas posteriores.

Los responsables de la UCIE presentes en esa reunión sostuvieron que carecían de información propia que señalase a Lamari como una amenaza en aquellos momentos y que la alerta sobre la amenaza del terrorismo yihadista era difusa y poco concluyente. Los miembros del CNI insistieron en la fiabilidad de la información con que contaba el Servicio de Inteligencia y en la gravedad de la amenaza que suponía Lamari. Unos y otros no coincidieron en sus respectivas valoraciones. Tres días después se produjeron los atentados de Madrid.

Esa disparidad de criterios sobre Lamari persistió incluso tras la matanza en los trenes de Cercanías, cuando los miembros de la red del 11-M todavía suponían una seria amenaza. Nueve días después de los atentados de Madrid, el 20 de marzo de 2004, el CNI, apoyándose en la Policía Municipal de Leganés, localizó en esta localidad madrileña los domicilios de dos individuos cercanos a Lamari –Mohamed Afalah y Abdelmajid Bouchar– que resultaron estar entre los terroristas del 11-M.

El CNI trasladó datos y fotografías a las FCSE para que se incluyera a los tres entre los buscados por los atentados de Madrid, «cosa que no se tiene constancia que hagan», de nuevo en palabras del secretario de Estado director del Servicio de Inteligencia español.[162] El CNI sugirió que se diera prioridad a Leganés en el rastreo de los terroristas del 11-M. Además, el 27 de marzo de 2004, el CNI recibe la noticia de que un individuo de Valencia ha recibido una llamada de Lamari en el curso de la cual este segundo dijo al primero que «no le cogerán vivo».[163]

Unos días después, el 3 de abril, se produjo la explosión suicida de Leganés, donde los funcionarios de la UCIE habían localizado, ese mismo día, pero recurriendo a medios propios, el piso en que se escondían varios de esos terroristas. Algún otro integrante de la red del 11-M que no se encontraba en ese lugar en concreto, aunque sí en Leganés, utilizó como guarida su propio domicilio, como se había apuntado desde el CNI. Todo indica que, de haberse coordinado el CNP y el CNI, los resultados de la actuación en Leganés podrían haber sido mejores desde una perspectiva de interés general en la lucha contra el terrorismo.

A tenor de todo ello, el aludido documento del secretario de Estado director del CNI incluye este comentario: «Es preciso

subrayar la necesidad de que el Ministerio del Interior considere la potencialidad del papel del CNI en la lucha contra el terrorismo islamista y que las FCSE compartan con el Centro la información de interés común. Lo que facilitará la coordinación y el trabajo más eficaz del conjunto».[164] Es decir, ni aquella potencialidad se consideraba ni esta información de interés común se compartía.

Ese informe concluye de este modo: «Convencidos de la peligrosidad y las posibles consecuencias que podrían acarrear la presencia en España de Lamari y sus colaboradores, el CNI advirtió en reiteradas ocasiones de esta circunstancia al Ministerio del Interior para que tomasen como propia esa línea de investigación. Creo que, a pesar de nuestras advertencias y sospechas, este asunto no fue tomado en consideración por los responsables de la Comisaría de Información del CNP y del Servicio de Información de la Guardia Civil».[165]

El secretario de Estado director del CNI se quejaba, por consiguiente, de que las investigaciones del Servicio de Inteligencia sólo fueron consideradas tras el 11-M, cuando aparecen pruebas que relacionan a Lamari y sus próximos con lo sucedido, por ejemplo, con la aparición en Alcalá de Henares de un segundo vehículo relacionado con los atentados.

Más aún, tras subrayar que el CNI tuvo conocimiento del hallazgo de este vehículo y de las pruebas subsiguientes «un mes después y a través de los medios de comunicación» y detectar que el CNP tenía interés en solicitar a un juez de la Audiencia Nacional la intervención de los teléfonos de un individuo que era precisamente el informante del CNI sobre Lamari, «algo que no se ha coordinado», apostilla: «La desconsideración del Ministerio del Interior hacia las investigaciones del Centro Nacional de Inteligencia van más allá de un mero problema de coordinación. A mi juicio –sentencia el secretario de

Estado director del CNI–, esta situación es totalmente inaceptable y no debería continuar así».[166]

En suma, si en los años previos al 11-M hubiese existido una adecuada coordinación interna entre las respectivas secciones dedicadas a la lucha contra el terrorismo, a la lucha contra el tráfico de drogas y a la lucha contra el comercio ilícito de explosivos en la GC y en el CNP, y si la coordinación entre ambos cuerpos, en especial, pero no sólo en lo que concierne a sus servicios antiterroristas, hubiera sido óptima, incluyendo en ese intercambio al CNI, el cruce de datos habría hecho saltar todas las alarmas, sobre todo a partir del verano de 2003.

En efecto, habría hecho saltar todas las alarmas el constatar cómo individuos procedentes de la desarticulada célula de Abu Dahdah que continuaban en libertad se habían reagrupado, estableciendo relación con otros yihadistas y con individuos pertenecientes a una banda dedicada al tráfico de drogas, y cómo estos, a su vez, estaban en contacto con otros individuos conocidos por el comercio ilícito de explosivos. Ese cruce de datos no se produjo, no saltó alarma alguna y tuvo lugar la matanza en los trenes de Cercanías.

No fue hasta mayo de 2004, dos meses después del 11-M, cuando el Consejo de Ministros aprobó la creación de un Centro Nacional de Coordinación Antiterrorista (CNCA) en el que trabajasen conjuntamente analistas del CNP y de la GC, junto a una delegación del CNI. El CNCA, cuya estructuración fue evolucionando para incorporar desde Instituciones Penitenciarias a las policías autonómicas con competencias en materia de lucha contra el terrorismo, fue un indudable avance en el intercambio de información y el análisis integrado de inteligencia que son necesarios para una adecuada respuesta es-

tatal al terrorismo en general y al terrorismo yihadista en particular.[167] También después de los atentados de Madrid, el Ministerio del Interior adoptó una nueva fórmula de gestión de bases de datos policiales que asegurara un acceso conjunto, rápido y compartido para las FCSE.[168]

8

Un Servicio de Inteligencia en proceso de adaptación y desenfocado acerca de la amenaza yihadista

«El éxito de los Servicios de Inteligencia son los atentados que no se llegan a producir». Esta afirmación la hizo el director del CNI durante una conferencia que pronunció en Madrid en septiembre de 2002, tras subrayar el papel, evidentemente de la máxima importancia, que los Servicios de Inteligencia tienen en la lucha contra cualquier forma de terrorismo que afecte a la seguridad nacional y a la cohesión social de una democracia liberal como la española.[169] Pero los atentados del 11-M llegaron a producirse y, por consiguiente, fueron también un fracaso del CNI.

La preocupación principal del CNI en los años previos a la matanza en los trenes de Cercanías, la que seguía absorbiendo una «proporción enorme» del tiempo dedicado y de las energías consumidas por sus agentes y sus analistas, «hasta convertirse en una auténtica obsesión», era ETA: «Lo sabíamos todo de la organización terrorista», en palabras de quien en esos momentos estaba al frente del Servicio de Inteligencia español, el primer civil nombrado para dicho puesto en la historia del organismo.[170] Pero saberlo «todo» de ETA no sirvió para impedir el 11-M, porque ETA nada tuvo que ver con el 11-M.

Los atentados de Madrid fueron una expresión de terrorismo yihadista, pero en los años que precedieron al 11-M el CNI

dedicó atención y recursos francamente limitados a la amenaza propia de dicho fenómeno, cuya penetración en España se había iniciado, sin embargo, más de una década antes de la matanza en los trenes de Cercanías.[171]

Y es que no fue hasta diciembre de 2003, tres meses antes de los atentados en Madrid, cuando la Comisión Delegada del Gobierno para Asuntos de Inteligencia propuso elevar al nivel de prioritario la Inteligencia sobre la amenaza terrorista «de origen islámico» o «de origen islamista», según los términos entonces utilizados, entre los objetivos y necesidades de Inteligencia del Gobierno de España. El Consejo de Ministros aprobó esta propuesta en enero de 2004, apenas dos meses antes del 11-M.

Eso sí, un hecho que «forzó» al Servicio de Inteligencia español a prestar más atención a «la amenaza islamista» fue la participación de España en la coalición militar internacional, liderada por Estados Unidos, que en febrero de 2003 invadió Irak.[172]

Los analistas del CNI consideraron que esa implicación de las Fuerzas Armadas españolas en Irak, al margen de la misión específica que tuviesen encomendada, era lo que incrementaba el «perfil de riesgo» para España. Pero ese incremento en la atención a la amenaza del terrorismo yihadista llevó sobre todo a reforzar la presencia del CNI en «zonas conflictivas» como Irak y también Afganistán, a fin de proporcionar información y dar protección a «tropas desplegadas sobre el terreno».[173]

El entonces director del CNI ha explicado con posterioridad cómo la decisión de prestar más atención a la amenaza del terrorismo yihadista, tomada aproximadamente un año antes de la matanza en los trenes de Cercanías, «exigía un trasvase de efectivos, un entrenamiento, una especialización, dominio

de idiomas, despliegue territorial, etcétera», de manera que el Servicio de Inteligencia español estaba «en pleno proceso de cambio cuando se produjo el 11-M».[174]

En términos más precisos, el exdirector del CNI reiteró cuál era la situación de este cambio en torno a la fecha del 11 de marzo de 2004, concretando además la estimación genérica que se hacía de la amenaza yihadista para España por comparación con la procedente del nacionalismo vasco radical, afirmando que el CNI se encontraba por entonces del siguiente modo: «En pleno proceso de adaptación para pasar a considerar al islamismo radical como una amenaza mayor que ETA».[175]

Pese a esa reorganización interna por la cual atravesaba el Servicio de Inteligencia español, derivada de valorar el terrorismo yihadista como una amenaza para España mayor incluso que la que planteaba todavía el terrorismo de ETA, dentro de la División de Contraterrorismo del CNI no se creó un departamento específico de terrorismo internacional, dedicado básicamente a la amenaza del terrorismo yihadista, hasta febrero de 2004. Es decir, solo un mes antes de la matanza en los trenes de Cercanías.

Es verosímil que la situación de transitoriedad por la que atravesaba el CNI impidiera que sus agentes pudiesen localizar, antes del 11-M, a alguno de los individuos que estuvieron implicados en los atentados de Madrid y sobre cuya peligrosidad tenían conocimiento previo, en particular a Allekema Lamari. Tampoco favoreció que sus analistas tuviesen una visión correcta, aplicable al ámbito español, sobre la evolución del yihadismo global tras los atentados del 11-S y por consiguiente de la amenaza terrorista inherente a dicho fenómeno.

Pese a que en los análisis de situación y las evaluaciones globales realizados por el CNI a lo largo del año que precedió al 11-M se asociaba la amenaza del terrorismo yihadista para España con el conflicto en Irak, su línea de actuación de mayor interés durante ese periodo de tiempo no estaba relacionada con los acontecimientos en Irak. Paradójicamente, fue la desarrollada en torno a Allekema Lamari, el yihadista argelino excarcelado en junio de 2002 por un error judicial.[176]

Así, por una parte, en el CNI conocían a Lamari desde mediada la década de los noventa del pasado siglo y sabían, a través de «una fuente sensible» y de fiabilidad «media-alta», de sus inquietantes movimientos en los dos años previos al 11-M, de lo cual quedó constancia en un documento fechado en noviembre de 2003.[177]

Por los contenidos de ese documento es posible averiguar que los analistas del CNI sabían que Lamari, tras ser excarcelado en junio de 2002 debido a un error judicial, «juró que los españoles pagarían muy cara su detención» y hablaba de «llevar a cabo en territorio nacional atentados terroristas de enormes dimensiones».[178]

Sabían también que Lamari se trasladó de Valencia a Madrid en septiembre de ese mismo año y que en la capital de España mantenía relaciones con Driss Chebli y «un grupo islamista radical integrado principalmente por marroquíes» como Afalah, Bouharrat y Abdelmajid Bouchar.[179] En realidad, estos individuos se hallaban para entonces insertos en la red del 11-M que se iba configurando sin que en el CNI apreciaran correctamente la naturaleza y el alcance de ese grupo.

Y en el CNI sabían igualmente que Lamari, en octubre de 2003, realizó giros postales a cinco exmiembros de la célula del Grupo Islámico Armado (GIA) a la cual había pertenecido, quienes cumplían condena en varias prisiones españolas, y que

esta conducta, anormal teniendo en cuenta la «precariedad económica» del argelino, podía «entenderse como una despedida» porque «sería inminente una acción violenta por su parte».[180]

Además, los analistas del CNI llegaron a conocer quién era el «correo» de Lamari.[181] Sin embargo, sus agentes no consiguieron localizar a este último, aunque trataron de hacerlo por sus propios medios. Ante una situación así, sugirieron al CNP su búsqueda, algo a lo que ya me he referido en el apartado precedente.[182] Lamari, uno de los siete yihadistas muertos en la explosión suicida de Leganés, participó tanto en la preparación como en la ejecución del 11-M.

Por otra parte, el modo en que desde el CNI se interpretó inicialmente el 11-M puso de manifiesto el desenfoque de la visión que en dicho organismo público existía sobre el terrorismo yihadista. Esa visión desenfocada coincidía con la que, en los años inmediatamente posteriores a los atentados de Nueva York y Washington, se había extendido tanto en ámbitos académicos y medios de comunicación como también entre servicios de inteligencia occidentales.

Según la misma, debido sobre todo a la intervención militar en Afganistán con la que Estados Unidos respondió al 11-S, Al Qaeda perdió el santuario del cual dispuso durante casi cinco años bajo la protección del régimen talibán y para 2002 había dejado de existir como una organización estable y jerarquizada, pasando a ser poco más que una etiqueta o una referencia ideológica, de igual modo que el yihadismo global se había diluido en un movimiento amorfo sin líder y su amenaza terrorista en las sociedades occidentales no podía ya provenir sino de células independientes de ámbito local meramente inspiradas por la doctrina del salafismo yihadista.[183]

Esta visión quedó reflejada en la mencionada intervención pública del director del CNI. Este, al hablar en septiembre de 2002 sobre Al Qaeda, dijo: «Al servicio de esta ideología existe una nebulosa islamista policéntrica que en principio carece de dirección única y que ofrece un auténtico entramado logístico y financiero muy difícil de detectar porque se basa en células desconectadas entre sí, que actúan a muy largo plazo y que están integradas por gentes aparentemente bien integradas en sus respectivas sociedades de adopción y que sólo despiertan cuando tienen que actuar».[184]

Al margen de que esos individuos no necesariamente son inmigrantes o descendientes de inmigrantes residentes en sociedades occidentales, como parece darse a entender, pues pueden ser extranjeros desplazados para atentar e incluso yihadistas autóctonos, o de que pueden actuar como miembros de una célula al igual que en solitario, esa visión es coherente con la interpretación que, cuatro días después de los atentados del 11-M, se hizo desde el CNI, atribuyéndolos, equivocadamente, a «un grupo local de personas, con organización todavía rudimentaria, que responden a orientaciones ideológicas de la Jihad [sic] internacional radicados en países de nuestro entorno, preferentemente norteafricanos».[185]

En realidad, los atentados del 11-M fueron una expresión temprana y a la vez compleja de las capacidades con que Al Qaeda contaba, como organización yihadista en proceso de descentralización, pero sin haber dejado de estar jerarquizada, en Europa occidental dos años y medio después del 11-S.

Los atentados de Madrid pusieron de manifiesto que en nuestras sociedades abiertas de Europa occidental podían formarse redes yihadistas proclives a la dirección y al apoyo proporcionados desde el mando de operaciones externas de Al Qaeda, por medio de intermediarios con buen conocimiento

del espacio operativo delimitado para cometer un atentado y vínculos personales con miembros clave de las redes movilizadas con esa finalidad. Redes yihadistas aptas, además, para incorporar individuos adscritos a entidades asociadas con Al Qaeda que tuvieran presencia en países europeos, caso del componente del GICM en la trama del 11-M. Redes, en suma, que podían preparar y ejecutar atentados sofisticados, coordinados y altamente letales. Como lo fueron los atentados de Madrid.

9

Marruecos, pero también Turquía, Francia y Bélgica, pudieron haber cooperado más o mejor con España

Tampoco la cooperación internacional contribuyó a impedir los atentados de Madrid, pese a que los terroristas fueron todos extranjeros y a que las agencias de seguridad de sus países de origen o de residencia –si se encontraban fuera de esos primeros, pero no estaban domiciliados en España– conocían a un significativo número de ellos. Además, varios habían sido detenidos o investigados en Marruecos, Turquía y Francia antes de los atentados de Madrid.

Hay motivos fundados para apreciar que las autoridades judiciales y policiales de Marruecos, pero asimismo de Turquía, de Francia y de Bélgica, quizá también del Reino Unido, pudieron haber cooperado más y mejor con las españolas respecto a determinados individuos, a quienes conocían por sus contactos y actividades de índole yihadista, que formaron parte de la red del 11-M y participaron en la matanza en los trenes de Cercanías.

Es llamativo, ante todo, que los servicios antiterroristas de Marruecos no ofreciesen o no pudiesen ofrecer indicio alguno de interés a sus homólogos españoles.[186] En primer lugar porque una gran mayoría de los integrantes de la red del 11-M eran marroquíes, al igual que el cerebro de los atentados de Madrid, quien a su vez, como agente de radicalización y reclu-

tamiento yihadista, era un destacado captador de marroquíes en Madrid antes de huir a Pakistán.[187]

Además, buena parte de ellos estaban bien relacionados con destacados yihadistas de su misma nacionalidad. En conjunto, se trataba de una serie de personas de indudable interés para las agencias de seguridad e inteligencia de Marruecos.

Incluso hubo miembros del Grupo Islámico Combatiente Marroquí (GICM) implicados tanto con los atentados en Casablanca como con los posteriores en Madrid. El componente que el GICM introdujo en la red del 11-M incluía a uno de sus dirigentes, Hassan el Haski, y a uno de sus principales operadores, Youssef Belhadj. Este se desplazaba con frecuencia a Madrid desde Bruselas, donde residía, para relacionarse en persona con sus allegados de entre quienes se preparaban para atentar en los trenes de Cercanías.

Gracias a declaraciones de miembros del GICM detenidos en Francia poco después del 11-M se sabe en qué medida Haski estaba al corriente de los planes para atentar en Madrid, que permaneció oculto en los días anteriores y posteriores a los atentados, que conocía personalmente a Zougam y que estaba «orgulloso» de lo que habían llevado a cabo.[188] Zougam ya tuvo un nexo especialmente interesante, en 2001, con dos individuos entonces considerados como principales exponentes del GICM en España.[189]

En segundo lugar, llama la atención que los servicios antiterroristas de Marruecos no aportasen indicios de interés a sus homólogos españoles porque en 2003, después de los atentados del 16 de mayo en Casablanca y mientras avanzaban los preparativos para atentar en Madrid, las fuerzas de seguridad marroquíes detuvieron a dos individuos que desempeñaron un importante papel en el inicio y desarrollo de la red terrorista del 11-M: Abdelatif Mourafik y Mustafa Maymouni.

El primero, capturado en Turquía, fue entregado a Marruecos y condenado en este país por su papel fundamental en la movilización de los yihadistas que prepararon y perpetraron los atentados en Casablanca.[190] Se trata –recuérdese– del yihadista estrechamente relacionado con Azizi y con quien este último se confabuló en diciembre de 2001 para que, unos dos años y medio después, los españoles sufrieran del modo más mortífero posible las consecuencias vengativas del terrorismo yihadista. Mourafik fue asimismo quien a inicios de 2002 transmitía a Maymouni las instrucciones que, para articular un nuevo núcleo yihadista en Madrid a partir de los seguidores de Abu Dahdah que no fueron aprehendidos en la Operación Dátil, le dictaba Azizi.[191]

Maymouni, por su parte, fue detenido y encarcelado en Marruecos, adonde había viajado temporalmente desde España porque trataba de activar una célula terrorista en Kenitra al mismo tiempo que desarrollaba sus actividades yihadistas en Madrid. Esa célula empezó atentando contra un mausoleo en Larache y fue desarticulada por las fuerzas de seguridad marroquíes en mayo de 2003. Maymouni llevaba más de un año movilizando a buena parte de quienes serán los terroristas del 11-M.

La Audiencia Nacional solicitó el traslado temporal de Maymouni por haber sido procesado en España, pero las autoridades marroquíes se negaron, alegando deficiencias formales en el trámite. Maymouni tuvo que ser declarado en rebeldía en España y se suspendió la causa que tenía abierta en la Audiencia Nacional.[192] Eso sí, durante unas declaraciones ante la policía marroquí en abril de 2004, un mes después de los atentados de Madrid y no antes de que se produjeran, Maymouni habló sobre miembros de la red del 11-M a quienes conocía muy bien, como el Tunecino.[193]

En 2002, cuando Maymouni trataba de establecer una célula en Kenitra, en paralelo al encargo que tenía en Madrid, recibió la asistencia de otro destacado yihadista marroquí, Salaheddin Benyaich –más conocido como Abu Mughen–.[194] Este último, que residió en España en la segunda mitad de la década de los noventa del pasado siglo, estuvo muy relacionado con Allekema Lamari en Valencia así como con Said Berraj y Jamal Zougam en Madrid.[195]

Abu Mughen fue igualmente detenido y condenado en su país de origen en 2003. Ante las autoridades marroquíes, el 8 de agosto de ese año, admitió que mientras permaneció en España estuvo en relación con Zougam y dijo haberse trasladado al Reino Unido, utilizando un falso pasaporte británico, al considerarse vigilado por los servicios de seguridad.[196] Es un hecho, además, que viajó con Berraj a Afganistán.

A todo lo anterior cabe añadir que otro implicado en la red del 11-M, Larbi ben Sellam, permaneció en Marruecos entre la primavera de 2003 y enero de 2004, antes de regresar a España gracias al permiso de residencia que había mantenido en vigor, porque en su país natal se sentía, según su testimonio, más vigilado.[197]

Unos diez días después de los atentados de Casablanca, las autoridades marroquíes detuvieron a Mohamed Fizazi, principal doctrinario del salafismo yihadista en Marruecos e imam de referencia para los miembros de la red del 11-M, como antes lo había sido para los de la célula del 11-S y para los de la trama del 16 de mayo.[198] Fizazi fue acusado de intervenir en la radicalización de estos últimos y condenado. El Chino se hizo seguidor de Fizazi mientras estuvo internado en una prisión de Tetuán entre 2000 y el verano de 2003.[199] Zougam visitó en 2001 a Fizazi en la mezquita de Tánger donde este último predicaba.[200]

En diciembre de 2002, a fin de recabar más pruebas sobre la pertenencia de Berraj –otro marroquí– a la célula de Abu Dahdah que se ajustasen mejor al marco legal y a los conocimientos judiciales sobre terrorismo yihadista existentes en aquellos momentos en la Audiencia Nacional, desde este organismo se solicitó una comisión rogatoria internacional a Turquía.

Los documentos remitidos por las autoridades turcas confirmaron que, efectivamente, Berraj había sido arrestado en Estambul en 2000, junto con Azizi y otros dos destacados yihadistas también marroquíes –precisamente el ya aludido Mughen y Lahcen Ikassrien– en tránsito hacia Afganistán, donde los esperaban en un campo de entrenamiento terrorista.

Berraj, que disponía de visado para entrar en Irán, pudo continuar su viaje y pasar a Afganistán, país que por entonces controlaban los talibanes, cuyos dirigentes permitían que Al Qaeda y un buen número de sus organizaciones asociadas mantuviesen en su territorio infraestructuras de adoctrinamiento yihadista y capacitación terrorista. Berraj regresó de Afganistán a España en febrero de 2001.

Esos documentos permitían que la autoridad judicial española aprobase la detención de Berraj. Sin embargo, esos documentos llegaron a la Audiencia Nacional casi un año después de ser solicitados y los últimos necesarios para actuar en consecuencia, enviados a través de la sede de Interpol en Ankara y de la correspondiente Agregaduría de Interior, entraron en la UCIE el 10 de marzo de 2004, exactamente un día antes del 11-M.[201] Berraj no pudo ser detenido porque hacía dos días que había abandonado su domicilio de Madrid. Se disponía a intervenir en la matanza de los trenes de Cercanías.

Cuatro años antes del 11-M, en 2000, las autoridades judiciales de Francia solicitaron a las españolas, igualmente mediante una comisión rogatoria internacional, el registro en Madrid del domicilio y del negocio de Zougam. Desde el Tribunal de Gran Instancia de París se insistió en dicho requerimiento, tratándose del entonces emergente terrorismo yihadista, los responsables españoles no fueron con Francia más diligentes de cuanto los turcos lo serán después con España.

Al llevarse a cabo dicho requerimiento, en junio de 2001 –se advirtió a las autoridades españolas que no colaborar en este caso podría afectar a la cooperación judicial respecto al terrorismo de ETA– resultó evidente lo inmerso que Zougam estaba en la célula de Abu Dahdah. Entre sus pertenencias aparecieron anotaciones relacionadas con el propio Abu Dahdah y con Azizi, además de abundante propaganda yihadista.[202]

Otra petición de Francia constaba desde el 17 de diciembre de 2003 en el banco informático de la Dirección General de la Policía (DGP), esta vez instando a que Lamari fuese sometido en España a un «control específico».[203] Ello obedecía a investigaciones que sobre el argelino se estaban realizando en Francia, debido a su relación con grupos y organizaciones terroristas cuyos miembros se movían al otro lado de los Pirineos, muestra de la relevancia que las actividades de Lamari tenían fuera de España y que eran foco de especial atención.

El cese de dicho «control específico» solicitado por Francia estaba fijado para mediados de diciembre de 2004. Pero de nada sirvió, porque nueve meses antes fueron perpetrados los atentados de Madrid y Lamari estuvo entre sus más avezados ejecutores. Es decir, uno de los principales terroristas del 11-M inquietaba seriamente a las autoridades antiterroristas francesas desde finales del año anterior.

A la vista de este interés por dos de los individuos que ejecutarán los atentados de Madrid, que en el caso de Zougam se remonta a 2000 y en el de Lamari a 2003, resulta difícil pensar que los servicios antiterroristas franceses careciesen, antes del 11-M, de algún otro tipo de información relevante para España que hubiera contribuido a detectar y evitar los preparativos para atentar en Madrid.

A buen seguro que no por casualidad, justo al día siguiente de la explosión suicida en Leganés se inició una nueva actuación antiterrorista que, concretamente los días 4 y 5 de abril, desmanteló la célula que el GICM tenía en Francia.

Otro tanto cabe aducir de los servicios antiterroristas de Bélgica, cuando era un hecho que Youssef Belhadj, el individuo que actuó como nodo del componente introducido por el GICM en la red del 11-M, estaba vinculado a la célula con que dicha organización contaba por entonces en territorio belga. Además, Belhadj tenía su domicilio personal en Molenbeek-Saint-Jean, en Bruselas, y desde luego no era el único integrante de esa organización yihadista norteafricana radicado en el país.

A buen seguro que tampoco por casualidad, la célula con que el GICM contaba en Bélgica fue desarticulada el 19 de marzo de 2004, tan sólo ocho días después del 11-M. Belhadj fue detenido en esa operación. Aunque se le imputaban cargos por terrorismo y las autoridades belgas consideraban que estaba a la espera de partir hacia Irak, lo dejaron inicialmente en libertad.[204] Pero fue detenido de nuevo el 1 de febrero de 2005, casi un año después de los atentados de Madrid, una vez acumulada la evidencia que acreditaba su vinculación con la red del 11-M.

Pudo entonces comprobarse que, en los dos años anteriores a los atentados a Madrid, Belhadj se había desplazado frecuen-

temente a esta ciudad desde su residencia en Bruselas, a fin de reunirse con sus allegados en la célula local.[205] Viajó por última vez a la capital de España en febrero de 2004 y en esta ocasión prolongó su estancia hasta ocho días antes del 11-M. El 3 de marzo de 2004, a las 20:35, tomó en el aeropuerto de Barajas el vuelo TV861 de regreso a Bruselas.[206]

Es especialmente reseñable que, cuando la policía belga detuvo por segunda y definitiva vez a Belhadj, en su dormitorio de Molenbeek-Saint-Jean, la ya aludida municipalidad de Bruselas, se hallaron dos terminales de telefonía móvil. El que usaba regularmente operaba mediante una tarjeta prepago que había sido adquirida el 19 de octubre de 2003 bajo una identidad falsa.

Entre los datos que Belhadj aportó para adquirir esa tarjeta removible de telefonía móvil figuraba como fecha de nacimiento una que nada tiene que ver con la de Belhadj ni con persona alguna de su entorno: el 11 de marzo.[207] Es la primera ocasión conocida en que alguien vinculado a la red del 11-M dejó constancia escrita, menos de cinco meses antes, de la fecha en que finalmente ocurrirán los atentados de Madrid.

Unas semanas antes de los atentados en los trenes de Cercanías, el Tunecino se comunicó por teléfono móvil con Abdelhakim Belhadj, entonces mucho más conocido por su sobrenombre de Abu Abdullah al Sadeq, quien desde 1995 era nada menos que el máximo dirigente del Grupo Islámico Combatiente Libio (GICL). El Tunecino hablaba desde Madrid y Sadeq le contestaba desde Hong Kong, pues este último se hallaba en ruta hacia el sudeste asiático.

En esos momentos, Sadeq era seguido tan de cerca por distintos servicios de seguridad extranjeros, en especial los del

Reino Unido, que muy poco después, en abril de 2004, fue detenido en el aeropuerto de Bangkok y entregado a las autoridades libias.

En la documentación incluida en el Sumario 20/2004, correspondiente a los atentados del 11-M, hay un informe policial sobre las aludidas comunicaciones telefónicas entre el Tunecino y el entonces emir del GICL, elaborado principalmente por los servicios de seguridad británicos.[208] Además, el 3 de abril de 2004, minutos antes de optar por quitarse la vida en el piso de Leganés, el Tunecino telefoneó a otro prominente miembro del GICL, quien respondió desde Londres.[209]

El Reino Unido, de cualquier manera, es uno de los países, como otros del mismo entorno europeo, con los que España reforzó la cooperación bilateral e intergubernamental tras el 11-M para adaptar las estructuras nacionales de seguridad a los desafíos del terrorismo yihadista. En lo relativo a la cooperación internacional frente a la amenaza planteada por este fenómeno, la cooperación internacional exigía una agenda mucho más global.[210]

10

Faltaba concienciación social de la amenaza y los terroristas se beneficiaron de entornos permisivos

Los fallos y defectos de los distintos elementos del sistema español de lucha contra el terrorismo que explican por qué no se evitó el 11-M incidieron en el contexto de una sociedad cuyos ciudadanos se mostraban, a partir de los atentados del 11 de septiembre de 2001 en Estados Unidos, crecientemente inquietos, en general, con la amenaza del terrorismo internacional. Ahora bien, esta inquietud era mucho menos acusada con respecto a la posibilidad concreta de que el territorio español fuese escenario de algún atentado yihadista.

Así, en febrero de 2003, poco antes de que comenzaran las hostilidades en Irak y cuando faltaba un año para el 11-M, cinco de cada diez españoles consideraban la amenaza del terrorismo internacional como extremadamente importante para los intereses vitales de España, pero únicamente tres de cada diez decían sentirse muy preocupados de que pudiera producirse un atentado yihadista en el país.[211]

Tras el 11-M, una mayoría de españoles –el 64 % en mayo de 2004 y un similar 63 % en febrero de 2005– pensaba que los atentados de Madrid no se habrían producido si el Gobierno de España no hubiese apoyado a las autoridades estadounidenses y británicas en la invasión y ocupación de Irak.[212]

Esta perspectiva era propia de una opinión pública inclinada a asociar la amenaza del terrorismo yihadista con la política

exterior de un país y con las intervenciones militares en las que participara fuera de sus fronteras; una opinión pública desconocedora en general de que los yihadistas planifican también atentados en un país como venganza por la lucha contra el terrorismo yihadista en su interior; una opinión pública, en fin, apenas concienciada sobre la envergadura de las actividades yihadistas que habían tenido lugar en España a lo largo de la década previa al 11-M.

Un significativo número de operaciones policiales, entre 1995 y 2003, constataron esa realidad tan socialmente ignorada. Incluyendo la Operación Dátil, a la cual vuelvo a referirme como el mayor golpe infligido en Europa occidental a Al Qaeda durante los años inmediatamente posteriores al 11-S. Sólo en los tres años que precedieron al 11-M, las FCSE detuvieron dentro del territorio español a 79 individuos por actividades relacionadas con el terrorismo yihadista. Durante esos años –recuérdese las palabras del comisario jefe de la UCIE– los funcionarios de esta unidad especializada en terrorismo internacional estuvieron «en alerta permanente», haciendo «un trabajo enorme», desarrollando «tantísimas operaciones» y «más servicios antiterroristas que ningún otro país occidental», de modo que fue «prácticamente imposible hacer más».[213]

Pero las actividades desarrolladas en España por células vinculadas a Al Qaeda, el GIA –y su entidad sucesora, el GSPC– o el GICM, por mencionar sólo tres organizaciones yihadistas con las que estaban o habían estado relacionados los individuos integrados en dos de los tres componentes que tuvo la red del 11-M, no llegaron a ser definidas como un problema social antes del 11-M ni, por consiguiente, fueron apreciadas como

asunto de suficiente interés en las agendas políticas del Gobierno y de la oposición.

Esto se explica en gran parte por la atención que suscitaba el terrorismo de ETA. El propio presidente del Gobierno de España, formado por el Partido Popular (PP), cuando tuvo lugar la matanza en los trenes de Cercanías, reconoció, poco después de dejar el cargo en abril de 2004, algo bien elocuente: «Quizá los propios éxitos conseguidos en la lucha contra ETA en los últimos años nos han llevado a bajar la guardia ante la amenaza fundamentalista».[214]

Por su parte, las menciones a la actividad terrorista en España que contenía el programa con el cual concurrió a las elecciones generales del 14 de marzo de 2004 el Partido Socialista Obrero Español (PSOE) se referían exclusivamente a ETA.[215] Nunca existieron, pues, ni el entendimiento ni la pedagogía política debidos acerca de la amenaza yihadista que se cernía sobre los españoles con antelación a la guerra de Irak.

Tampoco se tuvo en cuenta que, para justificar y planear atrocidades en una nación occidental, a los yihadistas les espolea tanto que sus militares intervengan en algún país islámico como que sus policías detengan a correligionarios y que sus jueces los envíen a prisión. Como consecuencia de todo ello, los españoles tendieron a interpretar el 11-M enmarcándolo en lo conocido, al no poder hacerlo respecto a lo que les era desconocido. Lo conocido era, por una parte, ETA, y, por la otra, Irak.[216]

Además, es indudable que el 11-M incidió sobre el comportamiento político de un significativo segmento de los ciudadanos españoles y, por consiguiente, sobre el resultado de los comicios, cualquiera que sea la interpretación que se dé a esta secuela del terrorismo, en detrimento del PP y en beneficio del PSOE.

Pero no cabe relacionar la decisión de atentar en España con esas elecciones generales, pues la fecha del 11 de marzo estaba señalada desde al menos el 19 de octubre de 2003 y las elecciones no se convocaron hasta el 9 de enero de 2004. Cosa distinta es que los terroristas trataron de sacar el mayor provecho de la situación creada por el hecho de que la fecha prevista, y en la cual lograron ejecutar sus planes, precedió en sólo tres días a la de la jornada electoral.[217]

Por otro lado, los atentados de Madrid se hubieran podido evitar de haber sido otro el comportamiento de no pocas personas dentro de las colectividades musulmanas, principalmente en Madrid, pero también en la provincia de Valencia, en las cuales se desenvolvían la mayoría de los implicados en la red del 11-M.

Integrantes de la red del 11-M procedentes tanto de la célula de Abu Dahdah –o sus allegados– como de la banda de delincuentes que constituyó su tercer componente estaban con frecuencia en torno a las mezquitas madrileñas de Abu Bakr y del Centro Cultural Islámico de Madrid, al igual que en oratorios del barrio de Lavapiés y del distrito de Villaverde.[218] Por su parte, los relacionados con el componente del Grupo Islámico Combatiente Marroquí eran más asiduos a un lugar de culto islámico de Leganés.[219]

Figuras clave entre los terroristas que ejecutaron la matanza en los trenes de Cercanías eran bien conocidos en el seno de esas comunidades por su extremismo religioso incluso cuatro o cinco años antes del 11-M. El Tunecino, por ejemplo, repartía fotocopias con discursos de Bin Laden, en el recinto de la mezquita de la M-30, desde al menos 2000.[220] Durante el Ramadán de 1999, el Chino expresaba abiertamente su deseo de irse a combatir a Afganistán o Chechenia.[221]

Pero ambos eran conocidos en esos lugares de culto no solo por su extremismo religioso. El cabecilla local de la red del 11-M, el Tunecino, había trabajado como auxiliar de contabilidad en la mezquita de la M-30 a mediados de la década de los noventa del pasado siglo. Durante la segunda mitad de esta misma década, otro operador fundamental de la trama, el Chino, donó a esa mezquita y a la de Abu Bakr importantes cantidades de dinero que procedían del narcotráfico.[222]

Al margen de los escasos individuos que en 2002 y 2003 informaron a funcionarios de la UCIE sobre reuniones de islamistas radicales en Madrid, hubo demasiados otros que, acudiendo regularmente a mezquitas, centros u oratorios islámicos de la capital de España y teniendo acceso a sus responsables, en algún momento tuvieron razones suficientemente fundadas para sospechar que entre sus conocidos, amigos o incluso familiares había quienes estaban preparándose para cometer atentados yihadistas en España, sin que hiciesen nada al respecto.

Sirva un ejemplo para ilustrar lo antedicho. En el verano de 2003, el Tunecino, cabecilla local de la red del 11-M, hablaba entre sus próximos de que en Madrid se estaba preparando un gran atentado, aconsejándoles abandonar la ciudad porque, en sus propias palabras, iba a ser «algo fuerte».[223] Esos próximos del Tunecino no dijeron nada a la policía. Tampoco lo hicieron quienes convivieron con Lamari en tres domicilios de la provincia de Valencia donde fue acogido al salir de prisión en junio de 2002 y a quienes en el verano de 2003 les reiteró que renunciaba a salir del país por su empeño de provocar un enorme atentado en España y que nadie, al margen de quienes residían en esos inmuebles compartidos, debía verle ni saber dónde estaba.[224]

En las aludidas colectividades musulmanas había, entonces como ahora, círculos islamistas en general, o de influencia salafista en particular, que proporcionaron a los terroristas del

11-M entornos permisivos donde desenvolverse. Nada demasiado extraño, puede pensarse, cuando las dos mayores mezquitas de Madrid estaban ya bajo la influencia islamista de la Hermandad Musulmana en el caso de la mezquita de Abu Bakr desde su inauguración en 1988 y bajo la influencia oficial del wahabismo saudí en el caso del Centro Cultural Islámico de Madrid o mezquita de la M-30 desde su inauguración en 1992.[225]

Cabe suponer que en esos entornos podía reducirse el riesgo de que alguien advirtiese a las autoridades de sus actividades e intenciones, debido al influjo de doctrinas islámicas que plantean la lealtad (*muwalah*) como una obligación que un musulmán tiene siempre para con otro musulmán, pero no siempre para con las autoridades de un Estado no islámico, en especial si, al aplicar una ley distinta a la *sharía*, molestasen con ello a otros musulmanes.[226]

Y como musulmanes eran tenidos en esos entornos los yihadistas, cuyos actos de terrorismo, cuya entidad de referencia o cuyo más emblemático líder tenían, en 2005 y 2006, niveles de aceptación social minoritarios pero significativos entre los musulmanes en España. Un año después del 11-M, el 13 % –uno de cada diez– justificaba los atentados contra civiles y sostenía que las actividades de Al Qaeda están permitidas por la ley islámica.[227] Transcurridos dos años, un 16 % –casi dos de cada diez– exhibía su acuerdo con ese mismo tipo de atentados en defensa del islam o su simpatía hacia Osama bin Laden.[228]

En relación con todo ello, cabe hacer mención a un hecho revelador: entre los responsables y representantes de los musulmanes en España cuando ocurrieron los atentados del 11-M había individuos que algo más de una década después fueron

detenidos y procesados por actividades relacionadas con el terrorismo yihadista. En concreto, por desarrollar desde 2011 una trama de apoyo a la filial de Al Qaeda activa en Siria y a algunas de sus entidades afines.[229]

Aunque esta trama, que proporcionaba recursos económicos y materiales a esas organizaciones yihadistas, estaba basada en España, su circuito de acción discurría transnacionalmente gracias a las conexiones con que esos y otros individuos contaban en países de Europa occidental y de Oriente Medio. Estaba articulada a partir de miembros de una misma familia de ascendencia siria establecida en España, siendo los principales investigados «miembros destacados de Hermanos Musulmanes».[230]

Entre ellos se encuentran dos, ambos de origen sirio pero naturalizados españoles. Uno que en 2020 fue elegido presidente de la Comisión Islámica de España (CIE) por la comisión permanente de dicho órgano, creado en 1992 como interlocutor oficial de las comunidades islámicas con el Estado, al cual pertenecía ya cuando tuvieron lugar los atentados de Madrid. Este individuo –que fue detenido en marzo de 2021 junto a otros dos, uno de los cuales era tesorero de la CIE–[231] pertenecía entonces también a la Junta Directiva de la UCIDE (Unión de Comunidades Islámicas de España).

Junto a este, el otro individuo –que fue detenido con anterioridad, en junio de 2019, en su caso en compañía precisamente de un exmiembro de la célula de Abu Dahdah que había cumplido la pena de nueve años de prisión a que fue condenado en 2005 por su pertenencia a dicha célula, y de otras ocho personas–[232] tuvo encomendadas labores de administración en la Mezquita Abu Bakr de Madrid.[233] Además, al menos hasta septiembre de 2015 perteneció también a la junta directiva de la UCIDE y fue miembro destacado de la propia CIE.[234]

Ambos individuos –como otros investigados en las sucesivas fases de la denominada Operación Wamor– transmitían en público una imagen alejada de cualquier tipo de relación con yihadistas y organizaciones yihadistas, evitando hacer «referencias explícitas a su condición de Hermanos Musulmanes fuera de su entorno de máxima confianza».[235] Sin embargo, ellos mismos y sus íntimos daban muestras de ejercer control en la Mezquita de Abu Bakr, donde además se encuentra el domicilio social de UCIDE.[236]

Si he fijado la atención en esos dos individuos es porque casi dos años después del 11-M, concretamente el 14 de febrero de 2006, ambos formaron parte de la delegación de representantes de las comunidad musulmanas en España que se reunieron con el entonces presidente del Gobierno en el Palacio de la Moncloa.[237] Esas mismas comunidades musulmanas en cuyo seno han adquirido una desmesurada influencia el islamismo y el salafismo, ideologías autosegregadoras y deslegitimadoras de la democracia que configuran entornos permisivos para la radicalización y el reclutamiento yihadista. No parece que las Administraciones públicas tengan un criterio frente a este reto social.

A los entornos permisivos que encontraron los integrantes de la red del 11-M en el seno de algunas colectividades musulmanas de Madrid y de Valencia se añadieron, por supuesto, las facilidades dadas por individuos ajenos a las mismas. Por ejemplo, los criminales españoles de nacimiento y nacionalidad que, por motivos de lucro personal, proporcionaron a los yihadistas explosivos a cambio de droga y dinero.

Las intenciones últimas se las había anticipado de manera implícita el Chino a Suárez Trashorras, uno de los traficantes

españoles que les proporcionó explosivos a cambio de droga dando aparentemente por bueno lo que los marroquíes con quienes trató le dijeron: que iban a utilizar la dinamita «para robar joyerías y furgones».[238] Pero motivos tuvo el delincuente español para contemplar otras posibilidades.

No sólo porque, tal y como el propio Suárez Trashorras declaró en sede judicial, el Chino le dijo un día que «Bin Laden hizo bien y que hacía bien en poner explosivos y matar».[239] También porque, el 4 de marzo de 2004, siete días antes del 11-M, en el curso de una llamada telefónica que le hizo el Chino, este se despidió de Suárez Trashorras con las siguientes palabras: «Si no nos vemos en la tierra, nos veremos en el cielo, ya verás, ya».[240]

Pero ese ciudadano español, que razones tuvo para sospechar de lo que los delincuentes marroquíes a quienes había vendido explosivos robados pretendían hacer con ellos, no dijo nada a la policía. Tampoco lo hicieron quienes formaban parte de su misma empresa criminal. Si lo hubiera hecho también se habría evitado la matanza en los trenes de Cercanías.

Siglas

AI Ansar al Islam (Partidarios del Islam)
AS Ansar al Sunna (Partidarios de la Tradición)
AVE Alta Velocidad Española
CGI Comisaría General de Información
CNI Centro Nacional de Inteligencia
CNP Cuerpo Nacional de Policía
DGP Dirección General de la Policía
ETA Euskadi ta Askatasuna
FCSE Fuerzas y Cuerpos de Seguridad del Estado
GC Guardia Civil
GEO Grupo Especial de Operaciones
GIA Grupo Islámico Armado
GICL Grupo Islámico Combatiente Libio
GICM Grupo Islámico Combatiente Marroquí
GIMC Global Islamic Media Center
GIMG Global Islamic Media Group
NCTC Centro Nacional contra el Terrorismo, Estados Unidos
NIE Número de identificación de extranjeros
PP Partido Popular
PSOE Partido Socialista Obrero Español
UCE 2 Unidad Central Especial 2
UCIDE Unión de Comunidades Islámicas de España

UCIE Unidad Central de Información Exterior
UE Unión Europea

Notas

Prólogo

1. Paul Wilkinson, *Terrorism and the Liberal State* (Londres: Macmillan, 1986); Fernando Reinares, «Democratic Regimes, Internal Security Policy and the Threat of Terrorism», *Australian Journal of Politics and History*, 44: 3 (1998), 351-371; Fernando Reinares, ed., *European Democracies Against Terrorism: Governmental Policies and Intergovernmental Cooperation* (Aldershot: Ashgate, 2000); Amichai Magen, «Fighting Terrorism: The Democratic Advantage», *Journal of Democracy*, 29: 1 (2018), 111-125.
2. Audiencia Nacional, Sala de lo Penal, Sección Segunda, Sentencia 65/2007, pp. 229-422. En esta sentencia constan 191 muertos, a los que hay que añadir una nueva víctima mortal del 11-M que falleció en 2014, tras haber permanecido en coma una década. Acerca del impacto emocional sobre la población, véanse: Elena Barbero y Alex Linley, «Posttraumatic Growth, Positive Changes, and Negative Changes in Madrid Residents Following the March 11, 2004, Madrid Train Bombings», *Journal of Loss and Trauma*, 11 (2006), 409-424; también: Susana Conejero e Itziar Etxebarria, «The Impact of the Madrid Bombing on Personal Emotions, Emotional Atmosphere

and Emotional Climate», *Journal of Social Issues*, 63: 2 (2007), 273-287 Sobre los efectos económicos de los atentados, véanse tanto Mikel Buesa y Javier González-Gómez, «The Economic Costs of 3/11», como Aurelia Vilariño y Joost Heijs, «Security and Defence Policies in Spain After 3/11: An Economic Assessment», pp. 61-80 y 81-100, respectivamente, en Mikel Buesa y Thomas Baumert, eds., *The Economic Repercusions of Terrorism* (Oxford: Oxford University Press, 2010).

3. Boaz Ganor, *The Counter-Terrorism Puzzle* (New Brunswick y Londres: Transaction Publishers, 2011), pp. 129-135.

1. Una doble voluntad de venganza: Amer Azizi, Al Qaeda y el «ajuste de viejas cuentas» con España

4. Audiencia Nacional, Juzgado Central de Instrucción número 6, Sumario 20/2004. Asimismo, Audiencia Nacional, Juzgado Central de Instrucción número 5, Sumario 35/2001.
5. Manchester Crown Court, T20087479, «The Honourable Mr. Justice Saunders, Regina v. Rangzieb Ahmed, Habib Ahmed, Mehreen Haji», Hearing Including Short Judgement, Veredicts and Mitigation, 18 de diciembre de 2008.
6. En este procedimiento judicial, concretamente en las pp. 3 y 4 del Statement number S555, de 23 de abril de 2008, Michael Clarke, entonces director del Royal United Services Institute, erróneamente considera que Ilyas *the Spanish* era Mamoun Darkazanli. Sin embargo, Darkazanli continuaba viviendo en Hamburgo, tal y como pudo con-

firmarme, en comunicación por correo electrónico en julio de 2009, mi colega Guido Steinberg, del Stiftung Wissenschaft und Politik (SWP) de Berlín.

7. Fernando Reinares, *11-M. La venganza de Al Qaeda* (Barcelona: Galaxia Gutenberg, 2021). Este libro fue publicado con el apoyo de la Asociación 11-M Afectados del Terrorismo y de la Fundación de Víctimas del Terrorismo. Se trata de una obra que amplía a la vez que desarrolla los contenidos de otra anterior titulada *¡Matadlos! Quién estuvo detrás del 11-M y por qué se atentó en España* (Barcelona: Galaxia Gutenberg, 2014). Entre tanto publiqué en inglés *Al Qaeda's Revenge. The 2004 Madrid Train Bombings* (Columbia: Columbia University Press, 2017).
8. La versión en castellano del comunicado original en lengua árabe se encuentra en Reinares, *11-M. La venganza de Al Qaeda*, *op. cit.*, pp. 185-186.
9. La primera fase de la Operación Dátil fue la principal y tuvo una amplia resonancia internacional, pero hubo cuatro más, hasta la quinta y última que se llevó a cabo en septiembre de 2003. Al comenzar el otoño de 2005, dieciocho de los veinticuatro individuos finalmente encausados fueron condenados. Audiencia Nacional, Sala de lo Penal, Sección Tercera, Sentencia 36/2005, pp. 442-445. En mayo de 2006, el Tribunal Supremo confirmó las condenas impuestas a quince de ellos. Tribunal Supremo, Sala de lo Penal, Sentencia 556/2006, pp. 298-299 y 302-303.
10. Audiencia Nacional, Juzgado Central de Instrucción número 5, Sumario 35/2001, tomo 57, pp. 18 y 322-418; «Declaración judicial de Abdula Jayata Kattan», 4-5 de febrero de 2004, p. 19; Dirección General de la Policía, Jefatura Superior de Policía de Madrid, Brigada Provin-

cial de Información, diligencias 8470, «Acta de declaración de Mouad Benkhalafa», 29 de marzo de 2004, folio 2, documento incluido en el tomo 19 del Sumario 20/2004 del Juzgado Central de Instrucción número 6 de la Audiencia Nacional; Dirección General de la Policía, Comisaría General de Información, Unidad Central de Información Exterior, diligencias 8470, «Acta de declaración de Khalid Zeimi Pardo», 20 de abril de 2004, folio 4. Este documento está incluido en la pieza separada 5 del Sumario 20/2004.

11. Sumario 35/2001, tomo 57, pp. 18 y 322-418; «Declaración judicial de Abdula Jayata Kattan», p. 19. A finales de 2001, soldados británicos enviados a Afganistán para cooperar con los estadounidenses en la intervención allí emprendida por estos últimos después del 11-S encontraron, en varios campos de entrenamiento de los que había dispuesto Al Qaeda, fichas de marroquíes residentes en España. Estos, al registrarse cuando llegaban a dichas instalaciones terroristas, indicaban haber sido enviados por Azizi. Dirección General de la Policía, Comisaría General de Información, Unidad Central de Información Exterior, «Formularios rellenados en campos de Al Qaida por mujahidín enviados desde España a través de Othman el Andalusi (Amer Azizi), hombre de confianza de Imad Eddin Barakat Yarkas (a) Abu Dahdah», 29 de marzo de 2004, Sumario 35/2001, tomo 126, pp. 35668-35679.
12. Dirección General de la Policía, Comisaría General de Información, Unidad Central de Información Exterior, «Informe de las investigaciones realizadas en torno a las visitas a España de Mohamed Atta y Ramzi Binalshibh», 15 de octubre de 2002, e «Informe ampliatorio de las investigaciones realizadas en torno a las visitas a España de Mo-

hamed Atta y Ramzi Binalshibh», 16 de octubre de 2002; Dirección General de la Guardia Civil, Jefatura del Servicio de Información, «Informe sobre el estado de las diligencias previas 367/01 y solicitud de comisión rogatoria internacional», 16 de septiembre de 2002; Sumario 35/2001, tomo 6, pp. 1823-1869 y tomo 53, pp. 16614-16616 y 16625; Dirección General de la Policía, Comisaría General de Información, «Informe sobre Mohamed Belfatmi, sus relaciones con Amer Azizi y la célula de Abu Dahdah», 16 de abril de 2004, pp. 11-13.

13. Comisaría General de Información, «Informe del registro de Amer Azizi (Sumario 35/01)», sin fecha, muy posiblemente elaborado en noviembre o diciembre de 2001, pp. 9, 15-37. A los agentes del CNP que registraron su domicilio de Madrid no dejó de llamarles la atención que Azizi tuviese un hacha y una porra negra de madera, ambas de grandes dimensiones, utilizables como instrumentos de agresión.

14. Auto de procesamiento que fue ampliado el 28 de abril de 2004 con nueva evidencia probatoria y para completar los argumentos de una orden internacional de detención a efectos de extradición. Entre otros hechos documentados en los que se basaba esa ampliación del procesamiento de Azizi cabe reseñar su conexión, a través del correo electrónico, con un operador de Al Qaeda que en 2001 estaba en contacto directo con el cerebro de los atentados del 11 de septiembre de 2001 en Estados Unidos, Khalid Sheikh Mohammed. Sumario 35/2001, Auto de 28 de abril de 2004, pp. 30-31.

15. Sumario 35/2001, doc. cit., tomo 57, pp. 18 y 322-418; Dirección General de la Policía, Comisaría General de Información, Unidad Central de Información Exterior, «In-

forme sobre el Grupo Islámico Combatiente Marroquí (GICM)», documento sin fecha elaborado para el juez de instrucción de la Audiencia Nacional al cargo del Sumario 9/2003, p. 45.

16. El documento original en lengua inglesa dice así: «We are pleased to advise your service that Amer Azizi, who was wanted by your government for his ties to Imad Eddin Barakat Yarkas, was recently identified as Pakistan-based Al Qa'ida operative Jafar al-Maghrebi aka Ilyas. Jafar worked directly for Hamza Rabia, the former chief of Al-Qa'ida external operations. Both individuals were killed in December 2005». La versión completa, tanto en inglés como en castellano se ofrece en Reinares, *11-M. La venganza de Al Qaeda*, *op. cit.*, pp. 142 y 298
17. El texto original en inglés es el siguiente: «At the time of his death, el-Azizi was closely linked to then chief of Al-Qa'ida external operations, Hamza Rabi'a (also killed in December 2005). In Pakistan, el-Azizi was known as Jafar al-Maghrebi aka Ilyas. It is now our assessment that el-Azizi was intimately involved with Rabi'a in the planning of global operations on many fronts». La versión completa, tanto en inglés como en castellano, se ofrece en Reinares, *11-M. La venganza de Al Qaeda*, *op. cit.*, pp. 142-143 y 298-299
18. «We hope that this information is helpful in your ongoing investigation of the perpetrators of the March 2004 attacks». El texto completo, tanto en castellano como en su versión original en inglés, se ofrece en Reinares, *11 M. La venganza de Al Qaeda*, *op. cit.*, pp. 144-145 y 299-300
19. El texto completo, traducido del árabe al castellano, se ofrece en Reinares, *11 M. La venganza de Al Qaeda*, *op. cit.*, pp. 145-149.

20. National Counterterrorism Center (NCTC), «The Case for Al-Qai'da Links to the 2004 Madrid Bombings: A Key Assumptions Check», 22 de agosto de 2008.
21. Sobre la formación de la red del 11-M véase Reinares, *11 M. La venganza de Al Qaeda*, *op. cit.*, cap. 7.
22. Sumario 20/2004, tomo 106, p. 35613 y tomo 163, pp. 61622-61623; véase también Sentencia 65/2007, pp. 216-217; Thomas Hegghammer, «Al-Qaida Statements 2003-2004. A Compilation of Translated Texts by Usama bin Laden and Ayman al Zawahiri», FFF Rapport 2005/01428, pp. 42-44; Reinares, *11-M. La venganza de Al Qaeda*, *op. cit.*, pp. 83-85, 181-183.
23. Sobre la venganza como motivación individual o colectiva para la preparación o ejecución de atentados terroristas, véanse Fernando Reinares, *Patriotas de la muerte. Por qué han militado en ETA y cuándo abandonan* (Madrid: Taurus, 2011), cap. 4; Louise Richardson, *What Terrorists Want* (Nueva York: Random House, 2006), pp. 77 y 88-94.
24. «Azizi was well positioned in 2003 –when preparations for the Madrid bombings would have been under way– to act as conduit between external operations chief Hamza Rabi'a or other al-Qa'ida leaders and the Madrid operatives. Through Azizi, al-Qa'ida had a vehicle for conveying approval for the Madrid operation or providing detailed instructions», en National Counterterrorism Center (NCTC), «The Case for Al-Qai'da Links to the 2004 Madrid Bombings: A Key Assumptions Check», 22 de agosto de 2008, p. 2.
25. «Azizi, in the late 2003 returned to Spain, possibly for Madrid planning [...]. He could have used this opportunity to convey instructions or approval to Fakhet from al-

Qa'ida senior leadership», en «The Case for Al-Qai'da Links to the 2004 Madrid Bombings: A Key Assumptions Check», pp. 3 y 8.

26. Reinares, *11-M. La venganza de Al Qaeda*, *op. cit.*, pp. 209-213.
27. Comisaría General de Información, Unidad Central de Inteligencia, «Investigaciones del piso de Leganés 03.03.04», 3 de mayo de 2004, p. 50, en Sumario 20/2004, tomo 42, p. 11968.
28. Sumario 20/2004, tomo 61, p. 18591; tomo 81, pp. 18634 y 25176; tomo 162, pp. 61529-61530 y 61556-61558 y tomo 234, pp. 91082-91083. Comisaría General de Información, «Informe general de conclusiones, atentados del 11 de marzo, Sumario 20/04», 3 de julio de 2006, pp. 21-22.

2. «Algo falló»: distintas unidades policiales conocían de antemano a buena parte de los terroristas del 11-M

29. «Comparecencia del señor director en funciones de Europol (Simancas Carrión). Número de expediente 219/000049», *Diario de Sesiones del Congreso de los Diputados*, Comisiones de Investigación, VIII legislatura, Sobre el 11 de marzo de 2004, núm. 29 (2004), p. 25.
30. Audiencia Nacional, Juzgado Central de Instrucción número 5, diligencias previas 166/2003, declaración del testigo protegido 11304, 29 de septiembre de 2005, pp. 2, 8 y 11; Audiencia Nacional, Juzgado Central de Instrucción número 5, Sumario 6/2005, tomo II, p. 258; Comisaría General de Información, Unidad Central de Información

Exterior, diligencias 37552, «Acta de declaración de Mohamed el Ouazzani», 15 de diciembre de 2004, p. 2.

31. La información al respecto procede de la facilitada por las autoridades marroquíes en el marco de una Comisión Rogatoria Internacional cuyo resultado figura en el Sumario 9/2003, incoado por el Juzgado Central de Instrucción número 5 de la Audiencia Nacional con motivo de los atentados perpetrados en Casablanca el 16 de mayo de 2003. Contra Maymouni y Mourafik se dictó, además, auto de procesamiento el 5 de mayo de 2005, tal y como consta en el tomo 173, pp. 66806-66815 del Sumario 20/2004; Declaraciones de Abdelatif Mourafik, el 7 de julio de 2004, ante las autoridades marroquíes, referidas en las diligencias 30996 de la Comisaría General de Información, p. 13.
32. Se suspendió el curso de la causa sobre Maymouni incluida en el procedimiento judicial abierto en la Audiencia Nacional con motivo de los atentados de Casablanca, como resultado de los cuales fallecieron cuatro ciudadanos españoles. Sobre ello, véanse los antecedentes de hecho y fundamentos jurídicos de la Sentencia 22/2007, dictada por la Sección Primera de la Sala de lo Penal de la Audiencia Nacional, pp. 3 y 10.
33. «Informe general de conclusiones, atentados del 11 de marzo», p. 74.
34. *Ibid.*, p. 75.
35. Sentencia 65/2007, p. 718; Sumario 20/2004, tomo 86, pp. 26985-26986.
36. Testimonio del funcionario del Cuerpo Nacional de Policía (CNP) número 18403, instructor de las diligencias previas 396/2002 del Juzgado Central de Instrucción número 5. Audiencia Nacional, Sala de lo Penal, Sección Pri-

mera, acta de juicio oral, sesión de 23 de febrero de 2007, pp. 84-85; Sumario 20/2004, tomo 85, p. 26747; tomo 92, pp. 29646-29648.

37. Comisaría General de Información, Unidad Central de Información Exterior, diligencias 8470, «Acta de declaración de Abdelouahid Berrak Soussane», 21 de marzo de 2004, folio 11. Incluido en Sumario 20/2004, tomo 10, p. 2497; Audiencia Nacional, Juzgado Central de Instrucción número 5, diligencias previas 166/2003, declaración del testigo protegido 11304, 20 de octubre de 2004, p. 5; Sumario 6/2005, declaración del testigo protegido 11304, 29 de septiembre de 2005, pp. 2 y 8.
38. Sumario 20/2004, auto de 5 de julio de 2006, pp. 64-65; Sumario 6/2005, declaración del testigo protegido 11304, 29 de septiembre de 2005, p. 7.
39. Sumario 20/2004, «Declaración del testigo protegido número 2323», 29 de diciembre de 2004, p. 2.
40. Sumario 20/2004, tomo 1, pp. 757-758 y tomo 63, p. 19187. Dirección General de la Policía, Comisaría General de Policía Judicial, Unidad de Droga y Crimen Organizado, Brigada Central de Estupefacientes, «Posibles conexiones con autores de los asesinatos y estragos de carácter terrorista del día 11-3-2004», 15 de marzo de 2004, nota informativa incluida en el Sumario 20/2004, tomo 34, pp. 9558-9560.
41. Sumario 20/2004, tomo 1, p. 757; tomo 63, p. 19187 y tomo 69, p. 20849-20850.
42. Testimonio del funcionario del CNP número 18403, instructor de las diligencias previas 396/2002 del Juzgado Central de Instrucción número 5. Audiencia Nacional, Sala de lo Penal, Sección Primera, acta de juicio oral, sesión de 23 de febrero de 2007, p. 86.

43. Sumario 20/2004, tomo 85, p. 26747; tomo 92, pp. 29646-29648; Comisaría General de Información, Unidad Central de Inteligencia, «Informe atentados 11 de marzo», 11 de octubre de 2004, p. 36.
44. Sumario 20/2004, tomo 85, p. 26747; tomo 92, pp. 29646-29648.
45. Mohamed Needl Acaid. Aunque estaba registrada a nombre de su esposa. Dirección General de la Policía, Comisaría General de Información, Unidad Central de Inteligencia, «Informe atentados 11 de marzo», p. 35. Sumario 20/2004, tomo 92, p. 29646; Sentencia 36/2005, p. 443.
46. Sumario 20/2004, tomo 48, pp. 13910 y 13920.
47. *Ibid.*, tomo 123, pp. 43696-43702; Sumario 20/2004, tomo 92, p. 29683.
48. La intervención de dos teléfonos móviles que utilizaba el Chino fue autorizada por un juzgado de Parla, para ser llevada a cabo por funcionarios del Grupo XIX de la Sección de Estupefacientes, Unidad de Drogas y Crimen Organizado, de la Brigada Provincial de Policía Judicial de Madrid, en el marco de las diligencias previas 2144/03, para el esclarecimiento de un delito contra la salud pública. La observación del teléfono que usaba Othman el Gnaoui fue acordada, a esa misma unidad del CNP, por un juzgado de Alcalá de Henares, en el marco de una investigación por un delito contra la salud pública. Sumario 20/2004, tomo 43, pp. 12349-12360 y tomo 49, pp. 14329-14349 y 14353-14456.
49. «Comparecencia del coronel jefe de la Unidad Central Operativa de la Subdirección de Operaciones de la Guardia Civil (Hernando Martín). Número de expediente 212/000104», *Diario de Sesiones del Congreso*

de los Diputados, Comisiones de Investigación, VIII legislatura, Sobre el 11 de marzo de 2004, núm. 14 (2004), p. 60.

50. Audiencia Nacional, Sala de lo Penal, Sección Segunda, Sentencia 12/2006, pp. 3-7, 35-37 y 54-55; Dirección General de la Guardia Civil, Jefatura del Servicio de Información, Unidad Central Especial número 2, Atestado número 01/2002, concluido el 17 de abril de 2002, pp. 66-68 y 149-155.
51. Audiencia Nacional, Sala de lo Penal, Sección Segunda, rollo 09/03, Sumario 7/2003, acta de juicio oral, Tercera Sesión, 18 de enero de 2006, p. 5; Audiencia Nacional, Sala de lo Penal, Sección Segunda, Sentencia 12/2006, pp. 4-5, 37-38 y 54-55.
52. Sentencia 12/2006, pp. 37-38.
53. Audiencia Nacional, Sala de lo Penal, Sección Segunda, rollo 09/03, Sumario 7/2003, «Acta de juicio oral», Tercera Sesión, 18 de enero de 2006, p. 5.
54. Sentencia 12/2006, pp. 37-38.
55. Sumario 20/2004, tomo 91, pp. 29202 y 29210; «Informe general de conclusiones, atentados del 11 de marzo, Sumario 20/04», p. 69.
56. Sumario 20/2004, auto de 10 de abril de 2006, p. 1349.
57. Sumario 20/2004, auto de 10 de abril de 2006, pp. 1348-1350; declaraciones ante el juez de Basel Ghalyoun el 24 de marzo de 2004; pieza separada 4, p. 4534; «Declaraciones ante el juez de Abdenabi Lebchina», 6 de abril de 2005, folio 2; «Acta de declaración del detenido Abdelkrim Lebchina», 31 de abril de 2005.
58. Declaraciones ante la policía de Khalid Zeimi Pardo el 20 de abril de 2004. Sumario 20/2004, pieza separada 5, p. 9196.

59. Serhane ben Abdelmajid Fakhet fue uno de los individuos investigados en el marco de las diligencias previas 53/2002, del Juzgado Central de Instrucción número 5 de la Audiencia Nacional, relativas a las actividades y el entorno de Rabei Osman Es Sayed Ahmed. «Informe general de conclusiones, atentados del 11 de marzo, Sumario 20/04», p. 69.
60. Dirección General de la Policía, Comisaría General de Información, Unidad Central de Información Exterior, diligencias 8494, «Acta de declaración del detenido Abdelkrim Lebchina», folio 5. Sumario 20/2004, pieza separada 12, p. 92.
61. Dirección General de la Policía, Comisaría General de Información, Unidad Central de Información Exterior, «Remitiendo informe sobre la iniciación y continuación de investigaciones en España sobre los miembros de la organización o infraestructura de Osama bin Laden asentados en nuestro país», 17 de octubre de 2003, p. 15.
62. Sumario 20/2004, «Declaraciones ante el juez de Abdenabi Lebchina», folio 3; Dirección General de la Policía, Comisaría General de Información, Unidad Central de Información Exterior, «Acta de declaración del detenido Abdelkrim Lebchina», folio 5.
63. Testimonio proporcionado a José María Irujo y reproducido en *El País*, el 28 de junio de 2004, https://elpais.com/diario/2004/06/28/espana/1088373611_850215.htm. Brahim fue condenado en 2006.

3. Por qué conocer previamente a numerosos terroristas no evitó el 11-M: el ignorado «efecto bumerán»

64. «Comparecencia del señor jefe de la Unidad Central de Información Exterior sobre la investigación de las tramas del terrorismo islamista en el periodo anterior a los atentados y en concreto sobre los antecedentes y circunstancias de la masacre del 11 de marzo (Rayón Ramos). Número de expediente 212/000080)», *Diario de Sesiones del Congreso de los Diputados*, Comisiones de Investigación, VIII legislatura, 11 de marzo de 2004, núm. 3 (2004), p. 24.
65. Ganor, *The Counter-Terrorism Puzzle*, *op. cit.*, pp. 129-135.
66. Sumario 6/2005, declaración del testigo protegido 11304, 29 de septiembre de 2005, pp. 7 y 11.
67. El informe está reseñado en el «Dictamen de la Comisión de Investigación sobre el 11 de marzo de 2004 y de los votos particulares incorporados al mismo», Boletín Oficial de las Cortes Generales, Congreso de los Diputados, VIII legislatura, núm. 242 (2005), pp. 26 y 27.
68. Jonathan Schanzer, *Al Qaedas's Armies. Middle East Affiliate Groups and the Next Generation of Terror* (Washington: The Washington Institute for Middle East Policy, 2005), pp. 132-136; asimismo, Mohammed M. Hafez, *Suicide Bombers in Iraq, The Strategy and Ideology of Martyrdom* (Washington: United States Institute of Peace Press, 2005), pp. 55 y 193-195. En diciembre de 2007, Ansar al Sunna se escindió en dos y una parte anunció que recuperaba su anterior denominación de Ansar al Islam. A este respecto, Devin R. Springer, James

L. Regens y David N. Edger, *Islamic Radicalism and Global Jihad* (Washington: Georgetown University Press, 2009), p. 127.

69. Las plataformas GIMG y Global Islamic Media Center (GIMC) fueron precursoras de Global Islamic Media Front (GIMF), igualmente dedicada a amalgamar musulmanes radicalizados de diversos países del mundo y a proporcionar apoyo activo, como fuente de comunicación a través de Internet, al terrorismo yihadista. En relación con ello, Manuel R. Torres, «Between the Pen and the Sword: The Global Islamic Media Front in the West», *Studies in Conflict and Terrorism*, 24 (2012), pp. 769-786.
70. Sumario 20/2004, tomo 88, pp. 28054-28056; Sumario 20/2004, tomo 147, p. 54600. Sumario 20/2004, tomo 217, p. 84517.
71. «Informe general de conclusiones, atentados del 11 de marzo, Sumario 20/2004»; Sumario 20/2004, tomo 234, p. 91088.
72. Este individuo fue detenido en octubre de 2003 en Badalona y extraditado poco después a Marruecos, donde era reclamado por actividades terroristas. Audiencia Nacional, Sala de lo Penal, Sección Tercera, rollo de extradición número 151/2003; Comisaría General de Información, Unidad Central de Información Exterior, «Solicitud de órdenes de detención y mandamientos de entradas y registros», 2 de enero de 2006, p. 14; documento incorporado a las diligencias previas 309/2005 del Juzgado Central de Instrucción número 6 de la Audiencia Nacional.
73. «Comparecencia del señor excomisario General de Información (De la Morena Bustillo). Número de expediente 212/000087», Diario de Sesiones del Congreso de los Di-

putados, Comisiones de Investigación, VIII legislatura, Sobre el 11 de marzo de 2004, núm. 15 (2004), p. 84.

74. *Ibid.*, p. 89.

75. «Comparecencia del señor jefe de brigada de la Comisaría General de Información, Unidad Central de Información Exterior (UCIE) (Gómez Menor). Número de expediente 212/000339)», *Diario de Sesiones del Congreso de los Diputados*, Comisiones de Investigación, VIII legislatura, Sobre el 11 de marzo de 2004, núm. 15 (2004), pp. 17-18.

76. «Comparecencia del señor jefe de la Unidad Central de Información Exterior sobre la investigación de las tramas del terrorismo islamista en el periodo anterior a los atentados y en concreto sobre los antecedentes y circunstancias de la masacre del 11 de marzo (Rayón Ramos). Número de expediente 212/000080)», p. 28.

77. Fernando Reinares, «Tras el 11 de marzo: estructuras de seguridad interior y prevención del terrorismo global en España», en Charles T. Powell y Fernando Reinares, eds., *Las democracias occidentales frente al terrorismo global* (Barcelona: Ariel, 2008), pp. 110-115.

78. Carola García-Calvo y Fernando Reinares, «Atentados en Barcelona y Cambrils: (I) formación de la célula de Ripoll, radicalización de sus miembros y preparación de unos actos de terrorismo a gran escala», Madrid, Real Instituto Elcano, Documento de Trabajo 3/2022; Fernando Reinares y Carola García-Calvo, «Atentados en Barcelona y Cambrils: (II) célula de Ripoll, enlace con el aparato de seguridad exterior de Estado Islámico y combatientes terroristas extranjeros», Madrid, Real Instituto Elcano, Documento de Trabajo 4/2022.

79. *Ibid.*, p. 40. «Comparecencia del señor jefe de brigada de la Comisaría General de Información, Unidad Central de

Información Exterior (UCIE) (Gómez Menor). Número de expediente 212/000339)», p. 25

80. Bruce Hoffman y Fernando Reinares, eds., *The Evolving Global Terrorist Threat. From 9/11 to Osama bin Laden's Death* (Columbia: Columbia University Press, 2014).

4. Habilidades que los terroristas del 11-M mostraron para preservar sus intenciones y movilizar recursos

81. Thomas Hegghammer, «Should I Stay or Should I Go? Explaining Variation in Western Jihadists' Choice between Domestic and Foreign Fighting», *American Political Science Review*, 107: 1 (2013), 1-15; Rajan Basra, Peter Neumann y Claudia Brunner, «Criminal Pasts, Terrorist Futures: European Jihadists and the New Crime-Terror Nexus», Londres, International Center for the Study of Radicalisation and Political Violence, 2016.
82. Sumario 20/2004, tomo 221, p. 86468.
83. Luego, a lo largo de 2002, Zougam asistió en el distrito madrileño de Villaverde a celebraciones religiosas y reuniones entre individuos que compartían su adhesión al salafismo yihadista. También a encuentros de cariz similar que tuvieron lugar en 2003 en una peluquería de Lavapiés y otros establecimientos localizados en esa zona de Madrid. Así se mantuvo relacionado, además de con los ya mentados Maymouni y Berraj, con Chebli o el Tunecino. Declaración de Abdelouahid Berrak Soussane, en dependencias de la Comisaría General de Información, de la Dirección General de la Policía, el 21 de marzo de 2004. Sumario 20/2004, pieza separada 3, pp. 2493-2494.

84. Sumario 20/2004, tomo 221, p. 86464.
85. Sumario 20/2004, pieza separada 9, pp. 25 y 48.
86. Sumario 20/2004, tomo 85, p. 26747; tomo 92, pp. 29646-29648.
87. Entrevistas en Madrid, en noviembre de 2008 y diciembre de 2012, con un comisario del CNP que intervino en la investigación sobre la célula de Abu Dahdah. Asimismo, Sumario 20/2004, tomo 99, pp. 32907-32911.
88. Sumario 20/2004, tomo 86, pp. 26985-26986.
89. Sumario 20/2004, tomo 86, pp. 26985-26986.
90. Sumario 20/2004, tomo 86, pp. 26985-26986.
91. Sumario 20/2004, tomo 86, pp. 26985-26986 y pieza separada de documentación desclasificada, pp. 790-792.
92. Questura di Milano, DIGOS, Sezione Antiterrorismo, Procedimento penale n. 17596/04 r. g. n. r. mod. 21, 8 marzo 2005, pp. 23, 68 y 130.
93. Mouhannad Almallah Dabas fue inicialmente condenado por pertenencia a organización terrorista en la Sentencia 65/2007, derivada del procedimiento abierto en la Audiencia Nacional por los atentados del 11-M, pero absuelto de dicho delito en la Segunda Sentencia 503/2008 emitida por el Tribunal Supremo. Estaba tenido por un estrecho colaborador de Abu Dahdah, bien relacionado con el Tunecino y Mohamed el Egipcio. Era también propietario de un local en la madrileña calle Virgen del Coro donde se reunían miembros de la célula local dentro de la red del 11-M. Sumario 20/2004, tomo 72, p. 21890; tomo 81, p. 25204; tomo 85, p. 26738; tomo 100, p. 33447; tomo 123, p. 43309 y tomo 140, p. 51655. Murió abatido en Siria en octubre de 2013, cuando desarrollaba tareas relacionadas con la organización yihadista Frente al Nusra, afiliada a Al Qaeda. Este dato me fue confirmado

por un funcionario policial muy buen conocedor de los sirios nacionalizados españoles que se implicaron en actividades de terrorismo yihadista, durante una entrevista en Madrid en noviembre de 2013.

94. Sumario 20/2004, tomo 114, p. 39154 y tomo 163, pp. 61923-61924. Es reseñable que la comunicación de Azizi con la red del 11-M era conocida también entre los seguidores de Jamal Ahmidan que constituían el tercer componente de dicho entramado.

95. Sumario 20/2004, tomo 114, p. 39154 y tomo 163, pp. 61923-61924.

96. Dirección General de la Policía, Comisaría General de Información, Unidad Central de Información Exterior, «Vínculos del 11-M con el GICM», folio 27; en Sumario 20/2004, tomo 97, p. 31867.

97. Desde, por ejemplo, el artífice del 11-S, Khalid Sheikh Mohammed, capturado en 2003, hasta Rangzieb Ahmed, el individuo de nacionalidad británica y ascendiente paquistaní, detenido en 2006 por sus actividades como director de operaciones de Al Qaeda, que tenía los nombres y teléfonos de contacto de Azizi y de su superior en esa estructura terrorista global, Rabia. Véanse, a este respecto, Terry McDermott y Josh Meyer, *The Hunt for KSM: Inside the Pursuit and Takedown of the Real 9/11 Mastermind, Khalid Sheikh Mohammed* (Nueva York: Little, Brown and Company, 2012) y, asimismo, In the High Court of Justice, Court of Appeal (Criminal Division) on Appeal from Manchester Crown Court, Mr Justice Saunders, T20087479 T20080581, Case No: 200900336 B5 and 200900496 B5, Lord Justice Hughes, Mr Justice Owen and Mrs Justice Thirlwall, Between Rangzieb Ahmed and Habib Ahmed and The Queen, Judgement, 25/02/2011, punto 10, p. 4.

98. En realidad, Rabei Osman Es Sayed Ahmed nació el 22 de julio de 1971, Procedimento penale n. 17596/04 r. g. n. r. mod. 21, doc. cit., pp. 26, 48 y 128.
99. Sumario 20/2004, «Declaración del imputado Rabei Osman Es Sayed», 13 de diciembre de 2004, folio 5.
100 «Informe general de conclusiones, atentados del 11 de marzo, Sumario 20/04», pp. 23-24; Sumario 20/2004, tomo 91, pp. 29419-29161.
101. «Informe general de conclusiones, atentados del 11 de marzo, Sumario 20/04», pp. 23-24.
102. Sumario 20/2004, tomo 91, pp. 29419-29161.
103. Dirección General de la Policía, Comisaría General de Información, Unidad Central de Inteligencia, «Análisis de datos derivados de la investigación relativa a los hermanos Oulad Akcha», mayo de 2005, p. 52; documento incorporado en su totalidad al tomo 139 del Sumario 20/2004.
104. «Informe atentados 11 de marzo», pp. 6, 11, 27-29 y 32-33; «Informe general de conclusiones, atentados del 11 de marzo, Sumario 20/04», pp. 107, 116-119.
105. Sumario 20/2004, pieza separada 29, anexo II, documentos 15 y 16.
106. «Informe de 19 de agosto de 2004 de la Unidad Central de Droga y Crimen Organizado, de la Comisaría General de Policía Judicial», incorporado al Sumario 20/2004, pieza separada 10, tomo 8, pp. 2572-2575.
107. Sumario 20/2004, pieza separada 10, tomo 5, pp. 1630-1631, 1846 y 1869; tomo 6, p. 1939; tomo 7, p. 2360.
108. «Informe técnico-policial núm. 116-IT-04» de 27 de julio de 2004, en Sumario 20/2004, pieza separada 10, tomo 8, pp. 2577-2592.
109. *Ibid.*, p. 2364.
110. «Informe atentados 11 de marzo», pp. 2627.

5. El restante «plan de yihad» que un conocimiento policial previo sobre los terroristas sí permitió evitar

111. «Comparecencia del señor jefe de la Unidad Central de Información Exterior sobre la investigación de las tramas del terrorismo islamista en el periodo anterior a los atentados y en concreto sobre los antecedentes y circunstancias de la masacre del 11 de marzo (Rayón Ramos). Número de expediente 212/000080», pp. 23-24 y 35.
112. *Ibid.*, pp. 25, 39 y 46-47.
113. Sumario 20/2004, tomo 1, pp. 174-175.
114. «Comparecencia de Mariano Rayón Ramos, jefe de la Unidad Central de Información Exterior, sobre la investigación de las tramas del terrorismo islamista en el periodo anterior a los atentados y en concreto sobre los antecedentes y circunstancias de la masacre del 11 de marzo (número de expediente 212/000080)», *Diario de Sesiones del Congreso de los Diputados*, Comisiones de Investigación, VIII legislatura, Sobre el 11 de marzo de 2004, núm. 3 (2004), p. 34.
115. «Informe atentados 11 de marzo», p. 94.
116. «Comparecencia de Mariano Rayón Ramos, jefe de la Unidad Central de Información Exterior, sobre la investigación de las tramas del terrorismo islamista en el periodo anterior a los atentados y en concreto sobre los antecedentes y circunstancias de la masacre del 11 de marzo (número de expediente 212/000080)», p. 50.
117. Sumario 20/2004, tomo 92, p. 29683.
118. Agradezco al propio comisario Rafael Gómez Menor estos y otros detalles que muy amablemente me reiteró durante una entrevista en Madrid, el 20 de diciembre de 2012.

119. La versión en castellano del comunicado original en lengua árabe se encuentra en Reinares, *11-M. La venganza de Al Qaeda*, *op. cit.*, pp. 185-186.
120. Audiencia Nacional, Juzgado Central de Instrucción número 6, Sumario 20/2004, pieza separada 11, tomo 1, p. 635.
121. Sumario 20/2004, pieza separada 4, tomo 1, pp. 197 y 217.
122. Sumario 20/2004, pieza separada 29, anexo II, documento 8 y anexo IV, documento 2.
123. Comisaría General de Información, Unidad Central de Información Exterior, «Acta de declaración de Hassan Bel Hadj», diligencias 8470, 14 de abril de 2004, folio 3, en Sumario 20/2004, pieza separada 5, p. 8276; *ibid.*, «Declaración del detenido Hassan Bel Hadj», folio 2, pieza separada 5, p. 8328.
124. Sumario 20/2004, tomo 162, pp. 61522-61524.
125. La información sobre este episodio se encuentra en el cable 05MADRID3260_a que los responsables de la Embajada enviaron a Washington el 15 de septiembre de 2005.
126. Sumario 20/2004, tomo 42, pp. 11945-11946 y 11951-11952.
127. *Ibid.*, pieza separada 10 y pieza separada 29, anexo II, documentos 15 y 16.

6. La legislación no era adecuada para perseguir yihadistas y un desatino judicial reforzó a los terroristas

128. Sumario 35/2001, auto de 17 de septiembre de 2003. Menciones a Jamal Zougam en las pp. 85, 278, 289, 345, 350 y 481; Said el Mensajero es aludido en las pp. 602 y 607.

129. *Ibid.*, pp. 85-86.
130. Sumario 20/2004, auto de 10 de abril de 2006, p. 13491350; pieza separada 4, p. 4534; y pieza separada 5, p. 9196.
131. Decisión marco del Consejo de 13 de junio de 2002 sobre la lucha contra el terrorismo (2002/475/JAI), *Diario Oficial de las Comunidades Europeas*, 22.6.2002, pp. I. 164/3-7.
132. Charles Powell, «Un balance de la presidencia española de la Unión Europea de 2002», *Revista de Estudios Políticos*, n.º 119 (2003), 535-561.
133. La Ley Orgánica 5/2010, de reforma del Código Penal de 1995, publicada el 23 de junio de 2010 en el Boletín Oficial del Estado, incorporó las medidas contenidas no sólo en la Decisión marco 2002/745/JAI sino también en la Decisión marco 2008/919/JAI de 28 de noviembre de 2008, que amplió la anterior tipificando delitos terroristas relacionados con actividades de captación, adoctrinamiento, adiestramiento o formación. María Ponte, «La reforma del Código Penal en relación a los delitos de terrorismo», Granada, Grupo de Estudios en Seguridad Internacional, Análisis GESI 3/2010, 16 de julio de 2010.
134. Sumario 20/2004, tomo 48, pp. 13906-13907, 13910 y 13920.
135. Folio 2 del oficio correspondiente a las diligencias 8470/04, de la Unidad Central de Información Exterior, de fecha 18 de junio de 2004, remitido al Juzgado Central número 6 de la Audiencia Nacional; Sumario 20/2004, tomo 61, p. 18281.
136. Sumario 20/2004, tomo 48, pp. 13919.
137. «Comparecencia del jefe de brigada de la Comisaría General de Información, Unidad Central de Información

Exterior (UCIE), Rafael Gómez Menor (número de expediente 212/000339)», p. 26.

138. María Ponte, «La reforma de los delitos de terrorismo mediante la Ley Orgánica 2/2015», Granada, Grupo de Estudios de Seguridad Internacional, Universidad de Granada, Análisis GESI 11/2015, 15 de abril de 2015.

139. Así lo explicó, en sede parlamentaria, quien era fiscal jefe en la Audiencia Nacional cuando ocurrieron los atentados de Madrid, cuatro meses después de estos. Véase «Comparecencia del señor fiscal jefe de la Audiencia Nacional (Fungairiño Bringas). Número de expediente 212/000098», Cortes Generales, *Diario de Sesiones del Congreso de los Diputados*, Comisiones de Investigación, VIII legislatura, Sobre el 11 de marzo de 2004, núm. 6 (2004), p. 38.

140. Aunque la célula desmantelada en la provincia de Valencia estaba alineada con la corriente del GIA que en 1998 se transformará en el Grupo Salafista para la Predicación y el Combate (GSPC), entidad que se asociará con Al Qaeda una vez que los líderes de esta organización se hubieran distanciado de aquella primera por desacuerdo con su estrategia y prácticas.

141. «Comparecencia del señor fiscal jefe de la Audiencia Nacional (Fungairiño Bringas). Número de expediente 212/000098», p. 38.

142. Esta mención a Francia obedece muy probablemente a los diversos atentados y tentativa de atentados en ese país a cargo de miembros y simpatizantes del Grupo Islámico Armado (GIA) argelino entre 1994 y 1997, y desde 1998 de su sucesor, el Grupo Salafista para la Predicación y el Combate (GSPC). Aunque también Al Qaeda había tratado de atentar en Francia en, por ejemplo, 2000 y 2001.

Peter Nesser, *Islamist Terrorism in Europe* (Londres: Hurst, 2015), pp. 74-112. La mención refleja igualmente el hecho de que, antes del 11-M, en España se había detenido a algún yihadista relacionado con las redes y los complots en Francia.

143. «Comparecencia del señor fiscal jefe de la Audiencia Nacional (Fungairiño Bringas). Número de expediente 212/000098», p. 39.
144. *Ibid.*, p. 38.
145. «Comparecencia del señor jefe de la Unidad Central de Información Exterior sobre la investigación de las tramas del terrorismo islamista en el periodo anterior a los atentados y en concreto sobre los antecedentes y circunstancias de la masacre del 11 de marzo (Rayón Ramos). Número de expediente 212/000080)», p. 40.
146. «Comparecencia del señor magistrado-juez titular del juzgado Central de Instrucción número 5 de la Audiencia Nacional (Garzón Real). Número de expediente 212/000097», Cortes Generales, *Diario de Sesiones del Congreso de los Diputados*, Comisiones de Investigación, VIII legislatura, Sobre el 11 de marzo de 2004, núm. 6 (2004), p. 13.
147. *Ibid.*, p. 14.
148. Audiencia Nacional, Sala de lo Penal, Sección Tercera, Sentencia 14/2001.
149. Comisaría General de Información, Unidad Central de Inteligencia, «Informe judicial. Asunto: Allekema Lamari», 26 de noviembre de 2004; documento incluido en el tomo 91 del Sumario 20/2004, p. 29133.
150. Audiencia Nacional, Juzgado Central de Instrucción número 5, Sumario 26/2004; Audiencia Nacional, Sala de lo Penal, Sección Tercera, Sentencia 6/2008.

7. Evidencias de descoordinación y desconfianza entre los servicios antiterroristas antes del 11-M

151. Este dato aparece, entre otros documentos donde asimismo consta, en el informe sobre la Operación Pipol elaborado por los funcionarios del CNP responsables del Grupo de Estupefacientes de la Comisaría de Gijón, que se incorporó al Sumario 20/2004, tomo 91, pp. 29121-29122.

152. «Comparecencia del jefe superior de Policía de Asturias (Carretero Enrique). Número de expediente 212/000335», Cortes Generales, *Diario de Sesiones del Congreso de los Diputados*, Comisiones de Investigación, VIII legislatura, Sobre el 11 de marzo de 2004, núm. 13, (2004), p. 86; «Comparecencia del teniente coronel jefe de la Comandancia de la Guardia Civil en Asturias (Aldea Juan). Número de expediente 212/000333», Cortes Generales, *Diario de Sesiones del Congreso de los Diputados*, Comisiones de Investigación, VIII legislatura, Sobre el 11 de marzo de 2004, núm. 13 (2004), p. 7.

153. «Comparecencia del excoronel jefe de la Comandancia de la Guardia Civil en Asturias y en la actualidad general jefe de la zona de Castilla y León (Laguna Palacios). Número de expediente 212/000334», Cortes Generales, *Diario de Sesiones del Congreso de los Diputados*, Comisiones de Investigación, VIII legislatura, Sobre el 11 de marzo de 2004, núm. 13 (2004), p. 47.

154. «Comparecencia del jefe superior de Policía de Asturias (Carretero Enrique). Número de expediente 212/000335», p. 81.

155. «Informe atentados 11 de marzo», p. 2729 y 32-33.

156. Dirección General de la Guardia Civil, Jefatura del Servicio de Información, Unidad Central Especial 2, Grupo de Información Exterior, «Investigación relativa al Sumario 20/2004 (Juzgado Central de Instrucción núm. 6 de la Audiencia Nacional)», 27 de marzo de 2004, documento incorporado al Sumario 20/2004, tomo 15, pp. 3655-3669.
157. Sumario 20/2004, tomo 1, pp. 757-758 y tomo 63, p. 19187. Dirección General de la Policía, Comisaría General de Policía Judicial, Unidad de Droga y Crimen Organizado, Brigada Central de Estupefacientes, «Posibles conexiones con autores de los asesinatos y estragos de carácter terrorista del día 11-3-2004», 15 de marzo de 2004, nota informativa incluida en el Sumario 20/2004, tomo 34, pp. 9558-9560.
158. La intervención de dos teléfonos móviles que utilizaba el Chino fue autorizada por un juzgado de Parla para ser llevada a cabo por funcionarios del Grupo XIX de la Sección de Estupefacientes, Unidad de Drogas y Crimen Organizado, de la Brigada Provincial de Policía Judicial de Madrid, en el marco de las diligencias previas 2144/03, para el esclarecimiento de un delito contra la salud pública. La observación del teléfono que usaba Gnaoui fue acordada, a esa misma unidad del CNP, por un juzgado de Alcalá de Henares, en el marco de una investigación por un delito contra la salud pública, desde 12 de diciembre de 2003 y fue prorrogada hasta el 11 de marzo de 2004. Sumario 20/2004, tomo 43, pp. 12349-12360 y tomo 49, pp. 14329-14349 y 14353-14456.
159. Sumario 20/2004, tomo 49, pp. 14356-14358; Dirección General de la Policía, Comisaría General de Información, Unidad Central de Inteligencia, «Asunto: Informe intervenciones telefónicas, UDYCO», 26 de noviembre de

2004, pp. 8-9. Este informe se encuentra en Sumario 20/2004, tomo 91, pp. 29272-29288.

160. Sumario 20/2004, pieza separada de documentación desclasificada, pp. 790-792. El documento se encuentra reproducido en Reinares, *11-M. La venganza de Al Qaeda*, *op. cit.*, pp. 60-61.

161. Informe del secretario de Estado director del Centro Nacional de Inteligencia (CNI), «Actuaciones del Centro Nacional de Inteligencia (CNI) sobre la amenaza del terrorismo de origen islamista (11-M)», 30 de julio de 2004, p. 2.

162. *Ibid.*, p. 3.

163. *Ibid.*, p. 4.

164. *Ibid.*, p. 5.

165. *Ibid.*, p. 5.

166. *Ibid.*, p. 6.

167. Fernando Reinares, «Tras el 11 de marzo: estructuras de seguridad interior y prevención del terrorismo global en España», en Charles T. Powell y Fernando Reinares, eds., *Las democracias occidentales frente al terrorismo global* (Barcelona: Ariel, 2008), pp. 115-118.

168. *Ibid.*, pp. 118-119.

8. Un servicio de inteligencia en proceso de adaptación y desenfocado acerca de la amenaza yihadista

169. La conferencia de Jorge Dezcallar, impartida en el marco del seminario internacional *El mundo un año después*, organizado por el Real Instituto Elcano, llevó por título «Riesgos y amenazas en el mundo actual», y su transcrip-

ción fue publicada por el propio Real Instituto Elcano en el DT 04/2002, pp. 17-28. La frase que abre el epígrafe se encuentra en la p. 28.

170. Jorge Dezcallar, *Valió la pena. Una vida entre diplomáticos y espías* (Barcelona: Península, 2015), pp. 226-227.
171. Fernando Reinares, «Hermanos Musulmanes y yihadismo global: ¿qué nos revela el caso español?», Madrid, Real Instituto Elcano, *Documento de Trabajo* 7/2022.
172. Dezcallar, *Valió la pena. Una vida entre diplomáticos y espías*, *op. cit.*, p. 217.
173. *Ibid.* Asimismo, «Actuaciones del Centro Nacional de Inteligencia (CNI) sobre la amenaza del terrorismo de origen islamista (11-M)», 30 de julio de 2004, p. 2.
174. Dezcallar, *Valió la pena. Una vida entre diplomáticos y espías*, *op. cit.*, p. 217.
175. *Ibid.*, p. 219.
176. «Actuaciones del Centro Nacional de Inteligencia (CNI) sobre la amenaza del terrorismo de origen islamista (11-M)».
177. Me refiero a la nota C/15697, elaborada por el Centro Nacional de Inteligencia (CNI) con fecha 6 de noviembre de 2003 incluido en el Sumario 20/2004, pieza separada de documentación desclasificada, pp. 790-792. El documento se reproduce en Reinares, *11-M. La venganza de Al Qaeda*, *op. cit.*, pp. 60-61.
178. Esas y otras informaciones proceden de los documentos del CNI con referencias C/5301, fechado el 15 de marzo de 2004, sólo cuatro días después del 11-M, y C/9997, fechado el 18 de mayo de 2004. Ambos están asimismo incluidos en el Sumario 20/2004, pieza separada de documentación desclasificada, pp. 793-799. También se reproducen en Reinares, *11-M. La venganza de Al Qaeda*, *op. cit.*, pp. 62-67.

179. Documento del CNI de referencia C/9997. Sumario 20/2004, pieza separada de documentación desclasificada, pp. 797799.
180. Nota C/15697, elaborada por el CNI. Sumario 20/2004, pieza separada de documentación desclasificada, pp. 790-792.
181. Documentos del CNI con referencia C/5301. Sumario 20/2004, pieza separada de documentación desclasificada, pp. 793796.
182. «Actuaciones del Centro Nacional de Inteligencia (CNI) sobre la amenaza del terrorismo de origen islamista (11-M)», p. 2.
183. Marc Sageman, *Leaderless Jihad. Terror Networks in the Twenty-First Century* (Filadelfia: University of Pennsylvania Press, 2008).
184. Dezcallar, *Valió la pena. Una vida entre diplomáticos y espías*, *op. cit.*, p. 208.
185. El CNI no fue el único servicio de inteligencia europeo desenfocado. Al año siguiente, el MI5 británico describió inicialmente los atentados del 7 de julio de 2005 en Londres como obra de una célula independiente de yihadistas que actuaban por su propia cuenta. Con posterioridad, pudo confirmarse sin embargo que, tras radicalizarse dentro del Reino Unido, donde establecerían relaciones con numerosos extremistas islámicos, esos individuos fueron movilizados a iniciativa de un miembro de Al Qaeda, organización que proporcionó adiestramiento terrorista en el noroeste de Pakistán a dos de ellos, ambos británicos de ascendencia paquistaní, incluido el cabecilla de la célula. A cinco días de los atentados, este último estaba en comunicación con un mando de Al Qaeda. Entre tanto, apenas unas semanas antes, el principal orga-

nismo británico de coordinación antiterrorista, Joint Terrorism Assessment Center (JTAC, Centro Conjunto de Valoración del Terrorismo), sostenía que en aquellos momentos no había grupo alguno con intención y capacidad de atentar en el Reino Unido. Sobre todo ello, véase Bruce Hoffman, «The 7 July 2005 London Bombings», en Bruce Hoffman y Fernando Reinares, eds., *The Evolution of the Global Terrorist Threat*, pp. 192-223.

9. Marruecos, pero también Turquía, Francia y Bélgica, pudieron haber cooperado más o mejor con España

186. Las relaciones bilaterales entre Marruecos y España atravesaron una crisis entre octubre de 2001 y enero de 2003, pero no parece que la cooperación antiterrorista se resintiera, tal y como pude confirmar en varias entrevistas con funcionarios policiales adscritos durante esos años a la Consejería de Interior en la embajada de España en Rabat, la última vez, en esta ciudad los días 2 y 3 de marzo de 2015. En concreto, dicha cooperación tampoco se resintió tras el incidente de julio de 2002 sobre el islote de Perejil. Las autoridades de Estados Unidos, a través de su Departamento de Estado, intervinieron para evitar que ello no ocurriera en dos de sus países aliados y estratégicamente situados en el Mediterráneo occidental, apenas diez meses después de los atentados del 11-S. Además, el 16 de mayo de 2003 tuvieron lugar los atentados de Casablanca que los servicios de seguridad de Marruecos no fueron capaces de evitar.
187. Dirección General de la Policía, Comisaría General de In-

formación, Unidad Central de Información Exterior, «Formularios rellenados en campos de Al Qaida por mujahidín enviados desde España a través de Othman el Andalusi (Amer Azizi), hombre de confianza de Imad Eddin Barakat Yarkas (a) Abu Dahdah», 29 de marzo de 2004, en Sumario 35/2001, tomo 126, pp. 35668-35679.

188. Tribunal de Grande Instance de París, 16ème Chambre/1, No. d'affaire 0313739016, juicio del 11 de julio de 2007, pp. 55, 71 y 73; Sumario 20/2004, tomo 97, pp. 31898-31899 y tomo 163, pp. 61580-61608 y auto de 10 de abril de 2006, p. 1265.

189. Me refiero a los hermanos Mohamed y Kamal Chatbi. Sumario 20/2004, tomo 122, pp. 43501-43502.

190. Sumario 20/2004, auto de 5 de julio de 2006, pp. 64-65 y tomo 99, p. 32891; Audiencia Nacional, Juzgado Central de Instrucción número 6, auto de 10 de abril de 2006, pp. 511 y 1354.

191. Comisión Rogatoria Internacional cuyo resultado figura en el Sumario 9/2003. Sumario 20/2004, tomo 173, pp. 66806-66815; Declaraciones de Abdelatif Mourafik, el 7 de julio de 2004, ante las autoridades marroquíes, recogidas en las diligencias 30996 de la CGI, p. 13.

192. Sentencia 22/2007, pp. 3 y 10.

193. «Informe atentados 11 de marzo», p. 74.

194. Sumario 20/2004, tomo 99, p. 32915.

195. Informe del CNI «Asunto: Atentados terroristas en Madrid. Allekema Lamari», de referencia C/9997, fechado el 18 de mayo de 2004, reproducido en Reinares, *11-M. La venganza de Al Qaeda*, *op. cit.*, p. 65; Sumario 20/2004, tomo 109, p. 37080 y t. 163, p. 6732; declaraciones de Mustafa Maymouni, el 18 de julio de 2003, ante las autoridades marroquíes, en diligencias 30996, p. 16.

196. «Informe sobre el Grupo Islámico Combatiente Marroquí (GICM)», p. 8.
197. Sumario 20/2004, doc. cit., pieza separada 9, p. 50.
198. Hasta poco antes del 11-S, Mohamed Fizazi había sido imam de la mezquita Al Quds en Hamburgo, frecuentada por los miembros de la célula de Al Qaeda responsable de los atentados del 11 de septiembre de 2001 que residían en esa ciudad alemana. Lorenzo Vidino, *Al Qaeda in Europe. The New Battleground of International Jihad* (Nueva York: Prometheus Books, 2005), pp. 255-256.
199. Sumario 20/2004, tomo 98, pp. 32652-32653.
200. Sumario 20/2004, tomo 99, p. 32895; asimismo, tomo 163, p. 61796.
201. Sumario 20/2004, tomo 99, pp. 32897-32898.
202. Sumario 35/2001, pp. 28477-28585.
203. Sumario 20/2004, tomo 91, p. 29222.
204. Sumario 20/2004, tomo 231, p. 90366.
205. Sumario 20/2004, tomo 106, pp. 35601-35614; tomo 115, pp. 39970-39973; tomo 133, pp. 48728-48733 y tomo 163, pp. 61608-61624.
206. *Ibid.*, tomo 180, p. 69863.
207. En realidad, Yousef Belhadj nació el 27 de mayo de 1976. Sumario 20/2004, tomo 106, p. 35613 y tomo 163, pp. 61622-61623; véase también Sentencia 65/2007, pp. 216-217.
208. Sumario 20/2004, tomo 233, pp. 90730-90790.
209. Comunicación personal en inglés con Noman Benotman, antiguo destacado mando del GICL, en Madrid, en noviembre de 2010. Benotman estaba junto al individuo que recibió la llamada en el momento en que fue contestada. Algo suficientemente importante tenía que transmitir Serhane ben Abdelmajid Fakhet a este último, quien

posteriormente dijo a mi interlocutor que habían hablado de «negocios».

210. Reinares, «Tras el 11 de marzo: estructuras de seguridad interior y prevención del terrorismo global en España», pp. 125-130.

10. Faltaba concienciación social de la amenaza y los terroristas se beneficiaron de entornos permisivos

211. «Barómetro del Real Instituto Elcano» (BRIE), segunda oleada, resultados de febrero de 2003, Madrid, Real Instituto Elcano, marzo de 2003; y «Barómetro del Real Instituto Elcano» (BRIE), quinta oleada, resultados de febrero de 2004, Madrid, Real Instituto Elcano, marzo de 2004.

212. «Barómetro del Real Instituto Elcano» (BRIE), sexta oleada, resultados de mayo de 2004, Madrid, Real Instituto Elcano, junio de 2004.

213. «Comparecencia del señor jefe de la Unidad Central de Información Exterior sobre la investigación de las tramas del terrorismo islamista en el periodo anterior a los atentados y en concreto sobre los antecedentes y circunstancias de la masacre del 11 de marzo (Rayón Ramos). Número de expediente 212/000080», pp. 23-24 y 35.

214. José María Aznar, *Ocho años de Gobierno. Una visión personal de España* (Barcelona: Planeta, 2004). La frase reproducida se encuentra en el epílogo del libro.

215. Partido Socialista Obrero Español, «Merecemos una España mejor», programa electoral, elecciones generales 2004, pp. 46-47.

216. Ninguna evidencia hay, directa o indirecta, de que la organización terrorista ETA estuviese implicada en los atentados. Tampoco es cierto que la idea de atentar en España surgiera en su inicio a raíz de la presencia de soldados españoles en territorio iraquí. Como he explicado en el apartado primero, la decisión que se materializó en el 11-M fue tomada en diciembre de 2001 en la ciudad paquistaní de Karachi y ratificada durante una reunión que delegados de tres organizaciones yihadistas magrebíes mantuvieron en Estambul en febrero de 2002. Además, lo que se convertirá en la red del 11-M inició su formación en marzo de 2002, más de un año antes de la invasión de Irak.

217. En relación con este asunto, véanse Edurne Uriarte, *Terrorismo y democracia tras el 11-M* (Madrid: Espasa Calpe, 2004), en especial pp. 9-36 y 61-81; Narciso Michavilla, «Guerra, terrorismo y elecciones: incidencia electoral de los atentados islamistas en Madrid», Madrid, Real Instituto Elcano, DT 13/2005, disponible en http://goo.gl/OZQdMJ. José R. Montero e Ignacio Lago, «Del 11-M al 14-M: terrorismo, gestión del Gobierno y rendición de cuentas», en José Ramón Montero, Ignacio Lago y Mariano Torcal, eds., *Elecciones generales 2004* (Madrid: Centro de Investigaciones Sociológicas, 2007), pp. 169-204; William Rose, Rysia Murphy y Max Abrahms, «Does Terrorism Ever Work? The 2004 Madrid Train Bombings», *International Security* 32, 1 (2007), pp. 185-192.

218. Sumario 20/2004, tomo 33, p. 9281; tomo 48, pp. 13906-13907, 13910 y 13920; tomo 114, pp. 32656-32657; auto de 10 de abril de 2006, p. 1348-1350; pieza separada 4, p. 4534; y pieza separada 5, p. 9196; «Declaracio-

nes ante el juez de Abdenabi Lebchina», folio 2; «Acta de declaración del detenido Abdelkrim Lebchina», folio 5; Dirección General de la Policía, Comisaría General de Información, Unidad Central de Información Exterior, diligencias 8470, folio 4 del «Acta de declaración de Abdulkarim Rahman Awleya», 17 de abril de 2004, y declaración del mismo ante el juez de instrucción el 20 de abril de 2004, p. 3; declaraciones ante el juez de Basel Ghalyoun el 24 de marzo de 2004; pieza separada 4, p. 4534; declaraciones ante la policía de Khalid Zeimi Pardo el 20 de abril de 2004; pieza separada 5, p. 9196; Dirección General de la Policía, Comisaría General de Información, Unidad Central de Información Exterior, diligencias 8470, «Acta de declaración de Khalid Zeimi Pardo», 20 de abril de 2004, folio 4, el documento está incluido en la pieza separada 5 del Sumario 20/2004; «Declaración del detenido Abdulkarim A Rahim Awleya», 20 de abril de 2004, folio 3, el documento está incluido en la pieza separada 5 del Sumario 20/2004; testimonio del funcionario del CNP número 18403, instructor de las diligencias previas 396/2002 del Juzgado Central de Instrucción número 5; Audiencia Nacional, Sala de lo Penal, Sección Primera, acta de juicio oral, sesión de 23 de febrero de 2007, pp. 84-85; Sentencia 12/2006, pp. 37-38.

219. Sumario 20/2004, tomo 115, p. 39971.

220. Sumario 20/2004, auto de 10 de abril de 2006, pp. 1348-1349; «Declaraciones ante el juez de Abdenabi Lebchina», folio 2; «Acta de declaración del detenido Abdelkrim Lebchina», folio 5; Dirección General de la Policía, Comisaría General de Información, Unidad Central de Información Exterior, diligencias 8470, folio 4 del «Acta

de declaración de Abdulkarim Rahman Awleya» y declaración del mismo ante el juez de instrucción el 20 de abril de 2004, p. 3.

221. Sumario 20/2004, tomo 43, pp. 11227-12229; tomo 149, pp. 56710-5671.

222. Sumario 20/2004, tomo 43, p. 12229. Asimismo, «Análisis de datos derivados de la investigación relativa a los hermanos Ahmidan y Abdelilah el Fadual», p. 102; Sumario 20/2004, tomo 149, p. 56868.

223. Declaraciones ante el juez de Basel Ghalyoun el 24 de marzo de 2004. Sumario 20/2004, pieza separada 4, p. 4534; folio 3 de la declaración policial de Fouad el Morabit Amghar el 28 de marzo de 2004. Dirección General de la Policía, Jefatura Superior de Policía de Madrid, Brigada Provincial de Información, diligencias 8470.

224. Dirección General de la Policía, Comisaría General de Información, Unidad Central de Información Exterior, diligencias 25401, 18 de agosto de 2004, «Acta de declaración de Safwan Sabagh», Sumario 20/2004, tomo 7, pp. 2039-2047 y atestado policial 30.966/04, de 18 de octubre de 2004, Sumario 26/2004, tomo 91, pp. 29222-29224.

225. La financiación de la Mezquita de Abu Bakr se atribuye oficialmente tanto a Catar como a la Hermandad Musulmana. Es decir, tanto a uno de los dos países del mundo, junto a Arabia Saudí, cuya versión oficial del credo islámico es un salafismo tradicional como a una organización transnacional de la cual han emanado expresiones de salafismo político. Eso se afirma, respecto a la mezquita Abu Bakr, en un informe sin título de la Secretaría de Estado de Seguridad, del Ministerio del Interior, elaborado en junio de 2003 o poco después (dado que la úl-

tima fecha a que se alude en él es de mayo de ese año) sobre mezquitas, oratorios islámicos y entidades musulmanas en España, pp. 20-21. Arabia Saudí, el otro país del mundo, junto con Catar, donde una variante tradicional del salafismo –el wahabismo– es confesión oficial, financia y controla el Centro Cultural Islámico de Madrid o mezquita de la M-30, a través de la Liga del Mundo Islámico, que propugna un salafismo más heterogéneo en lo social y en lo político que el defendido por las autoridades religiosas de Arabia Saudí, pero en lo que se refiere al dogma es semejante. Samir Amghar, «La Ligue islamique mondiale en Europe: un instrument de défense des intérêts stratégiques saoudiens», *Critique internationale*, 51 (2011), pp. 113-127.

226. En torno a esta cuestión, véanse, por ejemplo, los capítulos 3 y 6 en Andrew F. March, *Islam and Liberal Citizenship* (Nueva York: Oxford University Press, 2011).

227. Office of Research, U.S. Department of State, «How Europe's Muslims See Themselves at Home and in the World. Findings from Surveys in Britain, France, Germany, Spain and the Netherlands», febrero-junio de 2005, p. 26. La realidad de esa contracultura yihadista observada en España en general y en Madrid en particular ayuda a entender que, incluso en 2007, tres años después del 11-M, ante el hijo del Chino, entonces de doce años –tenía nueve cuando su padre estuvo entre los terroristas que ejecutaron los atentados de Madrid– se arrodillaban aún en plena calle, en el barrio de Madrid donde vivía con su madre, musulmanes que le instaban a ser como su padre, al cual veían como un mártir. Esto fue revelado por la propia madre, nativa española que fue pareja del Chino, en una entrevista con ella que realizó

Pablo Ordaz y fue publicada en el diario *El País* el 8 de marzo de 2007.

228. The Pew Global Attitudes Project, «The Great Divide: How Westeners and Muslims View Each Other. 13-Nation Pew Global Attitudes Survey», Washington, Pew Research Center, 2006, pp. 4, 25, 57 y 60.
229. Audiencia Nacional, Juzgado Central de Instrucción número 6, diligencias previas 100/2011; Dirección General de la Policía, «Anexo IV: Informe de análisis complementario. Eje de conexión Hermanos Musulmanes - Las organizaciones terroristas yihadistas - El clan de los Kutayni», Madrid, 18 de junio de 2019, p. 32. Evidencias sobre el auxilio financiero que los investigados en España prestaban a Manaf Kutayni quedaron plasmadas en un oficio de la Comisaría General de Información fechado el 31 de enero de 2022.
230. «Anexo IV: Informe de análisis complementario. Eje de conexión Hermanos Musulmanes - Las organizaciones terroristas yihadistas - El clan de los Kutayni», p. 3.
231. Ministerio del Interior, Sala de Prensa, «La Policía Nacional desmantela una organización acusada de instrumentalizar una ONG para financiar las actividades de combatientes terroristas», 25 de marzo de 2021. En dicha actuación policial colaboró Europol.
232. Ministerio del Interior, Sala de Prensa, Noticias, «Desarticulada una organización delictiva dedicada presuntamente a la financiación del terrorismo y al blanqueo de capitales», 18 de junio de 2019. Esos diez detenidos, como otros más adelante, lo fueron por su presunta participación en una serie de delitos entre los cuales se incluyen los de colaboración con organización terrorista y financiación del terrorismo. Aquí se subrayan, sin em-

bargo, hechos corroborados en el curso de la investigación policial.

233. Dirección General de la Policía «Anexo IV: Informe de análisis complementario. Eje de conexión Hermanos Musulmanes - Las organizaciones terroristas yihadistas - El clan de los Kutayni», p. 28; Cuerpo Nacional de Policía, Comisaría General de Información, Unidad Central de Información Exterior, «Relevancia de la vinculación de los investigados con la rama siria de Hermanos Musulmanes», documento elaborado el 29 de junio de 2021, p. 3.
234. Dirección General de la Policía, «Anexo IV: Informe de análisis complementario. Eje de conexión Hermanos Musulmanes - Las organizaciones terroristas yihadistas - El clan de los Kutayni», pp. 17-18.
235. *Ibid.*, p. 28.
236. *Ibid.*, pp. 28-29.
237. «El presidente recibe a representantes de comunidades islámicas en España», La Moncloa, web oficial del presidente del Gobierno y el Consejo de Ministros, 15 de febrero de 2006.
238. «Declaraciones del detenido José Emilio Suárez Trashorras», 22 de mayo de 2004, folio 4, en Sumario 20/2004, pieza separada 10, tomo 8, p. 2366.
239. *Ibid.*
240. Sumario 20/2004, tomo 15, p. 3662 y pieza separada 3, p. 2698.